高职高专汽车类教学改革规划教材

# 汽车商务礼仪
（第二版）

孟晋霞 主编
汪 洋 俞海红 任海雷 副主编

清华大学出版社
北 京

## 内 容 简 介

本书针对汽车商务活动过程中常见的礼仪问题编写而成，内容包括绪论、汽车商务形象礼仪、汽车商务沟通礼仪、汽车商务社交礼仪、汽车会展礼仪、汽车销售流程及礼仪。

书中穿插大量汽车销售案例，配备大量实践练习，不仅可以作为高职院校汽车专业的教材，也可以作为高等专科学校、成人高校、本科院校的继续教育学院和各类培训机构的教材或参考书。

本书封面贴有清华大学出版社防伪标签，无标签者不得销售。
版权所有，侵权必究。举报：010-62782989，beiqinquan@tup.tsinghua.edu.cn。

图书在版编目(CIP)数据

汽车商务礼仪／孟晋霞 主编．—2版．—北京：清华大学出版社，2019（2022.1重印）
（高职高专汽车类教学改革规划教材）
ISBN 978-7-302-52732-9

Ⅰ. ①汽… Ⅱ. ①孟… Ⅲ. ①汽车—商业服务—礼仪—高等职业教育—教材 Ⅳ. ①F766

中国版本图书馆 CIP 数据核字(2019)第 063060 号

责任编辑：施　猛
封面设计：熊仁丹
版式设计：方加青
责任校对：牛艳敏
责任印制：丛怀宇

出版发行：清华大学出版社
　　　　　网　　址：http://www.tup.com.cn，http://www.wqbook.com
　　　　　地　　址：北京清华大学学研大厦 A 座　　邮　编：100084
　　　　　社 总 机：010-62770175　　邮　购：010-62786544
　　　　　投稿与读者服务：010-62776969，c-service@tup.tsinghua.edu.cn
　　　　　质 量 反 馈：010-62772015，zhiliang@tup.tsinghua.edu.cn
印 装 者：天津鑫丰华印务有限公司
经　　销：全国新华书店
开　　本：185mm×260mm　　印　张：12.75　　字　数：295 千字
版　　次：2012 年 6 月第 1 版　2019 年 8 月第 2 版　　印　次：2022 年 1 月第 3 次印刷
定　　价：38.00 元

---

产品编号：069590-01

# 前言（第二版）

随着汽车行业的快速发展，我国汽车市场日趋饱和，竞争日益激烈，已进入服务制胜的时代。在这一背景下，汽车经销商应注重企业文化和企业形象，扮演好服务者的角色。汽车商务礼仪在提升员工素质、塑造企业形象方面具有重要作用，因此受到企业的重视。

本教材介绍了汽车商务活动中的礼仪知识，注重培养学生的实践能力，有助于提高学生的就业竞争力。

本教材力求体现如下几个特点。

(1) 内容新颖。本教材根据汽车商务实践对传统的商务礼仪知识进行了提升和拓展，并引用一些生动活泼的汽车商务礼仪案例，可读性强。

(2) 结构合理。本教材内容由浅入深、由单项技能扩展到综合技能，有利于学生循序渐进地提高综合技能。

(3) 实践性强。汽车商务礼仪是一门理论性与实践性相结合且实践性更为突出的课程。在本教材中，除第1章绪论外，其他章节的章末均配有实践练习，以强化知识的应用性和可操作性。

本次改版在总结以往教学经验的基础上，穿插了许多新案例，可以增加教学的趣味性，并在课后实践练习的基础上，增加了案例分析，让学生在案例讨论的过程中加深对汽车商务礼仪的认识。

本教材由孟晋霞担任主编，汪洋、俞海红、任海雷担任副主编。本教材共6章，其中，第1、3、4章由孟晋霞编写；第2章由俞海红编写；第5章由孟晋霞、汪洋编写；第6章由孟晋霞、任海雷编写。

编者在编写本教材的过程中，借鉴和参阅了现有的相关教材、著作和网络资料，在此对相关作者表示感谢和敬意。由于编者水平有限，书中难免有疏忽和不足之处，敬请同行、专家和广大读者指正。反馈邮箱：wkservice@vip.163.com。

编者
2018年12月

# 前言（第一版）

近年来，我国汽车市场异常火爆，各大汽车厂商在中国市场的竞争越来越激烈。为提高企业竞争力和美誉度，各汽车企业越来越重视企业文化和企业形象。汽车商务礼仪在提升员工素质、塑造企业形象方面具有重要作用，日益受到企业的重视。

本教材介绍了汽车商务活动中的礼仪知识，注重培养学生的实践能力，对于提高学生的就业竞争力具有重要意义。

本教材力求体现如下特点。

(1) 内容新颖。本教材根据汽车商务实践对传统的商务礼仪知识进行了提炼、提升和拓展，并注重吸纳、改编一些生动的汽车商务礼仪案例，可读性强。

(2) 结构合理。本教材内容由浅入深、由单项技能扩展到综合技能，有利于学生循序渐进地提高综合技能。

(3) 实践性强。汽车商务礼仪是一门理论性与实践性相结合、突出实践性的课程。除第1章绪论外，在每章章末均配有实践练习，以强化知识的应用性和可操作性。

本教材由孟晋霞担任主编，汪洋、俞海红、任海雷担任副主编。本教材共6章，其中，第1、2、4章由孟晋霞编写，第3章由俞海红编写，第5章由汪洋、孟晋霞编写，第6章由任海雷编写。

编者在编写本教材的过程中，借鉴和参阅了现有的相关教材、著作、网站资料，以及汽车企业内部培训资料，在此对相关作者表示感谢和敬意。由于编者水平有限，书中难免有疏漏和不足之处，敬请同行、专家和广大读者指正，反馈邮箱：ecmjx@126.com。

编者

2012年5月

# 目录

第1章 绪论 ·················· 1
1.1 汽车商务礼仪概述 ·········· 1
 1.1.1 礼仪的内涵 ············ 2
 1.1.2 商务礼仪的内涵 ········ 3
 1.1.3 汽车商务礼仪的内涵 ···· 3
 1.1.4 汽车商务礼仪的特点 ···· 4
1.2 汽车商务礼仪的原则和作用 ··· 4
 1.2.1 汽车商务礼仪的原则 ···· 5
 1.2.2 汽车商务礼仪的作用 ···· 6
1.3 汽车商务人员应具备的
  职业素质和能力 ············ 7
 1.3.1 形象 ·················· 7
 1.3.2 心态 ·················· 8
 1.3.3 沟通能力 ·············· 9
 1.3.4 汽车知识 ············· 10
思考题 ························ 11

第2章 汽车商务形象礼仪 ········ 12
2.1 汽车商务仪容礼仪 ········· 12
 2.1.1 仪容概述 ············· 12
 2.1.2 面容修饰 ············· 13
 2.1.3 头部修饰 ············· 15
 2.1.4 肢体修饰 ············· 17
2.2 汽车商务着装礼仪 ········· 18
 2.2.1 汽车商务场合着装的基本规范 ··· 18
 2.2.2 商务男士着装礼仪 ····· 20
 2.2.3 商务女士着装礼仪 ····· 26
 2.2.4 饰物礼仪 ············· 29

2.3 汽车商务场合仪态礼仪 ····· 32
 2.3.1 商务人员仪态基本要求 · 33
 2.3.2 表情礼仪 ············· 34
 2.3.3 站姿 ················· 36
 2.3.4 坐姿 ················· 38
 2.3.5 走姿 ················· 41
 2.3.6 蹲姿 ················· 43
 2.3.7 手势 ················· 44
思考题 ························ 46
实践练习 ······················ 47

第3章 汽车商务沟通礼仪 ········ 51
3.1 基本语言礼仪 ············· 51
 3.1.1 讲究语言艺术 ········· 52
 3.1.2 使用礼貌用语 ········· 53
 3.1.3 有效选择话题 ········· 56
 3.1.4 学做最佳听众 ········· 57
 3.1.5 注意提问方式 ········· 58
3.2 汽车销售沟通技巧 ········· 60
 3.2.1 汽车销售人员沟通规范 · 60
 3.2.2 汽车销售中的沟通技巧 · 63
 3.2.3 提升销售能力的基本功 · 68
3.3 汽车商务人员电话礼仪 ····· 75
 3.3.1 接听电话礼仪 ········· 75
 3.3.2 拨打电话礼仪 ········· 77
 3.3.3 代接电话礼仪 ········· 79
 3.3.4 手机通信礼仪 ········· 81
3.4 汽车商务文书礼仪 ········· 83

3.4.1　请柬 ……………………… 83
　　3.4.2　应邀回函 …………………… 84
　　3.4.3　聘书 ……………………… 85
　　3.4.4　欢迎词 …………………… 86
　　3.4.5　欢送词 …………………… 87
　　3.4.6　祝贺信 …………………… 88
思考题 ……………………………… 89
实践练习 …………………………… 90

## 第4章　汽车商务社交礼仪 ………… 94

4.1　汽车商务见面礼仪 ……………… 94
　　4.1.1　介绍 ……………………… 94
　　4.1.2　称谓 ……………………… 98
　　4.1.3　握手 ……………………… 100
　　4.1.4　交换名片 ………………… 102
4.2　汽车商务接待礼仪 ……………… 105
　　4.2.1　迎接准备 ………………… 106
　　4.2.2　引导及位次礼仪 ………… 106
　　4.2.3　座次礼仪 ………………… 108
　　4.2.4　奉茶礼仪 ………………… 112
　　4.2.5　欢送 ……………………… 113
4.3　汽车商务拜访礼仪 ……………… 114
　　4.3.1　预约 ……………………… 114
　　4.3.2　准时赴约 ………………… 115
　　4.3.3　正式拜访 ………………… 116
　　4.3.4　销售拜访技巧 …………… 117
4.4　汽车商务馈赠礼仪 ……………… 120
　　4.4.1　馈赠的目的与原则 ……… 121
　　4.4.2　礼品的选择 ……………… 122
　　4.4.3　馈赠的时机和方法 ……… 123
　　4.4.4　馈赠的禁忌 ……………… 125
　　4.4.5　受礼礼仪 ………………… 127
4.5　商务宴请礼仪 …………………… 128
　　4.5.1　宴请准备 ………………… 128
　　4.5.2　中餐进餐礼仪 …………… 133
　　4.5.3　西餐进餐礼仪 …………… 135
思考题 ……………………………… 141
实践练习 …………………………… 143

## 第5章　汽车会展礼仪 ……………… 146

5.1　会展礼仪概述 …………………… 146
　　5.1.1　会展礼仪的概念和特点 … 147
　　5.1.2　会展礼仪的作用 ………… 148
　　5.1.3　会展礼仪的基本原则和要求 … 149
5.2　一般会议 ………………………… 150
　　5.2.1　会议筹备工作流程 ……… 150
　　5.2.2　会议期间工作流程 ……… 151
　　5.2.3　会后工作 ………………… 152
　　5.2.4　会场的座次 ……………… 153
5.3　展览会 …………………………… 156
　　5.3.1　展览会筹备工作流程 …… 157
　　5.3.2　展览会期间礼仪 ………… 159
　　5.3.3　撤展工作流程 …………… 164
5.4　汽车展览会 ……………………… 165
　　5.4.1　汽车展览会的选择 ……… 165
　　5.4.2　汽车展览礼仪策划 ……… 167
　　5.4.3　参展企业整体形象 ……… 168
思考题 ……………………………… 170
实践练习 …………………………… 171

## 第6章　汽车销售流程及礼仪 ……… 174

6.1　客户开发流程及礼仪 …………… 175
6.2　展厅接待流程及礼仪 …………… 177
6.3　成交谈判流程及礼仪 …………… 183
6.4　售后跟踪服务及礼仪 …………… 188
思考题 ……………………………… 192
实践练习 …………………………… 193

**参考文献** ………………………… **196**

# 第1章 绪论

**案例**

> 有一位穿着得体的男士走进某高档汽车专卖店,打算换一辆更高档的轿车。当他走进店内时,看见一些人正在闲谈,他们服装不统一,让人无法分辨哪位是汽车销售人员。正当他感到无所适从时,有一位梳着披肩发的女销售人员起身接待了他,而其余的人仍然在旁边有说有笑。这位顾客觉得很奇怪,别人都说这个品牌的车不错,是高档次的车,但来到专卖店,怎么感觉不像是卖高档车的地方呢?这位顾客在心里打了退堂鼓,感觉应考虑一下再做决定。于是,无论销售人员说什么他都没听进去,匆忙地离开了这家专卖店。
>
> 在本案例中,顾客离开的主要原因是对该店员工的接待礼仪不认可。职业礼仪是企业形象、文化、员工修养素质的综合体现,员工讲究职业礼仪,可通过仪容仪表体现内在的涵养和专业水平,有助于企业在形象塑造、文化表达方面达到令人满意的效果。所以,汽车销售人员必须掌握顾客接待礼仪、顾客接待规范及技巧和顾客管理方面的知识。
>
> (资料来源:常兴华,刘金华.汽车营销实务[M].北京:北京理工大学出版社,2016.)

中国素有"礼仪之邦"的美誉,礼仪文化源远流长。孔子提出"不学礼,无以立"。荀子提出"人无礼则不生,事无礼则不成,国无礼则不宁"。礼仪已成为事关个人生存、企业发展、国家稳定的一种行为规范。

## 1.1 汽车商务礼仪概述

随着汽车产业的飞速发展,礼仪也渗透到汽车商务领域,各汽车公司对礼仪知识的需求越来越迫切。无论是人际沟通还是品牌、服务的推广,无论是员工素质的提升还是企业形象的宣传,都对礼仪提出了很高的要求。

在此背景下,有必要将汽车商务相关的礼仪知识系统化、科学化、理论化,并努力使其成为一门实践性强、普及度高的新兴学科。

### 1.1.1 礼仪的内涵

"礼仪"包含"礼"与"仪"两方面，有着古今意义的区别。中国古代的"礼"是指制度、规则和一种社会意识；"仪"是"礼"的具体表现形式，它是依据"礼"的规定和内容形成的一套完整而系统的程序。在中国古代，礼仪是为了适应当时社会需要，从宗族制度、贵贱等级关系中衍生出来的，因而具有时代性及局限性。

《周礼》对"礼"的含义认定是"夫礼者所以定亲疏，决嫌疑，别同异，明是非也"，"礼，不妄说人，不辞费。礼，不逾节，不侵侮，不好狎"。所以"礼"是文明国家为规范人与人之间的社会关系、维持社会秩序而制定的人们应普遍遵守的规则和习惯。而"仪"者，乃仪式，是人们对各种场合进退程式的规定。子曰："礼者敬人也。""仪"是一种道德规范，表示尊重。在人际交往中，我们要尊重别人，更要尊重自己。"仪"是向别人表示尊重的形式，任何"礼"的基本道德要求，都必须借助于规范的、具有可操作性的"仪"，才能恰到好处地表现出来。

时至今日，现代礼仪舍弃了那些为剥削阶级服务的规范，逐渐演化为人们的一种道德行为规范。在英文词典中有三个与"礼仪"相关的词："Courtesy"意为礼貌，泛指一般客气的仪态；"Etiquette"指交际应酬的礼节；"Protocol"指礼仪、礼规等。礼貌、礼节、礼仪都有一个"礼"字，人们往往容易混淆。

(1) 礼貌是人与人之间在交往中相互表示敬重和友好的行为准则，它体现了时代风貌与道德品质，体现了人们的文化层次和文明程度。礼貌是一个人在待人接物时的外在表现，它通过言谈、表情、姿态等来表示对人的尊重。礼貌分为礼貌行动和礼貌语言两部分。

(2) 礼节是人们在日常生活中特别是在交际场合中相互表示尊敬、祝颂、致意、问候、慰问以及给予必要协助和照料的惯用形式。礼节是对他人态度的外在行为规则，是礼貌在语言、行为、仪态等方面的具体表现。

(3) 礼节是礼貌的体现，礼貌是礼节的规范，礼仪则通过礼貌、礼节得到具体表现。现代礼仪是指人们在社会交往中为了相互尊重而约定俗成、共同认可的行为规范、准则和程序。

在人类生活中，礼仪几乎无处不在，礼仪的应用十分广泛，礼仪形式也在不断创新。礼仪在一定程度上反映了一个人的文化、修养与气质。任何一个崇尚文明的国家和民族，都注重礼仪教育，并把遵守礼仪规范作为国民必须具备的素质。

**案例**

一位老师带领学生前往一家大集团参观，老总是该老师的大学同学。因此，老总不仅亲自接待而且非常客气。席间，工作人员为每位学生倒水，可有位女生却

> 表示自己只喝红茶。学生们在有空调的大会议室坐着，大多坦然接受服务，没有半分客气。当老总办完事情回来后，不断向学生表示歉意，竟然没有一个人应声。当工作人员送来笔记本，老总亲自双手递送时，学生们大多伸手接过，没有起身也没有致谢。从头到尾只有一个学生起身并用双手接过工作人员递来的茶和老总递来的笔记本，同时客气地说了声："谢谢，辛苦了！"最后，只有这位学生收到了这家公司的录用通知。有的学生很疑惑甚至不服，抱怨道："他的成绩没有我好，凭什么让他去而不让我去？"老师叹气说："我给你们创造了机会，是你们自己没有把握。"

## 1.1.2　商务礼仪的内涵

商务礼仪是礼仪的一种表现形式，是人们在商务活动中，用以维护企业或个人形象，体现人与人之间的相互尊重和友好，以及维系和谐关系的行为规范和准则。简单地说，商务礼仪就是商务人士在日常工作和商业活动中所表现出来的交往艺术，是礼仪在商务活动中的运用和体现。它与一般的社交礼仪有相似的地方，但又不完全相同，它体现在商务活动的各个环节中，有很强的职业性和规范性。商务活动是以商业利益为基础、以表示尊重为主要内容、以惯用的礼仪规范为形式、以融洽人际关系为目的的一种社会交往活动。

商务礼仪涵盖商务活动中所需的各种职业素养和行为技巧，是企业文明程度、管理风格和道德水准及企业形象的综合体现，是企业树立良好形象、提高员工素质、维护商务活动中的人际关系、改善服务形象、提高服务能力的良药。

## 1.1.3　汽车商务礼仪的内涵

汽车商务礼仪特指在汽车商务活动中的礼仪规范和准则，是一般礼仪在汽车商务活动中的运用和体现，是商务人员在汽车商务活动中为表示尊敬、善意、友好而遵循的一系列道德规范、行为准则及惯用形式。它涉及汽车商务人员的个人仪表、仪容、姿态、言谈举止、待人接物的准则，是商务人员个人的道德品质、内在素质、文化素养、精神风貌的外在表现。

现今，汽车已进入寻常百姓家，专业化的汽车销售与售后服务逐渐成为消费者关注汽车产品的焦点。各家汽车企业都将提升企业形象与服务规范、提高顾客满意度与销售成功率作为企业文化与制度建设的重要内容，从而提升企业的核心竞争力与美誉度。作为一名汽车商务人员，其一言一行不仅反映自身的专业形象、职业素养，还折射出其所在公司的企业文化、品牌形象及经营管理境界。因此，汽车商务礼仪在汽车企业中有着举足轻重的地位。

### 1.1.4 汽车商务礼仪的特点

汽车商务礼仪具有规范性、对象性、技巧性、传承性4个特点。

**1. 规范性**

所谓规范就是人们照着去做的标准。"不以规矩,不能成方圆。"规范性约束着商务人员的仪容、仪表、仪态和行为举止,使其符合商务职场的礼仪规范。如怎样接听电话、怎样处理客户异议、如何着装和化妆等。

**2. 对象性**

生活中的很多礼仪都受环境、场合、身份、对象的限定,其行礼的仪式也有差别。汽车商务礼仪更是如此,应满足企业品牌形象和企业经营理念的需要,在交往中区分对象,因人而异。如经销高档车的企业和经销低档车的企业在企业形象和员工形象上就应有所不同,以更好地使顾客了解企业的文化及产品。

**3. 技巧性**

技巧性即可操作性,指商务人员应该怎么做,不应该怎么做。它不是纸上谈兵,而是既有总体上的礼仪原则、礼仪规范,又有具体的方式、方法。

**4. 传承性**

任何国家的礼仪都具有鲜明的民族特色,任何国家的当代礼仪都是在古代礼仪的基础上摒弃糟粕后继承、发展起来的,这就是礼仪传承性的特定含义,汽车商务礼仪更是如此。以丰田汽车为例,具有悠久历史的丰田汽车,经过数十年乃至百年的文化积累,已形成融入世界各地文化及礼俗元素的丰田品牌商务礼仪,不会因国籍、地域文化的不同而改变其品牌服务的标准。

## 1.2 汽车商务礼仪的原则和作用

**案例**

有一位汽车4S店人员几乎快要说服他的客户,可是当他站在办公室的吧台前谈具体事宜时,他的站姿却坏了事:他歪歪斜斜地站在那里,一只脚还不停地点地,好像打拍子一样。这位客户觉得汽车4S店人员是在表示不耐烦和催促,于是便用"下一次再说吧"打发了他。汽车4S店人员的不雅站姿导致本该成功的交易被终止,这就是举止无礼的后果。

(资料来源:姬虹.汽车销售技巧[M].上海:上海交通大学出版社,2012.)

## 1.2.1 汽车商务礼仪的原则

在汽车商务活动中，商务人员要学习、应用商务礼仪，必须把握具有普遍性、共同性、指导性的礼仪规律，这些礼仪规律，即商务礼仪的原则。掌握这些原则，将有助于更好地学习、应用商务礼仪。汽车商务礼仪应遵循以下几项原则。

**1. "尊敬"原则**

"尊敬"原则要求商务人员在从事商务活动中，将对他人的尊敬放在第一位，这也是"客户至上"的具体体现，它是商务礼仪的重点与核心，也是商务礼仪的情感基础，正所谓"敬人者恒敬之，爱人者恒爱之""人敬我一尺，我敬人一丈"。

**2. "自律"原则**

从总体来看，商务礼仪规范是由对待自身的要求与对待他人的做法这两大部分构成的。"自律"原则要求商务人员自我约束、自我控制、自我对照、自我反省、自我检点。

**3. "真诚"原则**

礼仪对于商务活动来说，不仅仅在于其形式和手段层面的意义，只有恪守"真诚"原则，着眼将来，通过长期潜移默化的影响，才能获得最终的利益。也就是说，商务人员与企业要爱惜形象与声誉，不应只追求礼仪外在形式的完美，更应将其视为商务人员情感的真诚流露。

**4. "宽容"原则**

"宽"即宽待，"容"即相容。宽容就是心胸坦荡、豁达大度，能设身处地为他人着想，谅解他人的过失，不计较个人得失，有很强的包容意识和自控能力。在商务活动中，人们出于各自的立场和利益，难免出现误解和冲突。遵循"宽容"原则，凡事想开一点，眼光放远一点，善解人意、体谅别人，才能正确处理各种关系与纷争，争取到更长远的利益。

**5. "适度"原则**

人际交往中要注意不同情况下的社交距离，也就是要善于把握沟通时的感情尺度。凡事过犹不及，特别是在商务交往中，要考虑时间、地点、环境等条件，对待客户或交往对象的方式要因人而异。例如，在一般交往中，既要彬彬有礼，又不能低三下四；既要热情大方，又不能轻浮谄媚。所谓适度，就是要注意感情适度、谈吐适度、举止适度。只有这样才能赢得对方的尊重，取得良好的沟通效果。

### 6. "随俗"原则

从事商务活动的人员，由于工作流动性比较强，经常会到全国各地进行洽谈。"十里不同风，百里不同俗"，在洽谈过程中，会遇到不同国籍、不同民族、不同文化背景的顾客。在这种情况下，要做到入乡随俗，只有这样才能使商务礼仪的应用更加得心应手，有助于交易的成功。

## 1.2.2 汽车商务礼仪的作用

汽车商务礼仪的作用是内强素质、外塑形象，具体包括以下几方面。

### 1. 有助于提高商务人员的个人形象

个人形象，是一个人的仪容、表情、举止、服饰、谈吐、教养的集合，而礼仪在上述方面都有详尽的规范。因此，商务人员学习、运用商务礼仪，有益于其更好、更规范地设计和维护个人形象，更好、更充分地展示商务人员的良好教养与优雅风度。当商务人员的个人形象提高了，客户关系将会更和睦，商务活动的开展将会更顺利。

### 2. 有助于建立良好的人际关系

在商务活动中，随着交往的深入，双方可能会产生一定的情绪体验。它表现为两种情感状态：一是情感共鸣；二是情感排斥。礼仪有助于双方相互吸引，增进感情，从而促进良好人际关系的建立和发展。

商务礼仪能够使商务人员树立道德信念和礼貌修养准则，不断提高自我约束、自我克制的能力，从而使人在商务交往中自觉按礼仪规范去做，无须别人的提示与监督。

### 3. 有助于维护企业形象

对企业来说，商务礼仪是企业价值观念、道德观念、员工素质的整体体现，是企业文明程度的重要标志。商务礼仪可强化企业的道德要求，树立企业的良好形象。商务礼仪使企业的规章制度、规范和道德具体化为一些固定的行为模式，从而起到强化作用。

### 4. 有助于提高商务活动的效益

汽车礼仪服务是优质服务的重要内容，它通过规范服务人员的仪容、仪表、服务用语、操作程序等，使服务质量具体化、标准化、制度化，使顾客感觉到被尊重，得到情感上的满足，因而会多次光临，这样就会给企业带来较好的经济效益。

# 1.3 汽车商务人员应具备的职业素质和能力

> **案例**
>
> 两位来自不同汽车公司的销售人员去拜访同一个客户,一个因走得急了一些,头发乱糟糟的,脸上还有汗水;另一个早到了十分钟,将自己的仪容整理得十分得体。客户出来后看了他们一眼,摆手请仪容得体的销售人员进去谈,只让秘书把那个脸上有汗水的销售人员的资料留下,以后再联系。
>
> 这位销售人员失败在哪里?原因不说自明。但是,这个被赶走的销售人员并不服输,他不断主动地打电话,同时寄送DM资料,终于又赢得了客户的约见。这次他吸取了上次的教训,衣着和举止非常得体,使客户产生了好感,最终与客户达成了合作。

## 1.3.1 形象

**1. 适宜的礼仪**

适宜的汽车商务礼仪,不仅能够帮助汽车商务人员树立良好的个人形象,还能帮助企业树立优秀的组织形象。需要注意的是,表面的客套和虚假的谦让是无法取信于人的,因此,汽车商务人员应该在平时就养成诚恳、谦虚的美德,对待客人要自然,避免刻意修饰和虚伪做作。

**2. 端庄的仪容**

仪容的好坏关系销售的成败。在销售过程中,汽车商务人员应给客户留下大方、得体的印象,这样不仅可以增强信心,赢得客户的好感和信任,更能将自己的形象演绎得神采飞扬。

**3. 得体的着装**

汽车商务人员得体、整洁的着装可以满足客户在视觉和心理方面的要求,从而给客户留下良好而深刻的第一印象。很多汽车销售公司要求员工统一着装,这是因为着装已经不再是单纯的个体形象,更是一种企业文化,体现了汽车销售公司的整体形象。

**4. 优雅的举止**

举止包括人的动作和表情,它是一种无声的"语言",能在很大程度上反映一个人的素质、受教育程度以及可靠程度。这些形体语言包括手势、站姿、坐姿、走姿等，具有动态美，是风度的具体体现。拥有这种风度，有助于汽车商务人员赢得客户的好感和亲近。

## 1.3.2 心态

**案例**

### 乔·吉拉德励志故事：让信念之火熊熊燃烧

"在我的生活中，从来没有'不'，你也不应有。'不'，就是'也许'；'也许'，就是肯定。我不会把时间白白送给别人的。所以，要相信自己，一定能卖出去，一定能做到。"

"你认为自己行就一定行，每天要不断向自己重复。"

"你所想的就是你所要的，你一定会成就你所想的，这些都是非常重要的自我肯定。Impossible(不可能)，就是I am possible(可能)。要勇于尝试，之后你就会发现你所能做到的连自己都惊异。"

乔·吉拉德说，所有人都应该相信：乔·吉拉德能做到的，你们也能做到，我并不比你们好多少。而我之所以做到，是投入专注与热情的结果。

一般的销售员会说，那个人看起来不像一个买东西的人。但是，有谁能告诉我们，买东西的人长得什么样？乔·吉拉德说，每次有人路过他的办公室，他内心都在吼叫："进来吧！我一定会让你买我的车。因为每一分一秒的时间都是我的花费，我不会让你走的。"

"我笑着面对他，我的钱在你的口袋里。"

35岁前，乔·吉拉德经历过许多失败。记得那次惨重失败后，朋友都弃他而去。但乔·吉拉德说："没关系，笑到最后才算笑得最好。"

他望着一座高山说："我一定会卷土重来。"他紧盯的是山巅，旁边的那些小山包，他一眼都不会看。

3年以后，他成了世界上最伟大的销售员，"因为我相信我能做到"。

乔·吉拉德说："有件事很重要，大家都要对自己保证，保持热情的火焰永不熄灭伏。"

好的心态是汽车商务人员从平凡到卓越、从胆怯到勇敢、从脆弱到坚强的助推器，是调节工作的变速器，是失败意识的刹车片。如果你决定将汽车销售作为自己的事业，就必须有好的心态。

**1. 积极主动的心态**

汽车商务人员应当诚实待人、乐观向上，在工作中应主动出击、积极进取。具备上述心态，可以帮助汽车商务人员养成迅速行动的习惯，抢占据有利时机，尽早获得优势，因而更容易获得成功。

**2. 热情的心态**

汽车商务人员应当爱岗敬业、满怀激情，尽量将工作和自己的兴趣结合起来，使工作不再单调，在工作中找到快乐和满足感，这将促使汽车商务人员的事业更加稳定。

**3. 谦虚包容的心态**

谦虚是长足进步的基础。汽车商务人员需要低下头来，谦卑地向别人学习，同时应学会包容同事的失误，包容客户的"无知"甚至"责难"，这将有助于汽车销售人员在追求卓越的道路上走得更长久、更远。

**4. 自信、行动的心态**

汽车商务人员要对自己的工作能力充满信心，对自己销售的汽车充满信心，对美好的未来充满信心，把最好的汽车和由汽车带来的美好生活推荐给客户，想方设法满足他们的出行需求。更重要的是，要抛弃一些不切实际的幻想，制订工作计划，然后按图索骥，实现自己的目标。

**5. 给予、双赢的心态**

中国有句古语叫"将欲取之，必先予之"，这也适用于汽车销售。汽车商务人员应懂得"想要索取，要先学会给予"的道理，在将汽车卖出去之前，不要怕付出。只有切实付出了，才会有所收获。同时，要站在客户的角度，凡事为客户着想，这样更容易取得谈判的成功，达到双赢的结果。

## 1.3.3 沟通能力

> **案例**
>
> **滔滔不绝的介绍反而扑灭了顾客的购买欲望**
>
> 一天，林女士走进一家汽车4S店，几番比较后，看好了一辆银色轿车。这时，一位男销售顾问热情地迎上来，主动介绍这种车型。他的介绍很在行、很流畅，从性能优势到外形特点，从价格到售后服务，一一道来，还分别进行演示。起初，林女士被他那热情而熟练的介绍所打动，对这辆车产生了几分好感，本想问点什么，可是那位男销售完全不顾林女士的反应，似乎林女士不掏出钱包他就决不罢休。于是，林女士心生不悦，特别是当他褒扬自己的品牌而贬低其他品牌时，林女士不免对他的介绍产生了怀疑：如此夸夸其谈，产品性能是否真的卓越？

这种疑虑让林女士此前产生的购买欲望一扫而光，只是出于礼貌不好意思走开。幸好，这时又来了一位顾客，林女士趁机"逃"出了这家4S店。回头望去，那位销售顾问还未意识到他白费了口舌而表现出几分失望和愤慨。

(资料来源：石虹，胡伟.汽车营销礼仪[M].北京：北京理工大学出版社，2010.)

沟通，是连接人与人心灵的桥梁。懂得沟通的人，做起事情来就会如鱼得水、游刃有余。因此，沟通对商务人员而言，重要性不言而喻。汽车商务人员的沟通主要有以下两方面。

**1. 与企业外部人员的沟通**

与企业外部人员的沟通，主要指与客户、供应商、政府部门等外界单位或个人的沟通。主要目的是与对方达成共识，取得互惠双赢的结果。对于汽车商务人员来说，与供应商和客户沟通的首要目的是建立长期互惠互利的关系，以建立长远的合作关系。

**2. 与企业内部人员的沟通**

企业内部沟通主要指部门与部门、上级与下级、同事与同事之间的沟通。具体来说，以工作配合关系为基础，根据情况需要，定期或不定期地组织公司内部人员，借助一定的方法和手段，交流与传递公司信息，为公司或部门领导的决策提供相关依据，增强团队精神，使公司内部相互协调，以实现公司的既定目标。

沟通能力不限于说话能力，还包括观察能力、记忆能力、写作能力、协调能力等。要想具备良好的沟通能力，一方面要不断历练，另一方面要以真诚的态度、广博的知识和丰富的人生阅历作为支撑。

## 1.3.4 汽车知识

**案例**

一天，一对年轻夫妻进入某品牌汽车4S店，他们径直走向一辆黑色轿车，接待他们的销售人员小王马上意识到他们对该车感兴趣，于是热情地用专业术语向他们介绍该车的结构和性能。但是小王工作才两天，有些紧张，再加上没有深入了解顾客的需求，基本上是想到哪里说到哪里，并没有指出该车能给顾客带来哪些好处。当他介绍车身时，顾客突然提问："请问本车是全铝车身吗？全铝车身有什么好处？"小王第一次听说"全铝车身"一词，一下子慌了神，只好向顾客解释自己是新手，让顾客稍等片刻，他去咨询一下再给顾客答案。见此情形，夫妻俩对视一下，说："不麻烦了，谢谢！我们改天再来。"夫妻俩边往外走边讨论，妻子说：

> "刚才这位销售员总说些专业术语，不如××店的销售员介绍得清楚，感觉像没经过培训似的，看来这家店不如××店正规，只怕以后维修保养会成问题。"丈夫说："是啊，本来想验证一下那家店的介绍是否正确，没想到，这位老兄根本就不知道，自己卖的车都不了解，谁敢买？算了，还是到那家店去买吧，虽然贵了500元，但买个安心，多的钱都花了，也不在乎这几百元了。"于是，夫妻俩到××店去买车了。
>
> 在介绍汽车产品前，汽车销售人员应做好充分的准备，不仅要了解自己的汽车产品，而且要充分了解竞争车型的情况，以便在横向比较中突出自己的产品的卖点与优势，从而提高顾客对产品的认同度，使其打消疑虑，放心购买。
>
> (资源来源：熊其兴，彭国平.汽车营销[M].武汉：华中科技大学出版社，2013.)

汽车知识包括汽车专业知识和汽车销售知识，下面分别进行阐述。

**1. 掌握全面的汽车专业知识**

汽车商务人员只有完全了解汽车产品知识(具体包括优点、缺点、价格策略、品种、规格、竞争产品状况及替代产品状况等)，才能专业地为客户释疑解惑，从而赢取客户的信任和尊重。因此，汽车商务人员应全面、深入地掌握专业的汽车技术和产品知识，以便更好地为客户服务。

**2. 掌握丰富的汽车销售知识**

优秀的汽车销售人员不仅要具备专业的汽车知识，还要具备丰富的汽车销售技巧，这些技巧可以有效地拉近销售人员与客户的距离，帮助销售人员与客户顺畅地交流。汽车销售知识包括购车常识、申办按揭手续、代办保险流程、代理获取牌照、汽车装潢、旧车处理、品牌常识、销售流程以及汽车使用过程中可能遇到和需要解决的问题等。

### 思考题

1. 商务礼仪的含义是什么？
2. 汽车商务礼仪有哪些特点？
3. 汽车商务礼仪有哪些作用？
4. 从事汽车商务工作需要具备哪些素质和能力？

# 第2章 汽车商务形象礼仪

> **案例**
>
> 小张是一家汽车4S店的销售顾问,口头表达能力不错,对公司的业务流程很熟悉,对公司的产品及服务的介绍也很得体,给人感觉朴实又勤快,而且他在销售顾问中学历也是最高的,可是他的业绩总是上不去。
>
> 小张非常着急,却不知道问题出在哪里。在旁人看来,小张的性格大大咧咧,不修边幅,头发经常乱蓬蓬的,双手指甲修剪不及时,身上的白衬衣常常皱巴巴的并且已经变色,他平日里喜欢吃大葱,吃完后却不知道去除异味。朋友能够包容他,但在工作中常常过不了与客户接洽的第一关。
>
> 其实,小张的这种形象很容易让客户留下不好的印象,让人觉得他是一个对工作不认真、没有责任感的人,因此很难有机会和客户进一步交往,自然也无法成功地承接业务。

美国心理学家奥伯特·麦拉比安发现,一般情况下,人们对一个人的印象形成,55%取决于外表,38%取决于他的自我表现,只有7%才取决于他所讲的内容。因此,在日常交往中,我们应重视个人外在形象,这不仅有助于树立个人信心,更有助于我们达成目标。

此外,对于汽车商务人员来说,保持良好的外在形象是尊重他人的表现,是专业性、权威性的外在表现,不仅能够体现自身良好的修养和独到的品位,还能够更好地展示汽车品牌形象,有助于商务活动的成功。

## 2.1 汽车商务仪容礼仪

### 2.1.1 仪容概述

仪容指的是人的容貌长相,仪容美是指人的容貌美。为了维护自我形象,商务人员有必要对自身仪容进行修饰美化。

**1. 仪容修饰的原则**

仪容修饰的原则是整洁、卫生、端庄,具体包括以下几项要求。

(1) 要保持整齐、洁净、清爽的仪容,勤洗澡、勤换衣、勤洗脸,保持身体无异味,并注意经常去除眼角、口角及鼻孔的分泌物。男士要定期修面,注意不要蓄胡须,鼻毛不要外现。

(2) 注意口腔卫生,早晚刷牙,饭后漱口,保持牙齿洁白,口腔无异味,在重要应酬之前忌食蒜、葱、韭菜、腐乳等食物。还需注意,为了消除不良气味而当着客人的面嚼口香糖也是不礼貌的行为。

(3) 仪容既要修饰,又要保持简练、庄重、大方,给人以美感。例如,在商务场合,女士应注意不蓄长指甲、不使用颜色醒目的指甲油。

**2. 个人仪容的基本要求**

个人仪容的基本要求是"仪容美",包括3个层次的含义,即自然美、修饰美和内在美。

(1) 仪容自然美,指每个人与生俱来的、独一无二的先天外在条件。

(2) 仪容修饰美,指依照规范与个人条件,对仪容进行必要的修饰。在有条件的情况下,可以求教于专业人士(如形象顾问)。仪容修饰以美观、大方、整洁和方便生活与工作为原则,既要考虑流行时尚和个人品位,还要和自己的工作性质、身份、气质、脸型、发型、体形和年龄相匹配。

(3) 仪容内在美,即通过努力学习,不断提高个人的文化修养和思想道德水准,使自己的气质更高雅。

真正意义上的仪容美,应当是上述3个方面的和谐统一。

## 2.1.2 面容修饰

面部是人际交往中被关注的焦点,商务人员欲使自己在人际交往中从容、自信,就应该注重面部修饰。由于性别的差异和认知的不同,使得男女在面容美化的方式方法和具体要求上呈现不同的特点。

**1. 男士美容**

许多男士认为,化妆是女士的事,与他们无关,甚至还认为,男人是办"大事"的,工作忙,没有时间考虑容貌修饰,可以胡子拉碴、不修边幅。事实上,这种想法是错误的。男士由于生理和户外活动量大的原因,与女士相比较,皮肤更粗糙、毛孔更粗大,大量的汗液和油脂分泌还会使灰尘和污垢积聚在皮肤表面而使毛孔堵塞,引起细菌感染、皮肤发炎,因此,男士更需要接受美容指导。在国外的许多商务场合中,如果女士不化妆,男士不修面,就会被理解为对另一方的蔑视甚至侮辱。因此,男士也应注重面容修饰。

男士修面,一般包括清洁面部、使用护肤品和无色唇膏以及美发等内容。

(1) 清洁面部。清洁面部,就是要清除脸上的污垢,保持面部干净、清爽。为此,要勤洗脸、勤修面。同时,洗脸要彻底、面面俱到,不能三下两下就完事。

(2) 使用护肤品和无色唇膏。护肤类化妆品的主要功能就是保养皮肤,使之更细腻、滋润。常见的品种有乳液、膏霜等,功能不一,各具特色,使用者可根据自己的皮肤情况和使用时间来选择。护肤类化妆品在清洁面部后使用效果更佳。无色唇膏主要在冬季或干燥季节使用,可滋润嘴唇,防止嘴唇干裂。

(3) 美发。美发是男士修饰容貌的重要组成部分,因为头发是人们关注的另一个焦点,因而在修饰面部时,绝对不能忽略它。关于这个问题,将在下文中的头部修饰中详细介绍,这里不再赘述。

### 2. 女士美容

保持面容美丽会让人心情愉悦,在商务活动中也是尊重交往对象的表现,因此女士宜化清新、素雅的淡妆。

化妆的一般技巧及步骤如下所述。

(1) 洁面。用洗面奶去除油污、汗水与灰尘,彻底清洁面部。随后,在脸上拍打化妆水,为面部化妆做好准备。

(2) 涂敷粉底。涂敷粉底前先涂抹少量的护肤霜,以保护皮肤免受其他化妆品的刺激,并有助于使涂敷粉底的工作更容易进行。接下来,在面部的不同区域使用深浅不同的粉底,使妆容产生立体感。完成后,可使用少量定妆粉来固定粉底。

(3) 描眉画眼。首先,修眉、拔眉、画眉;其次,沿着睫毛的根部,画好眼线;再次,使用睫毛膏、睫毛夹对眼睫毛进行"加工"、定型;最后,涂眼影,为眼部着色,增强眼睛的立体感。

(4) 美化鼻部。画鼻侧影,以改善鼻形的缺陷。

(5) 打腮红。打腮红的目的是修饰美化面颊,使人看上去容光焕发。涂好腮红之后,应再次用定妆粉定妆。

(6) 修饰唇形。先用唇笔描出口形,然后涂上色彩适宜的唇膏,使红唇生色。

(7) 喷涂香水。喷涂香水可以美化身体的整体"大环境"。

(8) 修正补妆。检查化妆的整体效果,进行必要的调整、补充、修饰和矫正。至此,完成全套化妆。

### 3. 化妆礼仪

现在,越来越多的工作要求员工化淡妆上岗,以展示员工良好的精神风貌,体现对交往对象的尊重,但应注意化妆的一些礼仪问题。

(1) 化妆的浓淡要考虑时间和场合。女士的妆容应随着时间和场合的改变而改变。白天，在自然光下，一般人略施粉黛即可，职业女性的工作妆也以淡雅、清新、自然为宜，涂厚厚的粉底和鲜红耀眼的唇膏就是不懂礼仪的表现；而参加晚间娱乐活动时可以化浓妆。其实，夜色朦胧，不论浓妆还是淡抹都能被众人接受。

(2) 不能在公众场所化妆或补妆。有些女士对自己的形象过分在意，不论在什么场合，一有空闲，就会拿出化妆盒对镜修饰一番，一副旁若无人的样子。在公共场所，在众目睽睽之下修饰面容是没有教养的行为。如真有必要化妆或补妆，一定要到洗手间去完成，切莫当众"表演"。

(3) 不要滥用化妆品，倡导科学美容。任何化妆品都含有一定量的化学物质，这些化学物质多少都会对皮肤产生不良刺激，化妆属消极美容，治标不治本，因此应提倡科学美容。要想使红颜不衰，应采取体内调和、正本清源的积极美容法。首先，在日常生活中适度地参加户外体育活动，促进表皮细胞的繁殖；其次，保持良好的心境与充足的睡眠，这有助于面部皮肤的新陈代谢，使面容富有光泽；再次，饮食要合理，从内部调养；最后，坚持科学的面部护理与按摩，促进血液循环，以使面容红润。

(4) 不要非议他人的妆容。每个人都有自己的审美观和化妆风格，切不可对他人的妆容品头论足。

(5) 不要借用他人的化妆品。每个人都有自己的化妆习惯，借用别人的化妆品会给人以不洁之感。所以，不要随便借用别人的化妆品，最好随身携带一套备用。

## 2.1.3 头部修饰

正常情况下，人们观察一个人往往是"从头开始"的，因此，个人形象的塑造要"从头做起"。美发，一般是指对头发进行护理与修饰，使其美观大方，适合个人特点。头部修饰主要分为护发与选择发型两个部分。

**1. 护发**

商务人员的头发必须保持健康、秀美、干净、清爽、整齐的状态。要真正达到以上要求，可从头发的清洗、梳理、养护等几个方面入手。首先要重视头发的清洗，最好2～3天洗一次，避免蓬头垢面。至于梳理头发，更应当时时不忘。此外，商务人员还要注重头发的养护，可在洗发之后，酌情使用护发剂。要想真正养护好头发，关键要从营养调理方面着手，避免烟、酒和辛辣刺激物对头发造成危害。例如，欲减少发屑，应少吃油腻食物，多吃含碘丰富的食品；欲使头发乌黑发亮，则宜多吃富含蛋白质和维生素、微量元素的食物，如核桃之类的坚果和黑芝麻之类的"黑色食品"。

## 2. 选择发型

发型是构成仪容的重要部分。发型修饰就是在保养、护理头发的基础上，修剪一个适合自己的发型。合适的发型会使人精神焕发，充满朝气和自信。选择发型时，可以从以下几个方面考虑。

(1) 性别。发型一向被作为区分性别的重要依据。虽然近几年来，发型的选择日益多元化，明星和新潮青年在选择发型时，"敢为天下先"：成年男子要么留披肩发，要么梳小辫儿；妙龄少女或者理"板寸"，或者剃光头。此类做法虽较为常见，但素来以恪守传统著称的商界人士很少效仿。以发型区分男女，在商界依旧是应该遵守的惯例。

(2) 年龄。商界人士在为自己选择发型时，必须正视自己的年龄，以免发型与年龄相去甚远，不合时宜。举例来说，一位女青年若是将头发梳成"马尾"或是编成一条辫子，可显现自己的青春和活力，但中年女士则不适宜这么做。

(3) 发质。选择发型之前，必须了解自己的发质。中国人的发质有硬发、棉发、沙发、卷发4种类型，各具特点，对发型的选择也有不同的要求。

(4) 脸形。恰当的发型，既可以修饰脸形，又可以体现发型与脸形的和谐之美。不同脸形的人在为自己选择发型时，要求往往不同。

圆脸形的人，可选择垂直向下的发型。顶发若适当蓬松，可使脸形显长。宜侧分头缝，以不对称的头发来减弱脸形扁平的特征。面颊两侧不宜隆发，不宜留齐刘海。

方脸形的人，面部短阔，两腮突出，轮廓较为平直。在为其设计发型时，应侧重于以圆破方，以发型来增长脸形。可采用不对称的发缝、翻翘的发帘来增加发式变化，并尽量增多顶发。勿理寸头，耳旁头发不宜变化过大。额头不宜暴露，发廓线应避免整齐平整。

长脸形的人，往往会给人以古典感，脸形较美。为其设计发型时，应重在抑"长"。可适当地在两侧增加发容量，削出发式的层次感，顶发不可高隆，垂发不宜笔直。

"由"字脸形的人，额窄而腮宽，俗称三角形脸。在设计发型时，应力求上厚下薄，顶发丰隆。双耳之上的头发可令其宽厚，双耳之下则应控制发量，前额不要裸露在外。

"甲"字脸形的人，额宽而鄂窄，俗称倒三角形脸。在为其选择发型时，宜选短发，并露出前额。双耳以下发容量宜适当增多，但切勿过于丰隆或垂直。选择不对称式的发型，效果通常不错。

六角脸形的人，主要特征是颧骨突出。在选短发时，要强化头发的柔美，并挡住太阳穴。选长发时，则应以"波浪式"为主，发廓应轻松丰满。

(5) 身材。在选择发型时，也要考虑到身材的差异。一般说来，身材高大者，在发型方面往往有比较多的选择。身材矮小者，在选择发型时往往会受到一定的限制，最好选择短发型，以便利用他人的视觉偏差使自己"显高"。女士们不要选长过腰部的披肩发，否则只会令自己显得更加矮小。身材高而瘦者，可适当地利用某些发型，例如直发、长发或波浪式卷发，让自己显得丰盈一些。身材矮而胖者，一般不宜留长发，更不应该将头发弄得蓬松丰厚。

(6) 职业。不同的职业对发型要求大不一样。例如，娱乐圈的人发型宜时尚，商务人士的发型宜庄重、成熟等。

在设计与制作发型时，商务人士若能考虑以上几个方面，必然会使自己的发型既符合惯例，又易于得到他人的认可。

### 2.1.4 肢体修饰

除头部、面部外，频繁暴露的还有手部。在工作中，双手会经常展现在顾客面前，比如介绍产品时、签约时等，极易引起他人注意。为了使手看起来修长、流畅，给客户以美感，有必要保养与美化双手。

**1. 手的保养**

日晒是皮肤老化的主要原因，手部当然也不例外，因此，对手的养护首先要注意手部的防晒。为了减轻阳光对皮肤的伤害，可以从以下几方面来做：涂抹防晒乳液；骑自行车时，戴上手套，在夏天可以遮挡太阳，在冬天可以抵御寒风；如果必须经常接触清洁剂和水，要戴上防水的橡皮手套；每晚临睡前要涂抹护手霜来保养双手；每周用去角质霜、润泽霜或护手霜做一次加强保养。

**2. 指甲的修饰**

指甲需要经常修剪，长度以不超过手指指尖为宜。在修指甲时，要同时剪去指甲沟附近的"干皮"。现代生活中，很多人喜欢美化指甲，如涂抹指甲油，但商务人士要慎重选择指甲油的色彩，不可过于鲜艳，同时要注意美甲时的卫生，以免感染疾病。

需要特别提出的是，在公共场合修剪指甲是不文明、不雅观的。另外，汽车营销人员不能涂彩色指甲上岗工作。

**3. 手臂及腋下的清洁**

在穿着短袖衣服时，手臂便会暴露在外面，此时要注意清理汗毛，去除皮肤角质，让手臂光滑柔嫩，以给人带来清新的感觉。腋下很容易产生汗味，可在恰当的时候涂抹止汗香露，不但可以止汗还可以增加香味。女士的脚部在夏天穿丝袜时也会暴露在外，应像对待手部一样进行清理与修饰。另外，脚部气味也需特别注意，平时应垫防臭鞋垫并经常清洗。

## 2.2 汽车商务着装礼仪

行为学家迈克尔·阿盖尔曾做过实验，他本人以不同的装扮出现在同一地点，周围人的反应完全不同：当他穿着西装以绅士模样出现时，无论是找他问问题还是问时间的陌生人，大多彬彬有礼，颇有教养；而当他打扮成无业游民的时候，接近他的人则以流浪汉居多。

着装体现了一种企业文化、一种品牌文化，体现了一个人的文化修养和审美情趣。西方的服装设计大师认为："服装不能造出完人，但是第一印象在很大程度上来自着装。"

### 2.2.1 汽车商务场合着装的基本规范

**1. 着装的TPO原则**

TPO是Time、Place、Object三个单词的首字母缩写。T代表时间、季节、时令、时代；P代表地点、场合、职位；O代表目的、对象。着装的TPO原则是世界通行的有关着装打扮的基本原则。它提出，人们的着装要与时间、季节相适应；要与所处的场合、环境及不同国家、区域、民族的习俗相适应；要符合着装人的身份；要根据不同的交往目的、交往对象选择服饰，给人留下良好的印象。根据TPO原则，着装时应注意以下几个问题。

(1) 应与自身条件相适应。选择服装首先应该与自己的年龄、身份、体形、肤色、性格相协调。年长者，身份地位高者，不宜选择太新潮的服装款式，款式宜简单，面料质地应讲究，这样才能与身份年龄相适应。青少年着装应体现青春气息，以朴素、整洁、清新、活泼为宜，"青春自有三分俏"，若以华丽的服饰破坏了青春朝气实在得不偿失。

形体条件对服装款式的选择也有很大影响。身材矮胖、颈粗脸圆者，宜穿深色低"V"字形领、大"U"形领套装，不适合穿浅色高领服装。身材瘦长、颈细长、长脸形者宜穿浅色、高领或圆领服装。方脸形者则宜穿小圆领或双翻领服装。身材匀称、形体条件好、肤色也好的人，选择余地较大，可谓"浓妆淡抹总相宜"。

(2) 应与职业、场合相协调。着装要与职业、场合相协调，这是不可忽视的原则。工作时间着装应遵循端庄、整洁、稳重、美观、和谐的原则，以给人带来愉悦感和庄重感。一个单位的职业装和精神面貌能体现这个单位的工作作风，因此现在越来越多的组织、企业、机关、学校开始重视统一着装，这是很有意义的举措，能给着装者带来自豪感和约束感，还能使服装成为一个组织、一个单位的标志和象征。

此外，在正式社交场合，着装宜庄重大方，不宜过于浮华。参加晚会或喜庆场合，服饰则可明亮、艳丽些。在节假日休闲时间，着装应随意、轻便些。在家庭生活中，着休闲装、便装更益于与家人之间沟通感情，营造轻松、愉悦、温馨的氛围，但不能穿睡衣、拖鞋到大街上去购物或散步，那是不雅和失礼的。

(3) 应与交往对象、办事目的相适应。作为汽车商务人员，在选择每天的服装时，一个重要的选择标准是：那套衣服对我今天的工作是否有帮助。另外，与外宾、少数民族相处时，要特别尊重他们的习俗禁忌。

总而言之，着装的基本原则是体现"和谐美"，上下装呼应和谐，饰物与服装色彩搭配要和谐，与身份、年龄、职业、肤色、体形要协调，与时令、环境要协调等。

**2. 着装的色彩搭配**

1) 色调

色彩有暖色调、冷色调、中间色和过渡色之分，不同的色彩有着不同的象征意义。

(1) 暖色调。暖色调有红色、黄色、橙色。其中，红色象征热烈、活泼、兴奋、富有激情；黄色象征明快、鼓舞、希望、富有朝气；橙色象征开朗、欣喜、活跃。

(2) 冷色调。冷色调有黑色、蓝色、紫色。其中，黑色象征沉稳、庄重、冷漠、富有神秘感；蓝色象征深远、沉静、安详、清爽、自信而幽远；紫色象征高傲、神秘。

(3) 中间色。中间色有黄绿色、红紫色和紫色。其中，黄绿色象征安详、活泼、幼嫩；红紫色象征明艳、夺目；紫色象征华丽、高贵。

(4) 过渡色。过渡色有粉色、白色和淡绿色。其中，粉色象征活泼、年轻、明丽、娇美；白色象征朴素、高雅、明亮、纯洁；淡绿色象征生命、鲜嫩、愉快和青春等。

2) 色彩搭配方法

合适的服装色彩是着装成功的重要因素。服装配色以"整体协调"为基本准则，全身颜色最好不超过三种，而且以一种颜色为主色调，否则会显得乱而无序，不协调。灰、黑、白三种颜色在服装配色中占有重要地位，几乎可以和任何颜色相配。为了使着装配色和谐，可以从以下几方面着手。

(1) 上下装同色，即着套装并以饰物点缀，这种搭配比较简单。

(2) 同色系配色，即搭配同色系中深浅、明暗度不同的颜色，整体效果比较协调。

(3) 对比色搭配，即明亮度对比或相互排斥的颜色对比，如果搭配得当，会有相映生辉、令人耳目一新的亮丽效果。年轻人着上深下浅的服装，显得活泼、飘逸，富有青春气息；中老年人采用上浅下深的搭配，能给人以稳重、沉着的感觉。

此外，服装的色彩搭配应考虑季节与自然环境。同一件外套，改变衬衣的样式与颜色，会表现出不同的风格，但应注意衬衣颜色不能与外套相同，明暗度、深浅程度应有明显的对比。

着装配色要遵守的一项重要原则，就是要根据个人的肤色、年龄、体形选择颜色。肤色黑，不宜着颜色过深或过浅的服装，而应选用与肤色对比不明显的粉红色、蓝绿色，忌用色泽明亮的黄橙色或色调极暗的褐色、黑紫色等；皮肤发黄的人，不宜选用半黄色、土黄色、灰色的服装，否则会显得精神不振；脸色苍白的人，不宜着绿色服装，否则会使脸色更显病态；肤色红润、粉白，穿绿色服装效果会很好；白色衣服与任何肤色搭配效果都不错，因为白色的反光会使人显得神采奕奕。体形瘦小的人适合穿色彩明度高的浅色服装，这样显得丰满；而体形肥胖的人选择明度低的深颜色则会显得苗条。大多数人的体形、肤色属中间混合型，所以颜色搭配没有绝对性的原则，重要的是在着装实践中找到适合自己的颜色搭配。

## 2.2.2 商务男士着装礼仪

一般来讲，汽车商务男士都以西装作为职业装，这样既显得成熟、稳重，又可以给客户一种规范、值得信赖的感觉。西装，又称西服、洋服，起源于欧洲，目前在世界上很流行。正装西装的造型典雅高贵，拥有开放适度的领部、宽阔舒展的肩部和略加收缩的腰部，使穿着者显得英武矫健、风度翩翩、魅力十足。商务男士要想穿出西装的韵味，应该注意西装和其他衣饰的搭配，并遵守相关的礼仪规范，下面从西装、衬衫、领带及配饰几个方面谈谈商务男士的着装。

**1. 西装**

1）西装的选择

在商务场合，男士应着正装西装，选择时要注意正装西装和休闲西装的区别，具体表现在以下三个方面。

(1) 颜色。从色彩的角度来讲，正装西装的基本特点是单色，一般是蓝、灰、黑等几种颜色，而黑色西装多被当作礼服穿着。休闲西装在色彩上的选择范围较广，可以是单色的，如宝蓝、灰蓝、浅蓝、咖啡色；也可以是艳色的，如粉色、绿色、紫色、黄色；还可以是多色的、格子或条纹的，比较随意。一般情况下，蓝色、灰色的西装，比较适合商界男士。

(2) 面料。正装西装一般都是纯毛面料，或者是含毛比例较高的混纺面料。这些面料悬垂、挺括、透气，外观比较高档、典雅，当然价格也比较贵。商界男士选择正装西服时，应力求面料高档，做工精细。休闲西装的面料品种繁多，有皮、麻、丝、棉等。

(3) 款式。款式是正装西装和休闲西装最大的区别。商务西装要成套穿着,即搭配同料西裤;而休闲西装则是单件,可搭配异色、异料裤。此外,休闲西装一般都配以明兜,明兜是没有盖的;而正装西装则配以暗兜,它是有盖的。

2) 西装的穿着

商界男士穿着西装要有所为、有所不为,需遵守以下常规。

(1) 西装的上衣体现整体精神风貌,具体要求如下所述。

衣长宜与垂下臂时衣服下沿与手指的虎口处相齐,袖长距手腕处1~2厘米为宜。衣领不要过高,一般在伸直脖子时,衬衫领口以外露2厘米左右为宜。肩膀部分要适宜,因为西装的肩膀部分是整套西装的精神所在,当肩膀部分太紧时,西装的背部会出现横向皱纹;而当肩膀部分太宽松时,整个人会显得没有精神。后背以恰好盖住臀部为佳,其前襟和后背下面不能吊起,应与地面平行。

在选择西装时,要充分考虑到自己的身高、体型,如身材较胖的人最好不要选择瘦型短西装;身材较矮者最好不要穿上衣较长、肩较宽的双排扣西装。西装上衣可以敞开着穿,但双排扣西装上衣最好不要敞开着穿。

(2) 西装的裤子要与上衣相协调,具体要求如下所述。

裤头的宽度即腰围,以在扣上扣子、拉上拉链、呼吸自然平顺的情况下,不松不紧地刚好容纳一只平伸手掌的厚度为宜。裤裆应随着小腹与胯下处自然垂坠,平整地与裤管相连;从背后看,西装裤亦应顺着臀部的线条,松紧合宜地与裤管相连。裤管的长度,从正面看,应舒适地垂到鞋面上,裤管过长时,会在鞋面上隆起过多的皱褶,很容易破坏整体造型的利落感;从背后看,裤管的长度应落在鞋跟和鞋身的交界处,若想让腿部看起来更修长,则可将裤管的长度延至鞋后跟二分之一处。

(3) 西装口袋。它的装饰作用多于实用价值,所以,不能让口袋显得鼓鼓囊囊,以免西装整体外观走样。不同位置的口袋,功用也不太一样。上衣左侧外胸袋除可以插入一块用以装饰的真丝手帕外,不应再放其他东西,尤其不应当别钢笔、挂眼镜。上衣内侧胸袋可用来别钢笔、放钱夹或名片,但不要放过大过厚的东西。上衣外侧下方的两只口袋原则上以不放任何东西为佳。

西装背心上的口袋多具装饰功能,除怀表外,不宜再放其他东西。

在西装的裤子上,两只侧面的口袋只能放纸巾、钥匙包,后侧的两只口袋不宜放任何东西。

(4) 西装的纽扣。它是区分款式、版型的重要标志。能否正确地给西装系好纽扣,直接反映出着装者对西装着装礼仪的把握程度。扣子的具体扣法如下:单排二粒扣西装,扣子全部不扣表示随意、轻松;扣上面一粒,表示郑重;全扣表示无知。单排三粒扣西装,扣子全部不扣表示随意、轻松;只扣中间一扣表示正宗;扣上面两粒,表示郑重;全扣表示无知。双排扣西装可全部扣,亦可只扣上面一粒,表示轻松、时髦,但不可不扣。起身站立时,西装上衣的纽扣应当扣上,以示郑重其事。就座之后，西装上衣的纽扣则要解开，以防其走样。如果穿三件套西装，则应扣好马甲上所有的扣子，外套的扣子不扣。

**2. 衬衫**

商务男士着正装西装时的最佳搭配为衬衫，时下流行的高领毛衫搭配西装的做法，商务男士不可盲目效仿。

1) 衬衫的选择

(1) 面料。正装衬衫主要以高支精纺的纯棉、纯毛制品为主，以棉、毛为主要成分的混纺衬衫，亦可酌情选择。不过不要选择以条绒布、水洗布、化纤布制作的衬衫，因为它们要么过于厚实，要么易起皱，要么起球起毛，不宜搭配正装西装。

(2) 色彩。正装衬衫应为单一色彩。在正规的商务活动中，白色衬衫可谓商界男士的最佳选择。除此之外，蓝色、灰色、棕色、黑色亦可考虑。但是，杂色衬衫，或者红色、粉色、紫色、绿色、黄色、橙色等穿起来有失庄重感的衬衫，则是不宜选择的。

(3) 图案。正装衬衫以无任何图案为佳。印花衬衫、大格子衬衫，以及带有人物、动物、植物、文字、建筑物等图案的衬衫，均非正装衬衫。不过，较细的竖条衬衫在一般性的商务活动中也可以穿着，但应避免同时穿着竖条纹的西装。

(4) 款式。从衣领来讲，正装衬衫的领形多为方领、短领和长领。具体选择时，应兼顾本人的脸形、脖长，以及领带结的大小，千万不要使它们相互之间反差过大。扣领的衬衫有时亦可选用。此外，翼领和异色领的衬衫，大多不适合与正装西装配套。正装衬衫必须为长袖衬衫，短袖衬衫则具有休闲性质。

2) 衬衫的穿着

当正装衬衫和西装配套穿着时，应注意以下几点。

(1) 系上衣扣。穿西装的时候，衬衫的衣扣、领扣、袖扣要一一系好。只有在不打领带时，才可解开衬衫的领扣。

(2) 下摆收好。穿长袖衬衫时，要把下摆均匀地掖到裤腰里面，不能让它在与裤腰的交界处皱皱巴巴，或上下错位、左右扭曲。

(3) 大小合身。衬衫不要太过短小贴身，也不要过分宽松肥大、松松垮垮，一定要大小合身。衣领和胸围要松紧适度，下摆不能过短。

(4) 袖长适度。正装衬衫的袖长要适度，穿西装时，衬衫的袖口应露出1厘米左右。

(5) 内衣不外现。穿在衬衫之内的背心或内衣，其领形以"U"形领或"V"形领为宜。在衬衫之内最好别穿高领的背心、内衣，否则暴露在衬衫的领口之外有碍观瞻。此外，还须留心，避免内衣的袖管暴露在别人的视野之内。

**3. 领带**

仔细审视男士的服饰时，领带无疑是最抢眼的，它被称为"西装的灵魂"。领带往往能左右周围人对你的身份、修养、个性、能力等方面的评价。穿着西装的男士，只要经常更换不同的领带，往往也能给人耳目一新的感觉。因此，男士的领带不嫌多，一套西装至少应配备3条领带。

1) 领带的选择

(1) 面料。最好的领带，应当是用真丝或羊毛制作而成的。以涤纶制成的领带售价较低，在正式、高档的场合尽量不要选用。除此之外，用棉、麻、绒、皮、革、塑料、珍珠等物制成的领带，在商务活动中均不宜佩戴。

(2) 色彩。从色彩方面来看，领带有单色与多色之分。在商务活动中，蓝色、灰色、棕色、黑色、紫红色等单色领带都是十分理想的选择。商界男士在正式场合中，切勿使自己佩戴的领带颜色多于3种。同时，也尽量少打浅色或艳色领带，它们仅适用于社交或休闲活动。

(3) 图案。商界男士应主要佩戴单色无图案的领带，或者是以条纹、圆点、方格等规则的几何形状为主要图案的领带。以人物、动物、植物、景观、徽记、文字或电脑绘画为主要图案的领带，则主要适用于社交或休闲活动。

(4) 款式。领带的款式往往受到时尚潮流的左右。在这个问题上，商界男士主要应注意以下几点：一是领带有箭头与平头之分。一般认为，下端为箭头的领带比较传统、正规，下端为平头的领带则比较时髦、随意。二是领带有宽窄之别。除了要尽量与潮流保持同步以外，根据常规，领带的宽窄最好与本人胸围与西装上衣的衣领成正比。三是简易式的领带，如"一拉得"领带不适合在正式的商务活动中使用。

2) 领带的整理

(1) 领带结扎得好不好看，关键在于如何造型，有三种技巧：其一，要把它打得端正、挺括，外观上呈倒三角形；其二，可以在收紧领结时，有意在其下方压出一个窝或一条沟来，使其看起来美观、自然；其三，领带结的大小应与同时穿着的衬衫领子的大小成正比。需要说明的是，穿立领衬衫时不宜打领带，穿翼领衬衫时适合扎蝴蝶结。

(2) 领带打好之后，外侧应略长于内侧，其标准长度，应当是下端在皮带上下缘之间。这样，当系上西装上衣扣子后，领带的下端便不会从衣襟下面"探头探脑"。当然，领带也不能打得太短，否则它容易从衣襟上面"跳"出来。

(3) 领带打好之后，应置于合乎常规的既定位置。穿西装上衣系好衣扣后，领带应处于西装与衬衫之间；穿西装背心、羊毛衫、羊毛背心时，领带应处于它们与衬衫之间。

3) 领带的佩饰

一般情况下，打领带没有必要使用佩饰。有的时候，或为了减少领带任意移动带来的不便，或为了避免其妨碍本人工作、行动，可酌情使用领带佩饰。领带佩饰的基本作用是固定领带，其次才是装饰。常见的领带佩饰有领带夹、领带针和领带棒，它们分别用于不同的位置，但不能同时使用，一次只能选用其中的一种。选择领带佩饰，应多考虑金属质地制品，并以素色为佳，形状与图案要雅致、简洁。

(1) 领带夹。主要用于将领带固定在衬衫上。使用领带夹的正确位置，介于衬衫从上朝下数的第四粒、第五粒纽扣之间。确保系上西装上衣扣子之后，领带夹不外露。若夹得过分往上，甚至被夹在鸡心领羊毛衫或西装背心领子开口处，是非常土气的。

(2) 领带针。主要用于将领带别在衬衫上，并发挥一定的装饰作用。它的一端为图案，应处于领带之外；另一端为细链，应免于外露。使用时，应将其别在衬衫从上往下数第三粒纽扣处的领带正中央。有图案的一面，宜为外人所见。

(3) 领带棒。主要用于穿着扣领衬衫时，穿过领带，并将其固定于衬衫领口处。使用领带棒，如果得法，既能使领带在正式场合显得飘逸，又能减少麻烦。

**4. 皮鞋、袜子与腰带**

皮鞋与袜子在正式场合亦被视为"足部的正装"，商界男士应遵守相关的礼仪规范，令自己"足下生光"。"远看头，近看脚，不远不近看中腰"，腰带在西装穿着中也起到一定的修饰作用。

1) 皮鞋

(1) 皮鞋的选择。商界男士所穿皮鞋的款式，理当庄重而正统，而布鞋、球鞋、旅游鞋、凉鞋或拖鞋，显然与西装不搭。一般来说，牛皮鞋与西装最为般配。磨砂皮鞋、翻皮皮鞋大多属于休闲皮鞋，不太适合与正装西装相配套。系带皮鞋是最佳之选，而尖头皮鞋、拉锁皮鞋、厚底皮鞋、高跟皮鞋、坡跟皮鞋或高帮皮鞋等，都不符合这一要求。与西装配套的皮鞋，按照惯例应为深色、单色。人们通常认为，最适合与西装套装配套的是黑色皮鞋，就连棕色皮鞋往往也不太容易搭配，而白色皮鞋、米色皮鞋、红色皮鞋、香槟色皮鞋、拼色皮鞋等，都不宜与西装搭配。

(2) 鞋子的穿着。男士所穿的皮鞋要求鞋内无味、鞋面无尘、鞋底无泥。对皮鞋要爱护，要做到勤换、勤晾，上油上光，反复擦拭。尤其在雨天、雪天拜访他人时，还要在进门前再次检查一下鞋底是否"拖泥带水"，并采取适当的措施及时将其去除。

2) 袜子

(1) 袜子的选择。穿西装、皮鞋时所穿的袜子，最好是纯棉、纯毛制品。有些质量好的以棉、毛为主要成分的混纺袜子，也可以选用。不过，最好别选择尼龙袜和丝袜，这种材料不吸汗，容易使脚产生异味。以单色为宜，没有任何图案的袜子，更为合适。不要穿过分"扎眼"的彩袜、花袜，或者其他浅色的袜子。在正式商务场合，男士穿发光、发亮的袜子会显得不伦不类。

(2) 袜子的穿着。商界男士在穿袜子时，要求干净、完整、成双、合脚。袜子务必要做到一天一换、洗涤干净，避免有破洞、跳丝。一般而言，袜子的长度，不宜低于自己的踝骨。注意使西裤、皮鞋和袜子三者的颜色相同或接近，使腿和脚成为完整的一体。例如，穿藏蓝色西装和黑皮鞋时，袜子应该选深蓝色或黑色的。常见的一个错误是穿黑皮鞋配白袜，这是不和谐的。白色和浅色的纯棉袜属于便装，宜用来配休闲风格的衣裤和便鞋。

3) 腰带

(1) 腰带的选择。在腰带的选择上，应保持低调，黑色、栗色或棕色的皮带配以金质、钢质或银质的皮带扣，简单大方，既适合各种衣物和场合，又可以很好地表现职业气质。正式场合中，不要轻易使用式样新奇和配以大号皮带扣的皮带。

(2) 腰带的穿着。第一，腰带的装饰性。有的朋友爱在皮带上携挂手机等，这样会影响皮带的装饰性，看上去既不简洁也不干练。第二，腰带的长度。皮带在系好后尾端应该介于第一个和第二个裤绊之间，既不要太短也不要太长。第三，腰带的宽窄。皮带太窄会使男人失去阳刚之气，而太宽的皮带只适合于休闲、牛仔风格，一般应该保持在3厘米左右。另外，在系皮带的时候应使皮带扣与拉链保持在一条线上，否则可就要闹笑话了。

**5. 整体搭配**

商务男士在穿着西装时应注意整体装扮，讲究搭配合理、色调和谐，强调整体美，以体现商务男士的优雅风范，具体应注意以下几方面。

(1) 遵循"三色原则"。"三色原则"要求男士的西装、衬衣、领带、腰带、鞋袜的颜色不超过3种色系。这是因为从视觉上讲，服装的色彩在3种以内较好搭配，一旦超过3种色系，就会显得杂乱无章。

(2) 遵守"三一定律"。"三一定律"要求男士使用的公文包、鞋子与腰带保持一种颜色。黑色通常为首选，既适合各种衣物和场合，又可以很好地展现职业男士的气质。使用腰带要注意，腰带上不应挂任何物件。如果将手机、打火机、钥匙串等别在腰带上，穿上西服后腰部会显得鼓鼓囊囊，线条不美观。

(3) 同类型的图案不相配。例如，格子西装不要配格子衬衣和格子领带，如果男士穿了件暗格子的西装，配素色的衬衣和条纹的领带就很漂亮。再如，格子衬衣配斜纹领带，直纹衬衣配方格领带，虽然都是直线条，但因为有纹路方向的变化，不会显得单调呆板。

(4) 慎穿羊毛衫。商务男士要将一套西装穿得有"型"，除了衬衫与背心之外，在西装上衣之内，最好不要再穿其他衣物。在冬季寒冷时，只宜暂作变通，穿上一件薄型"V"领的单色羊毛衫或羊绒衫，这样既不会显得过于花哨，也不会妨碍打领带。千万不要同时穿上多件羊毛、羊绒的毛衫和背心，甚至再加上一件手工编织的毛衣，那样一眼望去，其领口处犹如不规则的"梯田"，而且还会使西装鼓胀不堪、变形走样。

## 2.2.3 商务女士着装礼仪

商务女士在日常工作中也须穿正装。相较于偏于稳重的男士着装，商务女士的着装则亮丽丰富得多。得体的穿着，不仅可以使商务女性更加美丽，还可以体现出商务女性良好的修养和独到的品位。在较为宽松的职业环境中，女性可选择造型感稳定、线条感明快、富有质感和挺感的服饰，以较好地表现女性的婉约美；而在商务场合中，女性应选择正式的职业套裙，以表现端庄、持重的气质和风度。

**1. 套裙**

套裙，是西装套裙的简称，其上身为一件女式西装，下身是一条半截式的裙子。穿着套裙，可以让职业女性显得与众不同，并且能够恰如其分地展示认真的工作态度与温婉的女性美。因此，在所有适合商界女士在正式场所穿着的裙式服装之中，套裙是名列首位的选择。平时，商务女士穿着的套裙，大致上可以分成两种类型：一种是女式西装上衣与裙子的自由搭配与组合，它被称为"随意型"；另一种是女式西装上衣和同时穿着的裙子成套设计、制作而成，被称为"成套型"或"标准型"。

1) 套裙的选择

(1) 面料与颜色。选择正式的西装套裙时，首先应注重面料，最佳面料是高品质的毛纺和亚麻，以平整、挺括、贴身为主，可用较少的饰物和花边进行点缀，以黑色、灰色、棕色、米色、宝蓝色等单一色彩为宜，以体现着装者的典雅、端庄和稳重。

(2) 款式。无论什么季节，正式的商务套装必须是长袖的。套裙的上衣最短可以齐腰，上衣的袖长要盖住手腕。衣袖如果过长，甚至在垂手而立时挡住大半个手掌，往往会使着装者看上去矮小而无神；衣袖如果过短，甚至将着装者手腕完全暴露，则显得滑稽而随便。

裙子要以窄裙为主，裙长要到膝或过膝，最长可以达到小腿中部。如果裙子与着装者膝盖上方的距离超过10厘米，就表示这条裙子过短或过窄。商界女士切勿穿黑色皮裙，在国际上，此乃"风尘女子"的标志。

2) 套裙的穿着

要想让套裙烘托出职业女性的庄重、优雅，穿着时应注意以下几点。

(1) 穿着到位。商务女士在正式场合穿套裙时，上衣的领子要完全翻好，衣袋的盖子要拉出来盖住衣袋。不允许将上衣披在身上，或者搭在身上。上衣的衣扣一律全部系上，不允许将其部分或全部解开，更不允许当着别人的面随便将上衣脱下来。裙子要穿得端端正正，上下务必对齐。商界女士在正式场合露面之前，一定要抽出一点时间仔细地检查一下自己所穿的衣裙的纽扣是否系好、拉锁是否拉好。在大庭广众之下，如果上衣的衣扣没有系好，或者裙子的拉锁忘记拉上、稍稍滑开一些，都是失礼的表现。

(2) 协调妆饰。高层次的穿着打扮，讲究的是着装、化妆与佩饰风格统一、相辅相成。因此，在穿着套裙时，商务女士必须具有全局意识，兼顾化妆与配饰。商务女士在工作岗位的妆容色彩应与套裙色彩协调。在穿套裙时，配饰要少而精致，不允许佩戴有可能过度张扬"女人味"的首饰。

(3) 兼顾举止。套裙最能够体现女性的柔美曲线，这就要求商务女士举止优雅、注意个人仪态等。当穿上套裙后，要站得又稳又正，不可以双腿叉开或东倒西歪。就座以后，务必注意姿态，切忌双腿分开过大，或是翘起一条腿来，甚至抖动脚尖，更不可以脚尖挑鞋直晃，甚至当众脱下鞋来。走路时，不要大步奔跑，步子要轻而稳。

**2. 衬衫**

在严谨、格式化的套装限制下，衬衫自然成了白领丽人体现个性和展示女人味的最佳选择。

1) 衬衫的选择

与职业套裙搭配的衬衫，要求面料轻薄而柔软，可用真丝、麻纱、府绸、花瑶、涤棉等面料。颜色要雅致而端庄，并且不失女性的妩媚。除了作为"基本款"的白色之外，其他各种色彩，包括流行色在内，只要不是过于鲜艳，并且与同时穿着的套裙的色彩不相互排斥，均可选择。图案可以有一些简单的线条、细格或是圆点。要注意，应使衬衫的色彩与同时所穿的套裙的色彩相互搭配，可以外深内浅或外浅内深，形成鲜明的深浅对比。

与套裙配套穿的衬衫不必过于精美，领形等细节也不宜新奇夸张。衬衫的款式要裁剪简洁，不要有过多的花边和皱褶。

2) 衬衫的穿着

衬衫下摆必须掖入裙腰之内，不得任其悬垂于外，或是将其在腰间打结。纽扣要一一系好，除最上端一粒纽扣按惯例允许不系外，其他纽扣均不得随意解开，以免在他人面前显出不雅之态。专门搭配套裙的衬衫在公共场合不宜直接外穿，尤其是身穿贴身且透明度较高的衬衫时，须牢记这一点。

**3. 皮鞋与袜子**

皮鞋与袜子被称为商务女士的"腿部景致"，鞋、袜的选择能体现一个人的成就、社会背景、教养等。一般认为，鞋、袜穿着得体与否，与穿鞋者的可信度成正比。因此，每一位爱惜自身形象的女士切不可对此马虎大意。

1) 皮鞋

(1) 皮鞋的选择。商务女士穿套裙时，宜配皮鞋，并且以牛皮鞋、羊皮鞋为上品，以高跟、半高跟的船式皮鞋为佳，系带式皮鞋、丁字式皮鞋、皮靴、皮凉鞋等，都不宜在正式场合搭配套裙，露出脚趾和脚后跟的凉鞋及皮拖鞋更不适合商务场合。黑色的高跟或半高跟船鞋是职场女性必备的基本款式，几乎可以搭配任何颜色和款式的套装。鞋子的颜色与手袋颜色应保持一致，与衣服的颜色应相协调。鞋子的图案与装饰均不宜过多，免得"喧宾夺主"，加网眼、镂空、拼皮、珠饰、吊带、链扣、流苏、花穗的鞋子，或印有时尚图案的鞋子，只能给人肤浅的感觉。越是正式场合，鞋子的款式越要简洁和传统。

(2) 皮鞋的穿着。鞋子应当大小适宜、完好无损。鞋子如果开线、裂缝、掉漆、破残，应立即更换。皮鞋要上油擦亮，不留灰尘和污迹。鞋子不可当众脱下，有些女士喜欢在闲时脱下鞋子，或者半脱鞋，都是有失身份的。

2) 袜子

(1) 袜子的选择。袜口，即袜子的上端，不可暴露在外，将其暴露在外，是一种公认的既缺乏服饰品位又失礼的表现。商务女士穿套裙、开衩裙时，都要避免这种情形发生。穿开衩裙时还要注意，即使在走动之时，也不应当让袜口偶尔现于裙衩之处。因此，高筒袜、连裤袜和套裙是标准搭配，而中筒袜、低筒袜不宜与套裙同时穿着。穿套裙时所穿的袜子、丝袜宜为透明的素色。素色的好处在于低调，且品位上乘，易于与服饰颜色搭配，常见的有肉色、黑色、浅灰色、浅棕色等。多色袜、彩色袜以及白色、红色、蓝色、绿色、紫色等色彩的袜子，都是不适宜的。

穿套裙时，需注意鞋、袜、裙三者之间的色彩是否协调，鞋、裙的色彩必须深于或接近袜子的色彩。若是一位女士在穿白色套裙、白色皮鞋时穿上一双黑色袜子，就会给人以长着一双"乌鸦腿"的感觉。

(2) 袜子的穿着。丝袜容易划破，如有破洞、跳丝，要立即更换，不要打了补丁继续穿。可以在办公室或手袋里预备好一两双袜子，以便替换。袜子不可随意乱穿，不能把健美裤、羊毛裤当成长筒袜来穿。

## 案例

中国某企业与德国某公司洽谈某种产品的出口业务。按照礼节，中方提前10分钟到达会议室。德国客人到达后，中方人员全体起立，鼓掌欢迎。在德方谈判人员中，男士个个西装革履，女士个个都身穿职业装。反观中方人员，只有经理和翻译身穿西装，其他人员有穿夹克衫的，有穿牛仔服的，更有甚者穿着工作服。德国客人在现场全程没有笑意，甚至流露出一丝不快。更令人不解的是，预定一上午的谈判日程，在半个小时内就草草结束。之后，德方人员匆匆离去。

## 2.2.4 饰物礼仪

饰物,又称饰品,是指与服装搭配、对服装起修饰作用的其他物品。在全身的穿戴中,饰物往往是所占面积最小,却最有个性、最引人注意的物品。别致、新颖、富有内涵的饰物往往能丰富服装的表达能力,提高服装的品质,也能体现商务人士的审美品位与搭配水平。

**1. 饰物的用法**

饰物用在人体不同的部位,有特定的装饰作用,以及对整体美的强调与协调作用。饰物的用法,总体上说有两种。

(1) 以服装为主,以饰品为辅。这种搭配是"锦上添花"式。以服装的款式、质地、图案和色彩为主体,配以相应的饰品,饰品的角色为"辅助"与"配合"。在这种搭配方式中,不宜突出饰品,以免"喧宾夺主",而应遵循"宁缺毋滥""宁少毋多"的基本原则。

(2) 以饰品为主,以服装为辅。这种搭配是"画龙点睛"式。以精美、内涵、别致、新颖的饰品为主体,服饰的色彩和款式力求简洁、单一,服饰起到基础和衬托的作用。这种搭配方式以胸部和腰部饰品的表现力最为强烈,如胸饰、挂件、腰带、项链,而且还应以一件饰品为核心,不宜分散主题。大多数有经验的人士更乐于选择和运用这种搭配方式,以点代面,更能表现智慧、情趣、鉴赏力与创造力。

**2. 饰物佩戴的原则**

(1) 场合原则。一般来说,在较为隆重、正式的场合,应选用档次较高的饰品。在公共场合,则不应过于鲜艳新潮,应精致而传统,以显示信誉。在商务场合,色彩鲜艳亮丽、造型新潮夸张的饰物,容易让人产生不信任感;而保守传统、做工精细的高档饰物,会给人稳重的印象。

(2) 材质原则。商务人士佩戴的首饰,应尽量保持同一材质,如商务人士佩戴铂金项链,应配铂金戒指。商务人士在自身经济状况许可的范围内,应选择质地上乘、做工精良、精致细巧的首饰,可增添气度、提高品位,切忌佩戴粗制滥造的假首饰及造型夸张、奇异的首饰。

(3) 数量原则。商务人士佩戴的首饰,应符合身份,数量以少为佳,一般全身不超过3种,每种不超过1件。有的女士一次佩戴太多的首饰,如项链、耳坠、戒指、手链、胸针,整个人看起来既累赘又缺乏品位,也会分散对方的注意力。

(4) 色彩原则。商务人士佩戴饰品时,应力求同色。若同时佩戴两件或两件以上饰品,应色彩一致或与主色调一致,千万不要打扮得色彩斑斓,像棵"圣诞树"。商务人士佩戴的眼镜、戒指若为银色,手表也应选银色,皮包的金属标志最好也是银色。

(5) 性别原则。饰物对于男士来说，象征权贵，要少而精，佩戴一枚戒指和一块手表即可；饰物对于女士来说，则是点缀，能表现审美品位和生活质量。

(6) 体形原则。脖子粗短者，不宜戴多串式项链，而应戴长项链；相反，脖子较瘦细者，宜戴多串式项链，以缩短脖子长度。宽脸、圆脸和戴眼镜的女士，不要戴大耳环和圆形耳环。

(7) 季节原则。选择饰品时要考虑季节因素。例如，春、夏季可戴轻巧精致的饰物，以配衣裙和缤纷的季节；秋、冬季可戴庄重典雅的饰物，以衬毛绒衣物的温暖与精致。再如，在夏季，女性适合选择色彩淡雅的手提包，而在冬天则适合选择深色的手提包。

(8) 协调原则。佩戴饰品的关键是保证其与整体服饰搭配统一，与服装风格相协调。例如，一般领口较低的袒肩服饰必须配项链，而竖领上装可以不戴项链。再如，穿着套裙时，宜佩戴珍珠项链，不宜佩戴木质挂件、石头坠饰。

### 3. 饰物佩戴的具体规范

饰物包括首饰、提包、配饰等，在着装中起着画龙点睛的作用，能够增强一个人外在的节奏感和层次感。饰物的选择、佩戴不可随心所欲，以免弄巧成拙。商务人士对饰物礼仪不可一无所知，要遵循以下规范。

1) 首饰

(1) 项链。首先，项链是视觉装饰效果最强的饰物，是受女性青睐的主要首饰之一。商务男士应尽量不戴项链，若非戴不可，注意不要外露，以免被他人误解为暴发户。项链佩戴的位置抢眼，会将人们的视线引到脸部或胸部，因此选择项链时要考虑脸形因素和颈部特征。例如，长脸形宜选短粗的项链，可以使脸形"缩短"，不宜选长项链；圆脸形宜选链节式带挂件的项链，可以适当将脸"拉长"，不宜选卡脖式项链，以免使圆脸更显夸张。再如，脖子长的人宜选择粗而短的项链，使其在脖子上占据一定的位置，在视觉上能缩短脖子的长度；脖子短的人，宜选细而长的项链等。

其次，项链佩戴应和年龄相仿。例如，年轻的女士佩戴仿丝链，更显青春娇美；年龄较大的女士佩戴马鞭链，更显成熟韵味。

最后，项链佩戴应和服装相适应。例如，穿柔软、飘逸的丝绸衣裙时，宜佩戴精致、细巧的项链，显得妩媚动人；穿单色或素色服装时，宜佩戴色泽鲜明的项链，这样，在首饰的点缀下，服装色彩更显丰富、活跃。

(2) 耳饰。耳饰有耳环、耳链、耳钉、耳坠等款式，一般仅限女性使用。耳饰讲究成对使用，即两只耳朵上均要佩戴。在工作场合，严禁在一只耳朵上戴多只耳环。职业女性希望表现她们的聪明才智、能力和阅历，所以宜佩戴造型简单的耳环，不宜佩戴夸张、奇异、摇摆晃动发出声音的耳环。耳饰中的耳钉小巧而含蓄，能够体现女性形象、展现女性风采。

(3) 手镯、手链。手镯主要用来修饰手腕和手臂，一般戴一只，通常应戴在左手。若是同时戴两只手镯，一手戴一只，手镯应成对。佩戴手链时，宜单不宜双，应戴在左手。手链不能与手镯同时佩戴，戴手链或手镯时，也不宜戴手表，以免显得不伦不类。

(4) 戒指。商务人士佩戴戒指一般戴在左手，而且最好戴一枚。若手上同时戴多枚戒指，有炫耀财富之嫌。佩戴戒指往往暗示佩戴者的婚姻和择偶状况，商务人士需了解戒指不同戴法的不同含义。如果把戒指戴在食指上，表示无偶或求婚；戴在中指上，表示已有意中人，正处在恋爱中；戴在无名指上，表示已订婚或结婚；戴在小手指上，则暗示自己是一位独身者。

(5) 脚链。脚链可以吸引别人对佩戴者腿部和步态的注意，是当前比较流行的一种饰物，多受年轻女士的青睐。佩戴脚链，一般只戴一条。如果戴脚链时穿丝袜，就要把脚链戴在袜子外面，使脚链醒目。脚链主要适合于非正式场合，工作中的商务女性不宜佩戴。

2) 提包

(1) 公文包。公文包被称为商务男士的"移动式办公桌"。对穿西装的商务男士而言，外出办事时手中若少了一只公文包，其神采和风度会大打折扣，其身份往往也会令人怀疑。商务男士所选的公文包，有许多特定的讲究。面料以真皮为宜，以牛皮、羊皮制品为佳。一般来说，棉、麻、丝、毛、革以及塑料、尼龙制作的公文包，难登大雅之堂。色彩以深色、单色为好，浅色、多色甚至艳色的公文包，均不适合商务男士。在常规情况下，黑色、棕色的公文包是正统的选择。除商标之外，商务男士所用的公文包在外表上不宜带有任何图案、文字，否则有失身份。标准的公文包是手提式的长方形公文包，箱式、夹式、挎式、背式等其他类型的皮包，均不可充当公文包使用。

(2) 手提包。手提包是女性最实用的饰品，能够展现女性的个性和审美情趣。职业女性宜选择轮廓分明的方形或长形、款式简洁大方、质量上乘、做工精致的手提包，以强化职业女性的严谨和端庄，不宜选择体积庞大或装饰图案过于花哨的手提包。社交手袋应突出女性或华丽高贵，或妩媚多情，或恬淡飘逸，或成熟风韵的不同风采。女性手提包颜色的选择范围较大，与服装搭配时可根据以下3点进行选择。

① 手提包与服装呈对比色，这样两者都醒目，如穿白衣，配黑包；

② 若服装为多色彩，手提包应与服装的主色调相同；

③ 手提包与服饰中的某一部分使用同一色彩，做到上下呼应，增强整体和谐，如装饰腰带为褐色，手提包也为褐色。

商务人员用包之前，须拆去所附的真皮标志，以免在他人面前显示自己用包的名贵高档；外出之前，物品尽量放在包里的既定之处；进入室内，公文包应放在就座附近的地板上，或主人指定之处，切勿将其乱放在桌椅之上。

3) 配饰

(1) 眼镜。商务人士佩戴眼镜除可保护视力，还能彰显儒雅、文静的性格，提高自身权威感。在正式的商务场合，镜框的造型应避免怪异，镜框颜色尽量与手表或首饰协调。同时，选择眼镜时应考虑脸形，以增加美感。例如，圆脸形的人不宜戴宽边圆形眼镜，宜选择水平距离宽、垂直距离窄的方框眼镜。

(2) 墨镜。它也称太阳镜，已成为装饰五官的一种饰品。戴上墨镜，可增加神秘感和魅力，给人以严肃、神气、深沉之感。商务人士戴墨镜时，要注意以下几点。

① 参加室内活动与人交谈时，不应戴墨镜；
② 在室外参加隆重的礼仪活动时，也不应戴墨镜；
③ 若有眼疾需要戴时，要向对方表示歉意。

(3) 胸针。胸针通常是女性礼仪性饰品，应戴在左侧第一、第二粒纽扣之间的平行位置上，给整体形象赋予光芒四射、交相辉映的视觉效果。

胸针是对品质要求最高的一种饰品，它的质地各异，有珠宝、金银、金属、绢丝等。选择时，需和服饰品质、社会阶层、年龄、出席的场合相匹配。华丽的晚礼服应配以夸张而精美或质轻而华贵的胸针；正统和严谨的套裙应配以简洁明快、轮廓清晰分明的胸针；摇曳浪漫的服装应配以柔和别致的胸针。应注意的是，胸针不宜用在图案和款式过于复杂的服饰上，这与其装饰的特性产生冲突，会遮掩其本应醒目的装饰特点。

(4) 领针。领针一般别在西式上装左侧领上，男女都可用。佩戴领针时，戴一只即可，且不要与胸针、纪念章、奖章、企业徽记等同时使用。在正式场合，不要佩戴有广告作用的领针，不宜将领针别在右侧衣领、帽子、围巾、腰带等不恰当的位置上。

(5) 手表。商务人士佩戴手表，通常意味着时间观念强、作风严谨。在正式场合，手表的价值除了实用，还能体现身份、地位。对平时只有戒指一种首饰可戴的男士来说，手表尤其受重视。正式场合所戴的手表，在造型方面应当庄重、保守，除数字、商标、厂名、品牌外，手表上没有必要出现其他图案。倘若手表上的图案稀奇古怪、多种多样，不仅不利于使用，反而会有失佩戴者的身份。应注意的是，女性穿华丽的晚宴装时，最好不要戴手表。此外，要注意行为举止，若他人在正式场合发言时，佩戴手表者给手表上弦或频频看表，就会显得对他人不尊重。

## 2.3 汽车商务场合仪态礼仪

**案例**

日本"推销之神"原一平长期苦练各种笑容，帮他赢得了顾客的喜爱。每当他露出由衷和真诚的微笑，顾客便会觉得他精神抖擞、充满信心。原一平用微笑成就自己成为日本历史上签下保单金额最多的推销员。

优雅的举止，洒脱的风度，常常能给人留下深刻的印象。通过仪态，人们可以看出一个人的精神状态、心理活动、文化修养及审美情趣。

## 2.3.1 商务人员仪态基本要求

仪态是指一个人的姿态，泛指人的身体所呈现出来的样子，包括人的表情与举止。对汽车商务人员的仪态要求主要包括如下几个方面。

**1. 仪态要自然**

自然是仪态礼仪的第一要求。体态语的设计必须符合感情的脉搏，服从情绪的支配，所有动作都应随着说话者的情感起伏自然而然地做出，切不可故作姿态、装模作样。有的人说话时动作生硬，像是在"背台词"；有的人则搔首弄姿，刻意表演，这都会使人觉得虚伪、缺乏诚意。

**2. 仪态要优雅**

培根说过："相貌的美高于色泽的美，而优雅合适的动作的美又高于相貌的美。"仪态比相貌更能展现人的精神气质，因而无论何时何地，或站或坐，一颦一笑，都要注意造型优美，举止优雅。一般来说，男尚阳刚，女尚温柔。在设计体态动作的时候，一定要注意体现出性别特征和个性特征。男人要有男人的气质和风度，刚劲、强健、粗犷、潇洒；女人要有女人的柔情和风姿，温柔、细腻、娴静、典雅。

**3. 仪态要适宜**

仪态作为体姿语言，是口语表达的辅助手段。在表现上，首先要适度，不可喧宾夺主。如果每讲一句话都配上一个表情或动作，挤眉弄眼，手舞足蹈，反而会弄巧成拙，令人反感。其次要切合场景，符合身份。不同场合应用不同的体态。喜庆的场合要兴高采烈，甚至可以翩翩起舞，但在严肃、庄重的场合就不能高声说笑、手舞足蹈。一般来说，中老年人要稳重老成，不能有轻浮的动作和表情；青少年则要活泼大方，不要故作老成。

**4. 仪态要修炼**

优雅、得体、自然的举止，不是为了某种场合硬装出来的，应是日常生活中修养的自然流露，是一种长久熏陶顺乎自然的结果。要想达到仪态美，需内外兼修，内修品格，外练礼仪。有了优秀的品格，才会有宜人的风度，风度和礼仪总是相伴相随的。商务人士应明确礼仪的重要，掌握礼仪的技巧，遵守礼仪的规范，日积月累，定能展现潇洒风度。

## 2.3.2 表情礼仪

美国心理学家艾伯特通过实验将人的感情表达效果总结为一个公式：传递信息的总效果即感情的表达=7%的语言+38%的声音+55%的表情。这说明，表情在人际感情沟通中占有相当重要的位置。

商务人员的表情运用讲究自然、亲切、和蔼、友善。在丰富的表情之中，眼神和微笑的运用最具礼仪功能。

**1. 眼神**

著名心理学家弗洛伊德说过："即使你不说话，你的眼睛也会多嘴多舌。"在日常交往中，眼神具有很强的表达作用。在商务交往中，人的眼神应当是友善和自信的。

1) 眼神的运用

商务人员在运用眼神时应把握以下两个要点。

(1) 协调好注视时间。商务人员在与他人交谈时，为使对方感到舒适，与对方目光接触的时间要有度。若向对方表示友好，则注视对方的时间应占全部谈话时间的三分之一左右；若向对方表示关注，或者是表示兴趣，则注视对方的时间应占全部谈话时间的三分之二左右。若注视对方的时间不到全部谈话时间的三分之一，则表示瞧不起对方或对对方没有兴趣；超过三分之二，则表示可能对对方怀有敌意或寻衅滋事。

(2) 掌控好注视区域。商务人员在与他人交谈时，目光落在对方身体的部位要有所区别和调整。通常应使自己的目光局限于上至对方的额头、下至对方衬衣的第二粒纽扣、左右以两肩为准的方框中。在这个方框中，分为三种情况。

① 公务注视。它是指人们在洽谈业务、磋商交易、商务谈判时所使用的一种凝视行为，注视的区域在对方的双眼与额头之间。公务凝视会使你显得严肃认真、有诚意，有助于你把握谈话的主动权和控制权，具有权威感。

② 社交注视。它是指人们在社交场所使用的一种凝视行为，注视的区域在对方的双眼到唇心之间，其中包括双眉、双眼、鼻子和嘴之间，但不直视瞳孔。在鸡尾酒会、舞会、交谊会上，使用这种凝视很容易形成一种良好的社交气氛。

③ 亲密注视。这是男性之间、女性之间或者亲人、恋人等亲近人员之间使用的一种凝视行为，注视的区域在对方的双眼到胸部之间。

(3) 其他细节。在不同的商务交往场合，运用眼神时还应注意以下细节。

① 与人对面而行时，在2.5米之外可以仔细端详。近于此距离目光要旁移，以示尊重别人的独处空间。

② 听人讲话时，眼睛要看着对方，一方面表示礼貌，另一方面也容易理解对方话语的意思；自己讲话时，则要常常用眼光与听话人交流。

③ 与多人同时交谈时，要用眼神关照在座的每一个人，可以讲一句看看这个，再看看那个，也可以讲话时，眼光环视每一个人，让谈话对象感觉受到重视，没有被冷落。

④ 有人离开你身边时，目送一段距离是礼节的表示。目送人至看不见为止表示尊重，如果只是暂时离开，则用目光关注一瞬间就可以。

⑤ 商务谈判时，目光要平视、直视，眼神中还应适当融入精明强干、不卑不亢以及充分的自信和果敢。

2) 眼神的训练

按照以下方法坚持天天训练，必能使目光明亮有神。

(1) 睁大眼睛训练。有意识地练习睁大眼睛的次数，增强眼部周围肌肉的力量。

(2) 转动眼球训练。头部保持稳定，眼球尽最大努力向四周做顺时针与逆时针转动，增强眼球的灵活性。

(3) 视点集中训练。点上一支蜡烛，视点集中在蜡烛火苗上，并随其摆动，坚持训练可使目光集中、有神，眼球转动灵活。

(4) 目光集中训练。眼睛盯住约3米远的某一物体，先看外形，逐步缩小范围到物体的某一部分，再到某一点，再到局部，再到整体。这样可以提高眼睛明亮度，使眼睛十分有神。

(5) 影视观察训练。观看录像资料，注意观察和体会优秀影视剧中的演员是如何通过眼神表达内心情感的。

**2. 微笑**

微笑是一门学问，也是一门艺术。微笑是世界上通用的沟通手段，它能体现出乐观向上、愉快热情的情绪，也可以较快地消除彼此间的陌生感，打破交际障碍，创造友好的交际氛围。所以，商务人员在工作过程中，不要吝啬自己的微笑。

1) 微笑的作用

(1) 微笑能展现个人素质。微笑是礼貌的表现，是自信的象征，一个有教养的人总是以微笑待客。商务人士应该让微笑之花常开在脸上，将微笑当作礼物，慷慨、温和地献出微笑，使人们感到享受、愉快，这是绝大多数社交活动和公关工作的需要，也是一个人自身素质和修养的体现。

(2) 微笑能点亮社交绿灯。人际交往中，尤其是在一些重要的交际场合，人们往往存在戒备心理，生怕出言不慎而带来麻烦，有的人尽量少说话，有的人甚至一言不发，这样，沟通就出现了障碍，很多交际场合出现了僵局。此时，微笑可以作为主动交往的敲门砖，突破对方的心理防线，使之对自己产生信任和好感，进而进入交往状态。微笑可以缩短双方的心理距离，增进感情、促进交流、缓解气氛。它以真诚、宽容、信任、礼貌、友好、亲切等为能量，为人们的社会交往点亮绿灯。

(3) 微笑能奠定成功基石。一个人如果学会了时常微笑，他就有可能排除一切艰难险阻，赢得更多的机遇和财富。微笑是很多企业的制胜法宝。仅用5000美元起家的希尔顿集团创始人唐纳·希尔顿始终认为，微笑是简单、可行、不花钱又行之有效的法宝。他要求企业的员工，不论在什么情况下，都必须对顾客保持微笑。凭借持之以恒的微笑服务，希尔顿迅速成为全球规模最大的连锁旅馆。希尔顿总裁在位的50多年里，不断地到他设在世界各国的希尔顿饭店视察，视察中他经常问到的一句话就是："你今天对客人微笑了吗？"可见，"微笑"作为无须金钱投入的资本，所产生的巨大吸引力确实是生意兴隆的法宝。

2) 微笑的基本要求

微笑应是发自内心的，要真诚、适度、适宜，符合礼仪规范。

(1) 微笑要真诚。微笑要亲切、自然、诚恳，发自内心，切不可故作笑颜，假意奉承。发自内心、自然坦诚的微笑才是美丽、动人的。它能温暖人心，消除冷漠，获得理解和支持。发自内心的真诚微笑应是笑到、口到、眼到、心到、意到、神到、情到。

(2) 微笑要适度。微笑的美在于文雅、适度，不随心所欲，不加节制。微笑的基本特征是不出声、不露齿，嘴角两端略提起，既不故意掩盖笑意、压抑内心的喜悦，也不咧着嘴哈哈大笑。只有笑得得体、笑得适度，才能充分表达友善、真诚、和蔼、融洽等美好的情感。

(3) 微笑要适宜。微笑应注意场合、对象，当笑则笑，不该笑时别笑，这是发挥微笑功能的关键。例如，打破沉默之前，先露出笑容，就能营造一个良好的氛围，若等对方笑后才露出笑容，则为时已晚，因为想要实现有效的沟通都要先付出。但在严肃的场合中、不适合微笑的情境中，则千万别笑。

3) 微笑的训练

练习微笑之前要忘掉自我和一切烦恼，让心中充满爱意。可以配上优美的音乐，放松心情，减轻单调、疲劳之感。

(1) 情绪记忆法。将自己在生活中经历好事的欢快情绪储存在记忆中，当需要微笑时，可以想想那件事情，脸上自然会流露出笑容。注意练习微笑时，要使双颊肌肉用力向上抬，嘴里念"一"音，用力抬高口角两端，注意下唇不要过分用力。普通话中的"茄子""田七""前"等的发音也可以辅助微笑口型的训练。

(2) 对着镜子，练习微笑。调整自己的嘴形，注意与面部其他部位和眼神的协调，做出自己最满意的微笑表情，离开镜子后也不要改变它。

## 2.3.3 站姿

站姿是人的静态造型动作，是训练其他优美体态的基础，是表现不同姿态美的起始点。优美的站姿能展现个人的自信，并给他人留下美好的印象。常言说的"站如松",即指站立时应像松树那样端正挺拔。

**1. 规范的站姿**

(1) 头正。两眼平视前方,嘴微闭,收颌梗颈,表情自然,稍带微笑。

(2) 肩平。两肩平正,微微放松,稍向后下沉。

(3) 臂垂。两肩平整,两臂自然下垂,中指对准裤缝。

(4) 躯挺。胸部挺起,腹部往里收,腰部正直,臀部向内向上收紧。

(5) 腿并。两腿立直、贴紧,脚跟靠拢,两脚夹角成60º。这种规范的礼仪站姿,同军人的立正是有区别的。礼仪的站姿较立正多了些自然、亲近和柔美之感。

(6) 微笑。心情愉快,精神饱满,充满活力,给人以感染力。

当达到标准站姿时,肌肉会形成相对抗的力量相互制约:从正面看,头正、肩平、身直;从侧面看,轮廓线为含颌、挺胸、收腹、直腿。

**2. 男女站姿区别**

男士站立时,双脚可分开与肩同宽,双手可在腹部交叉搭放,亦可在后腰处交叉搭放,也可一只手自然下垂,以体现男性的阳刚之气。

女士站立时,最优美的姿态为身体微侧,呈自然的45º,斜对前方,面部朝向正前方。脚呈"丁"字步,即右(左)脚位于左(右)脚的中后部,人体重心落于双脚间。这样的站姿可使女性看上去体态修长、苗条,同时也能显出女子的阴柔之美。

无论男女,站立时要防止身体东倒西歪,重心不稳,更不得倚墙靠壁,一副无精打采的样子。另外,双手不可叉在腰间或环抱在胸前,貌似盛气凌人,令人反感。

男女站姿如图2-1所示。

图2-1 男女站姿

**3. 站姿的训练**

(1) 靠墙。脚后跟、小腿肚、臀部、双肩、头部的后下部位和掌心靠墙。

(2) 顶物。可以把书本放在头顶中心，头、躯干保持自然平衡，以身体的八个方位来训练，可以纠正低头、仰脸、头歪、头晃及左顾右盼的毛病。

(3) 照镜。面对镜子，检查自己的站姿及整体形态，看是否歪头、斜肩、含胸及驼背等。按照站姿的要领及标准，发现问题可及时调整。

站姿训练每次应控制在20～30分钟，训练时最好配上轻松的音乐，用以调整心境、减轻疲劳。

## 2.3.4 坐姿

坐是一种静态造型，是非常重要的仪态。在日常工作和生活中，离不开这种举止。对男性而言，更有"坐如钟"一说。端庄优美的坐姿，会给人带来文雅、稳重、大方的美感。

入座后，上身的姿势与站姿相似，下肢及手臂的摆放应多加注意。

**1. 下肢的摆放**

(1) 正襟危坐式。此种坐姿适用于最正规的场合，如图2-2所示。要求：上身和大腿、大腿和小腿，都应当形成直角，小腿垂直于地面。双膝、双脚包括两脚的跟部，都要完全并拢。

图2-2　正襟危坐式

(2) 垂腿开膝式。此种姿势多为男性所用，也比较正规，如图2-3所示。要求：上身和大腿、大腿和小腿都形成直角，小腿垂直于地面。双膝允许分开，分开的幅度不要超过肩宽。

图2-3 垂腿开膝式

(3) 前伸后曲式。这是女性适用的一种坐姿,如图2-4所示。要求:大腿并紧后,向前伸出一条腿,并将另一条腿屈后,两脚脚掌着地,双脚前后要保持在一条直线上。

图2-4 前伸后曲式

(4) 双脚内收式。它适合在一般场合采用,男女都适合。要求:两条大腿首先并拢,双膝可以稍微打开,两条小腿可以在稍许分开后向内侧屈回,双脚脚掌着地。

(5) 双腿叠放式。这适合穿短裙的女士采用,如图2-5所示。要求:将双腿一上一下交叠在一起,交叠后的两腿间没有任何缝隙,犹如一条直线。双脚斜放在左右一侧。斜放后的腿部与地面呈45°,叠放在上的脚的脚尖垂向地面。

图2-5 双腿叠放式

(6) 双腿斜放式。它适合于穿裙子的女士在较低的位置就座时采用,如图2-6所示。要求:首先双腿并拢,然后双脚向左或向右侧斜放,力求使斜放后的腿部与地面呈45°。

图2-6 双腿斜放式

(7) 双脚交叉式。它适用于各种场合,男女都可采用。要求:双膝先并拢,然后双脚在踝部交叉。需要注意的是,交叉后的双脚可以内收,也可以斜放,但不要向前方远远地直伸出去。

**2. 手臂的摆放**

(1) 手臂放在两条大腿上。双手各自扶在一条大腿上,也可以双手叠放后放在两条大腿上,或者双手相握后放在两条大腿上。

(2) 手臂放在一条大腿上。侧身和人交谈时,通常要将双手叠放或相握,放在自己侧身一方的那条大腿上。

(3) 放在皮包文件上。当穿短裙的女士面对男士而坐，身前又没有屏障时，为避免"走光"，可以把自己随身带的皮包或文件放在并拢的大腿上。随后，双手或扶或叠或握着放在上面。

(4) 放在身前桌子上。双手平扶桌子边沿，或是双手相握置于桌上，都是可以的。有时，也可以把双手叠放在桌上。

(5) 放在椅子扶手上。当正身而坐时，要把双手分扶在两侧扶手上；当侧身而坐时，要把双手叠放或相握后，放在侧身一方的扶手上。

**3. 坐姿注意事项**

(1) 在正式场合中，一般不应坐满座位，通常是坐椅子三分之二的位置。

(2) 入座时要稳要轻，不可猛坐猛起使椅子发出声响。女士着裙装入座时，应用双手拢平裙摆再坐下，一般应从座位的左边入座。

(3) 入座后上体自然挺直，男士可将双手放在两条大腿上或座位两边的扶手上，女士只扶一边显得较为优雅，绝不可把手夹在两腿间或双手抱在腿上。在正式场合中，双手不应放在身前的桌面上。

(4) 一般从椅子的左边入座，离座时也要从椅子左边离开。

(5) 背后有依靠时，也不能随意地把头向后仰靠，显出很懒散的样子。就座以后，两腿不能摇晃。

(6) 切勿做小动作，具体包括：玩弄衣带、发辫、香烟盒、笔、纸片及手帕等分散注意力的物品；做出玩手指、抠指甲、抓头发、挠头皮、抠鼻孔、用脚敲踏地面、双手托下巴、说话时用手掩口等动作。

**4. 坐姿的训练**

(1) 面对镜子，按坐姿基本要领，着重脚、腿、腹、胸、头、手部位的训练，体会不同坐姿，纠正不良习惯，尤其注意起座、落座练习。

(2) 女性穿半高跟鞋进行训练，以强化训练效果。

(3) 利用器械训练，增强腰部、肩部力量和灵活性，进行舒肩展背的动作练习。

坐姿训练每次控制在20分钟左右，训练时最好配上轻松的音乐，用以调整心境、减轻疲劳。

## 2.3.5 走姿

如果说站姿和坐姿是人体的静态造型，那么，走姿就是人体的动态造型。走姿，即行走的姿势，产生的是运动之美。想走出风度、走出优雅、走出美感，离不开平时的练习。

汽车商务人员绝大部分是在行走中开展工作的，这就要求行走姿态的正确性和规范性。行走时，双眼平视前方，收腹挺胸，两臂自然摆动，摆动幅度为30°左右，双脚在一条直线上，步态轻稳，弹足有力。两人擦肩而过应保持10cm的距离，防止相互碰撞，失礼失态。行走是人生活中的主要动作，正确的走姿能呈现一种动态美。"行如风"就是用来形容轻快自然的步态。正确的走姿是：轻而稳，胸要挺，头要抬，肩放松，两眼平视，面带微笑，自然摆臂。

**1. 规范的走姿**

（1）头正。双目平视，收颌，表情自然平和。

（2）肩平。两肩平稳，防止上下前后摇摆。双臂前后自然摆动，前后摆幅为30°~40°，两手自然弯曲，在摆动中离开双腿不超过一拳的距离。

（3）躯挺。上身挺直，收腹立腰，重心稍前倾。

（4）步位直。两脚尖略微分开，脚跟先着地，两脚内侧落地，走出的轨迹要在一条直线上。

（5）步幅适当。行走中两脚落地的距离大约为一只脚长，即前脚的脚跟与后脚的脚尖相距一只脚的长度为宜。不过，不同的性别，不同的身高，不同的着装，都会对步幅的大小产生影响。

（6）步速平稳。行进的速度应当保持均匀、平稳，不要忽快忽慢。在正常情况下，步速应自然舒缓，这样可显得成熟、自信。行走时要防止八字步、低头驼背，不要摇晃肩膀、双臂大甩手，不要扭腰摆臀、左顾右盼，脚不要擦地面。

正确的走姿如图2-7所示。

图2-7　走姿

**2. 变向走姿**

变向走姿是指在行走中，需转身改变方向时所采用的姿势，若运用得当，可体现步态的规范和优美。

(1) 后退步。与人告别时，应当先后退两三步，再转身离去，退步时脚轻擦地面，步幅要小，先转身后转头。

(2) 引导步。引导步是用于走在前面给宾客带路的步态。引导时要尽可能走在左侧前方，整个身体半转向宾客方向，保持两步的距离，遇到上下楼梯、拐弯、进门时，要伸出左手示意，并提示请客人上楼、进门等。

(3) 前行转身步。在前行中要拐弯时，要在距所转方向远侧的一脚落地后，立即以该脚掌为轴，转过全身，然后迈出另一只脚。也就是说，向左拐，要等右脚在前时转身；向右拐，要等左脚在前时转身。

**3. 穿不同鞋子的走姿**

(1) 穿平底鞋的走姿。穿平底鞋走路比较自然、随便，要脚跟先落地，前行力度要均匀，走起路来显得轻松、大方。由于穿平底鞋不受拘束，往往容易过分随意，导致步幅时大时小，速度时快时慢，还容易因随意而给人以松懈的印象，应当注意。

(2) 穿高跟鞋的走姿。由于穿上高跟鞋后，脚跟提高了，身体重心自然会前移，为了保持身体平衡，膝关节要绷直，胸部自然挺起，并且要收腹、提臀、直腰，使走姿更显挺拔。

穿高跟鞋走路时，步幅要小，脚跟先着地，两脚落地的脚跟要落在一条直线上，像一枝柳条上的柳叶一样，这就是所谓的"柳叶步"。

有人穿高跟鞋走路时，会用屈膝的方法来保持平衡，结果走姿不但不挺拔，反而因屈膝、撅臀而显得粗俗不雅。有这种问题的人，要训练自己，注意在行进时一定保持踝、膝、髋关节的挺直，保持挺胸、收腹、向上的姿态。

**4. 走姿的训练**

(1) 双肩双臂摆动训练。身体直立，以身体为柱，双臂前后自然摆动，注意摆幅适度。

(2) 步位、步幅训练。在地上画一条直线，行走时检查自己的步位和步幅是否合适，纠正"外八""内八"及脚步过大、过小的毛病。

(3) 顶书训练。将书本置于头顶，保持行走时头正、颈直、目不斜视，纠正走路时摇头晃脑、东瞧西望的毛病。

(4) 步态综合训练。行走时各种动作要协调，注意把握好走路时的速度、节拍，以保持身体平衡、双臂摆动对称、动作协调。

## 2.3.6 蹲姿

蹲姿不像站姿、走姿、坐姿那样频繁使用，因而往往易被人忽视。如有一件东西掉在地上，一般人会很随意地弯下腰，把东西捡起来。但这种姿势会使臀部后撅，上身前倒，显得非常不雅。讲究举止的人，就应当讲究蹲姿。这里介绍一种优美的蹲姿。

左脚在前，右脚在后，向下蹲去，左小腿垂直于地面，全脚掌着地，大腿靠紧，右脚跟提起，前脚掌着地，左膝高于右膝，臀部向下，上身稍向前倾，以左脚为支撑身体的主要支点。

男子也可以这样做，不过两腿不需要紧靠，可以存在一定的距离。

## 2.3.7 手势

手势是人们利用手来表示各种含义时所使用的各种姿势，是人们交际时不可缺少的体态语言。手势美是动态美，能恰当地运用手势来表达真情实意，就会在交际中表现出良好的形象。

**1. 手势的种类**

一般而言，运用手势时要看具体的场合和对象。对于不同的交往对象和场合，手势的速度、活动范围和空间轨迹的要求也不同。在人际交往中，经常使用的基本手势有以下7种。

(1) 垂放。做法：一是双手自然下垂，掌心向内，叠放或相握于腹前；二是双手伸直下垂，掌心向内，分别贴放于大腿内侧。

(2) 背手。多见于站立、行走时。做法：双臂伸到身后，双手相握，同时昂首挺胸。

(3) 持物。持物即用手拿东西。做法：可用一只手，也可用双手，拿东西时动作要自然，五指并拢，用力均匀，不要翘起无名指与小指，以避免有作态之嫌。

(4) 鼓掌。表示欢迎、祝贺、支持的一种手姿。做法：右手掌心向下，有节奏地拍击掌心向上的左掌。必要时，应起身站立。

(5) 夸奖。主要用以表扬他人。做法：伸出右手，跷起拇指，指尖向上，指腹面向被夸奖的人。若将右手拇指竖起来反向指向别人，就意味着自大或藐视别人；若将拇指指向自己的鼻尖，就意味着自高自大、不可一世。

(6) 指示。用以引导来宾、指示方向的手势。做法：右手或左手抬至一定高度，五指并拢，掌心向上，以肘部为轴，向指定方向伸出手臂。

(7) 递物。递给对方物品时，注意双手奉送、正面朝上、尖头朝内，以方便对方拿取。

**2. 常用引导手势**

(1) 横摆式。在表示"请进""请"时常用横摆式。做法：五指并拢，手掌自然伸直，手心向上，肘微弯曲，腕低于肘。开始做手势应从腹部之前抬起，以肘为轴轻缓地向一旁摆出，到腰部并与身体正面呈45º时停止。头部和上身微向伸出手的一侧倾斜,另一只手下垂或背在背后,目视宾客,面带微笑,表现出对宾客的尊重、欢迎。

(2) 前摆式。如果右手拿着东西或扶着门,这时要向宾客做向右"请"的手势时,可以用前摆式。做法:五指并拢,手掌伸直,由身体一侧由下向上抬起,以肩关节为轴,手臂稍弯曲,到腰的高度再由身前向右方摆去,摆到距身体15厘米左右,且不超过躯干的位置时停止。目视来宾,面带笑容,也可双手前摆。

(3) 双臂横摆式。当来宾较多时,表示"请"时动作可以大一些,采用双臂横摆式。做法:两臂从身体两侧向前上方抬起,两肘微曲,向两侧摆出。指向前进方向一侧的臂应抬高一些,伸直一些,另一手稍低一些,弯曲一些,双臂也可以向同一个方向摆出。

(4) 斜摆式。请客人落座时,手势应摆向座位。做法:手要先从身体的一侧抬起,到高于腰部后,再向下摆去,使大小臂形成一条斜线。

(5) 直臂式。需要给宾客指方向时,可采用直臂式。做法:手指并拢,掌伸直,屈肘从身前抬起,向目标方向摆去,摆到肩的高度时停止,肘关节基本伸直。注意指引方向时,不可用一根手指,这样显得不礼貌。

常用的引导手势如图2-8所示。

图2-8　引导手势

**3. 交际中应避免出现的手势**

在交际场合,不可当众搔头皮、掏耳朵、抠鼻屎眼屎、搓泥垢、修指甲、揉衣角等,也不可用手指在桌上乱画,玩手中的笔或其他工具,切忌做手势,或指指点点。

**4. 手势的训练**

(1) 调整体态,保持优雅的站姿。

(2) 对镜子练习常用手势,包括请、招呼他人、挥手道别、指引方向、递接物品(剪子、文件)、鼓掌、展示物品等。

## 思考题

### 一、问答题

1. 商务礼仪对个人仪容的基本要求有哪些？
2. 着装的TPO原则是什么？
3. 穿着西装应遵守哪些规范？
4. 佩戴饰物应遵循哪些原则？

### 二、案例分析题

1. 美国著名的政治公关专家罗杰·艾尔斯为美国总统竞选人效力了二十多个春秋，被美国人称为"利用媒介塑造形象的奇才"。

1968年，当尼克松同约翰逊竞争总统时，艾尔斯精心指导尼克松在一次电视竞选中克服自卑心理，取得了意想不到的效果。

1984年，里根参加总统竞选。起初公众对他的印象不佳，觉得他年龄大，又当过演员，有轻浮、年迈无力之感。在艾尔斯的协助下，他注意配合适当的服饰、发型与姿势，表现得非常庄重，看起来经验丰富也非常健康，从而逐渐改变了公众先前对他的不佳印象，结果取得了成功。

1988年8月以前，美国民主党总统候选人杜卡基斯猛烈攻击布什是里根的影子，嘲笑他没有独立的政见和主张。当时，布什的形象是灰溜溜的，全美的舆论都称赞杜卡基斯，在民意测验中，布什落后杜卡基斯十多个百分点。于是，布什请来了罗杰·艾尔斯。艾尔斯从公众的角度指出了布什的两个毛病：一是演讲不能引人入胜，比较呆板；二是姿态动作不优美，风格不佳，缺乏独立和新颖的魅力。这些缺点导致公众觉得他摆脱不了里根的影子。艾尔斯帮助布什纠正尖细的声音、生硬的手势和不够灵活的手臂摆动的动作，并让布什讲话时表现得更果断、自信，体现出强烈的自我意识。在1988年8月举行的共和党新奥尔良全国代表大会上，布什做了生动的、有吸引力的接受提名演讲，几乎成为同杜卡基斯较量的转折点。经过以后一系列的争夺，布什获得了胜利。

请思考：(1) 一个人的仪容仪态为什么如此重要？

(2) 如何塑造优雅的商务形象？

2. 来自同一所职业学院的小贾和小梦已经在某汽车品牌4S店汽车销售顾问岗位实习半年了，小梦已经提前转正成为销售顾问，而小贾的工作业绩始终没有起色，还是销售见习生。

一天中午，小贾正如往常一样懒洋洋地趴在站台上发呆，一对夫妇走进展厅，看起来有购车的打算。小贾赶紧迎上去，热情地大声问好："欢迎光临！请问有什么可以帮助您的？"夫妇俩打量了小贾几眼，略微皱了一下眉头，说了一声："哦，随便看看，谢谢！"随后逛了一圈，转身离开了展厅。

看到客户似乎对她有所戒备，小贾疑惑地皱着眉头。这时，小梦微笑着走了过来，对小贾说："小贾，走，去化妆间，我带了化妆品，重新帮你化个淡妆，再把大耳环摘了、指甲油洗了。"听了小梦的一席话，小贾这才注意到自己的形象：头发凌乱，面部妆容粗糙，口红和指甲油鲜艳耀眼，夸张的圆形大耳环不停地前后摇摆着，再加上从不离口的口香糖，形象糟透了！小贾羞得满脸通红，拉着小梦迅速跑向化妆间。

请思考：(1) 小贾、小梦都在同一家汽车4S店实习，从事的都是销售顾问一职，为什么半年后两人的职位却大不一样？

(2) 从仪容礼仪方面考虑，这两名学生在实习岗位上表现如何？

 实践练习

### 任务2.1 商务仪容礼仪

2.1.1 仪容自查

按商务场合要求，填写仪容自查表，如表2-1所示。

表2-1 仪容自查表

| 项目 | 检查要点 | 好 | 不好 | 具体情况 |
| --- | --- | --- | --- | --- |
| 头发 | 是否很脏 | | | |
| | 是否剪得整齐，发型是否有精神 | | | |
| | 头发是否遮住耳朵、前额、衣领 | | | |
| | 是否烫、染过且较有个性 | | | |
| 脸 | 胡子是否剃得干净 | | | |
| | 鼻毛是否长出鼻外 | | | |
| | 是否做过基本护理 | | | |
| | 是否化上淡妆 | | | |
| 牙 | 牙是否刷得干净 | | | |
| | 食物残渣是否粘在牙上 | | | |
| 嘴 | 有无口臭 | | | |
| 脖子 | 是否天天清洗、护理 | | | |
| 手 | 是否干净 | | | |
| | 是否擦过护手霜 | | | |
| 指甲 | 指甲是否剪短 | | | |
| 脚 | 是否有脚臭 | | | |
| 腿 | 是否有汗毛露出 | | | |

### 2.1.2 女性面部化妆

任务目标：掌握化妆的基本操作规程。

任务准备：化妆盒、棉球、粉底霜、腮红、眼影、眉笔、唇彩、香水等，课前简单化妆。

训练方法：组内评价各同学的化妆效果，每组推荐一位同学上台讲解化妆技巧，针对若干化妆效果好的学员进行分析。

---

### 2.1.3 男士皮肤护理

任务目标：掌握皮肤护理的操作要领。

训练方法：分小组进行有关皮肤护理的讨论，每组推荐一位同学上台讲解护理要点。

---

### 2.1.4 女士盘发

任务目标：学会至少一种职场盘发方法。

训练方法：分小组进行盘发练习，每组推荐一位同学上台讲解盘发要点。

---

## 任务2.2 商务仪表礼仪

### 2.2.1 仪表自查

按商务场合要求着装，并填写仪表自查表，如表2-2所示。

表2-2 仪表自查表

| 项目 | 检查要点 | 好 | 不好 | 具体情况 |
|---|---|---|---|---|
| 上衣 | 有无脏与破的地方 | | | |
| | 领子与袖口是否干净 | | | |
| | 是否有较明显的褶皱 | | | |
| | 口袋、拉链、扣子是否系好 | | | |
| | 衣服的大小、松紧是否合身 | | | |
| | 衣领是否太低 | | | |
| 裤 | 是否干净、清爽 | | | |
| | 是否褶皱较多、不挺直 | | | |
| 裙 | 裙子是否太短或太紧 | | | |
| 腰带 | 有无破损 | | | |
| | 是否与衣服匹配 | | | |

(续表)

| 项目 | 检查要点 | 好 | 不好 | 具体情况 |
|---|---|---|---|---|
| 衬衫 | 经常洗吗 | | | |
| | 领子与袖口是否干净 | | | |
| | 是否把扣子扣好 | | | |
| 丝巾 | 丝巾系得是否漂亮 | | | |
| 领带 | 领带质地如何 | | | |
| | 打结的地方有无变形 | | | |
| | 是否干净 | | | |
| | 是否有皱的地方 | | | |
| 鞋 | 与工作服是否相配 | | | |
| | 是否干净 | | | |
| | 鞋后跟磨损是否严重 | | | |
| 袜子 | 袜子有无破损 | | | |
| 饰品 | 是否戴了很大、很贵重的饰物 | | | |
| | 是否戴了3件以上 | | | |

2.2.2 男士领带系法练习

**任务目标**：学会系温莎结领带。

**任务准备**：一条丝质领带。

**训练方法**：组内自行练习，每组推荐一位同学上台演示。

2.2.3 女士丝巾系法练习

**任务目标**：学会系各种丝巾。

**任务准备**：一条长丝巾，一条大方丝巾，两条小方丝巾。

**训练方法**：组内自行练习，每组推荐一位同学上台演示。

## 任务2.3 商务仪态礼仪

2.3.1 站姿

**任务目标**：掌握站姿的基本要领和几种不同的站姿，纠正不良站姿。

**训练方法**：组内自行练习，拍照记录各种规范的站姿，并列出不良站姿。

2.3.2 坐姿

**任务目标**：掌握坐姿的基本要领和几种不同的坐姿，纠正不良坐姿。

**训练方法**：组内自行练习，拍照记录各种规范的坐姿，并列出不良坐姿。

### 2.3.3 走姿

任务目标：掌握走姿的基本要领，纠正不良走姿。

训练方法：组内自行练习，拍照记录各种规范的走姿，并列出不良走姿。

### 2.3.4 手势

任务目标：掌握不同手势的基本要领，纠正不良手势。

训练方法：组内自行练习，拍照记录各种规范的手势，并列出不良手势。

### 2.3.5 表情

任务目标：训练在商务场合中最令人感到舒适的微笑、眼神。

训练方法：组内自行练习，拍照记录，并列出不合适的表情。

# 第 3 章 汽车商务沟通礼仪

**案例**

1960年,周恩来总理赴印度新德里就中印边界问题进行磋商、谈判,努力在不违背原则的前提下与印方达成和解。其间,周恩来召开记者招待会,从容应对西方和印度记者的种种刁难。当时,一位西方女记者忽然提出一个非常私人化的问题,她问:"据我所知,您今年已经62岁了,比我的父亲还要大8岁,可是,为什么您依然神采奕奕,记忆力非凡,显得这样年轻、英俊?"这个问题使得紧张的会场气氛松弛下来,人们在笑声中等待周恩来的回答。周恩来略作思考,回答道:"我是东方人,我是按照东方人的生活习惯和生活方式生活的,所以依然这么健康。"会场内顿时响起经久不息的掌声和喝彩声。

【分析】在公共场合不适宜问及他人的私人问题,女记者在严肃的会议期间询问私人问题,明显是不恰当的。周总理的幽默回答没有让女记者难堪,既维护了女记者的面子也没有透露私人信息。而且,周总理的回答还赞扬了我们东方人的生活习惯和生活方式,维护了国家尊严,同时也维护了自己的尊严。

语言交谈能有效传递信息、沟通感情、改善关系、达成协议、促进工作,是人类最重要的交际工具,我国古代便有"三寸之舌,强于百万之师"的说法。在现代商务活动中,能否运用精湛的语言艺术,与交谈对象沟通,往往会影响事业的成败。可见,掌握交谈的礼仪规范,对汽车商务人员来讲,有着十分重要的意义。

## 3.1 基本语言礼仪

语言可用来表达意思、交流思想,是人类特有的交际工具。在人际交往中,恰当运用交谈礼仪,将会形成良好的氛围,为个人形象锦上添花。"酒逢知己千杯少,话不投机半句多""良言一句三冬暖,恶语伤人六月寒""舌为利害本,口是祸福门"等名言警句,大家莫不耳熟能详。

哈佛大学前校长伊立特曾说:"在造就一个有修养的人的教育中,有一种训练必不可少,那就是优美、高雅的谈吐。"交谈是交流思想和表达感情最直接、最快捷的方式。在人际交往中，因为不注意交谈的礼仪规范，或多说了一句话，或用错了一个词，或不注意词语的色彩，或选错话题等而导致人际关系破裂或交往失败的事情，时有发生。所以，在交谈中必须遵从一定的礼仪规范，才能达到双方交流信息、沟通意见的目的。

### 3.1.1 讲究语言艺术

交谈的语言艺术包括以下几个方面。

**1. 语言要准确流畅**

在交谈时如果词不达意，很容易被人误解，达不到交际的目的。因此，在表达思想感情时，首先，应做到吐字清晰、口音标准，说出的语句应符合规范，避免使用似是而非的语言；其次，语句停顿要准确，思路要清晰，谈话要缓急有度，从而使交流畅通无阻；最后，应去掉过多的口头语，以免语句隔断。

语言准确流畅还表现为能让人听懂，因此言谈时尽量不用书面语或专业术语，以免让人感到拘谨或理解困难。古时有这样一个笑话，一位书生突然被蝎子蜇了，便对妻子喊道："贤妻，速燃银烛，你夫为虫所袭！"他的妻子没有听明白，书生更着急了："身如琵琶，尾似钢锥，叫声贤妻，打个亮来，看看是什么东西！"其妻仍然没有领会他的意思，书生疼痛难忍，不得不大声吼道："还不快点灯，我被蝎子蜇了！"

**2. 语言要委婉表达**

交谈是一种复杂的心理交往过程，人的自尊心和微妙心理往往在其中起着重要的控制作用，触及它，极易产生不愉快。因此，对一些只可意会而不可言传的事情、可能引起对方不愉快的事情、人们回避忌讳的事情，不能直接陈述，只能用委婉、含蓄的方法去说。因此，要避免使用主观武断、口气强硬的词语，如"只有""唯一""一定""就要"等，而应尽量采用与人商量的口气。要学会先肯定后否定，把批评的话语放在表扬之后，这样会显得委婉一些。

**3. 语言要掌握分寸**

与他人交谈要注意有放、有抑、有收，把握好"度"。谈话是双方共同参与的事情，故不可唱"独角戏"，不给别人说话的机会。说话时还要察言观色，注意对方情绪，对方不爱听的话少讲，一时接受不了的话勿急于讲。谈话时要开玩笑应注意对象的性格、心情和场合。一般来讲，不与性格内向、多疑、敏感的人开玩笑；不随便开女性、长辈、领导的玩笑；当对方情绪低落、不高兴时不开玩笑；在严肃、正式的场合及用餐时不开玩笑。

**4. 语言要幽默风趣**

交谈本身就是一个寻求一致的过程，在这个过程中，经常会因不和谐的因素而引发争论或分歧，这就需要交谈者随机应变，凭借智慧抛开或消除障碍。运用幽默通常可以增强语言的感染力或化解尴尬局面，它建立在说话者高尚的情趣、乐观的心境、较深的涵养、丰富的想象、对自我智慧和能力自信的基础上。例如，有一次，梁实秋的幼女文蔷从国外回来探望父亲，他们便邀请了几位亲友，到某地的"鱼家庄"饭店欢宴。酒菜早早上齐，唯独白米饭久等不来，经一催二催之后，仍不见白米饭踪影。梁实秋无奈，在服务小姐入室上菜时，戏问："怎么饭还不来，是不是稻子还没收割？"服务小姐眼都没眨一下，答道："还没插秧呢！"本是一个不愉快的场面，经服务小姐这一妙答，举座大笑。

## 3.1.2 使用礼貌用语

礼貌用语是人类文明的标志。在我国，文明礼貌用语的基本内容为10个字，即"请""谢谢""对不起""您好""再见"。在实际的社会交往中，日常礼貌用语远远不止这10个字。归结起来，主要可划分为如下几个大类。

**1. 问候语**

人们在社会交际中，根据交际对象、时间等的不同，常采用不同的问候语。比如在中国，人们见面的问候语通常是"您吃了吗"，即使到现在，这句问候语在中国的部分地区仍然比较普遍；而在经济比较发达的城镇，人们见面时用得比较多的问候语是"您好""您早"等。在英美国家，人们见面的问候语根据见面的时间、次数、场合等的不同而有所区别。例如，双方是第一次见面，可以说"How do you do(您好)"；如双方是第二次见面，可以说"How are you(您好)"；如在早上见面可以说"Good morning(早上好)"，中午可以说"Good noon(中午好、午安)"，下午可以说"Good afternoon(下午好)"，晚上可以说"Good evening(晚上好)"或"Good night(晚安)"等。在美国，在非正式场合中，人们见面时，常用"Hi""Hello"等表示问候。

**2. 欢迎语**

交际双方一般在问候之后会向对方表示欢迎。世界各国的欢迎语大都相同，如"再次见到您很愉快(Nice to meet you again)""欢迎您(Welcome you)""见到您很高兴(Nice to meet you)"。

**3. 回敬语**

在社会交往中，人们常常在接受对方的鼓励、祝贺或问候、欢迎之后，使用回敬语以表示感谢。因此，回敬语又可称为致谢语。回敬语的使用频率较高，使用范围较广。俗话说"礼多人不怪"，得到了对方的热情帮助、赏识、鼓励、关心、服务等都可使用回敬语。在我国，使用频率较高的回敬语是"谢谢""非常感谢""多谢""麻烦您了""让您费心了"等。

### 4. 致歉语

在社会交往过程中，常常会出现由于组织的原因或是个人的失误，给交际对象带来麻烦、损失，或是未能满足对方的要求和需求的情况，此时应使用致歉语。常用的致歉语有"抱歉"或"对不起(Sorry)""真抱歉，让您久等了(So sorry to keep you waiting so long)""请原谅(Pardon)""打扰您了，先生(Sorry to have bothered you, sir)"等。

真诚的道歉不仅能使交际双方彼此谅解、信任，有时还能化干戈为玉帛。道歉也讲求艺术，有些人放不下架子或碍于面子，不愿直接道歉，可使用较为委婉的说法。比如，今天的交际对象是以前曾经有过误解的人，那么可以说："真是不打不相识，俗话说得好，不是冤家不聚头，让我们从头开始吧！"及时得体的道歉也能反映出一个人宽广的胸襟和敢于承担责任的勇气。

### 5. 祝贺语

在社会交往中，如果想与交际对象建立友好的关系，就应该时刻关注交际对象，并与他们保持联系。比如，当交际对象过生日、晋升、加薪、结婚、生子、寿诞，或是客户开业庆典、周年纪念、获得大奖时，可以通过各种方式表示祝贺，共同分享快乐。

祝贺语很多，可根据实际情况进行选择，如生日祝贺语"祝您生日快乐(Happy birthday to you)"，节日祝贺语"祝您节日愉快(Happy holidays)""祝您圣诞快乐(Merry Christmas to you)"等。当得知交际对象在事业上取得成就或有喜庆的事情时，可直接向他表示祝贺，如"祝贺您(Congratulation)"。常用的祝贺语还有"祝您成功""祝您健康""祝您好运""祝您万事如意""祝您福如东海，寿比南山"。

### 6. 道别语

交际双方交谈过后，在分手时，需要使用道别语。常用的道别语是"再见(Goodbye)"，若事先约好再见面的时间还可说"明天见(See you tomorrow)""回头见(See you later)"。中国人的道别语很多，如"走好""再来""慢走""保重""您慢点走"等。欧美等国家的道别语比较委婉，有祝贺的性质，如"祝您做个好梦""晚安"等。

### 7. 请托语

在日常用语中，人们出于礼貌，还会用到请托语，以示对交际对象的尊重。常用的请托语是"请"。另外,人们还常常使用"拜托""借光""劳驾"等。在欧美等国家,人们在使用请托语时,大多带有征询的口气。比如,英语中常用的"Will you please...(请您……)""What can I do for you(我能为您做点什么)"以及在打扰对方时常使用"Excuse me"。日本常用的请托语是"请多关照"。

**案例**

### 敬语为何招致不悦

一天中午,一位住在某饭店的外国客人到饭店餐厅去吃饭,走出电梯时,站在电梯口的一位女服务员很有礼貌地向客人点点头,并且用英语说:"您好,先生!"客人微笑地回道:"你好,小姐。"当客人走进餐厅后,领位员说出同样的一句话:"您好,先生!"那位客人微笑着点了一下头,没有开口。客人吃好午饭后,想到饭店的庭院中去溜达,当他走出大门时,一位男服务员又说了同样的一句话:"您好,先生!"

这时,客人下意识地点了一下头。等到客人重新走进大门时,碰见的仍然是那位服务员,"您好,先生"的问候又传入客人的耳中。此时,这位客人已经感到不耐烦了,径直去乘电梯准备回房间休息,恰好在电梯口又碰见那位女服务员,自然又是一成不变的客套话:"您好,先生!"客人不高兴了,装作没有听见,皱起了眉头,而这位女服务员却丈二和尚摸不着头脑。

这位客人离店时,在给饭店总经理的一封投诉信中写道:"……我真不明白你们饭店是怎样培训员工的?短短的一个中午,我遇到的几位服务员竟千篇一律地重复一句话'您好,先生',难道不会使用其他语句吗?"

(资料来源:酒店服务案例100则. http://xz7.2000y.com/mb/2/Readnews.asp?NewsID=487019.)

**小知识**

### 多说几句"客套话"

问候要得体、恰当。对中国人可说"一路辛苦了""路上愉快吗"等,对外国人则应当说"见到你真高兴""欢迎你到来"等。寒暄之后,应主动帮助客人提取、装卸行李。取行李时,最好不要主动去拿客人的公文包或手提包,因为里面一般装着贵重物品或隐私物件。回程途中,应主动向客人介绍当地风俗、民情、气候、特产、物价等方面的情况,并可询问客人在此逗留期间有无私人活动需要代为安排。将客人送往住宿处后,不宜久留,以便让客人尽快洗漱、休息,但别忘记告诉客人与你联系的方式及下次见面的时间。

如果是长者、贵宾家访,应让全家人到门口微笑迎接。在家里接待客人时,不得赤脚或只穿内衣、短裤或睡衣。如事先来不及换，则应向客人致歉，并请客人稍候，以便及时更衣再开门迎接。迎接客人时应说一些欢迎语和问候语，诸如"欢迎，欢迎""稀客，稀客""一路辛苦了""请进""这么热的天，难为您了""自从上次分别后，我们一直期待您再次光临"等，使客人感觉受到礼遇和尊重。如果客人有随身携带的物品，应主动接下并放到合适的地方。

（资料来源：礼仪培训课程：多说几句"客套话". http://www.517edu.com/2010/1/11/bgbjn.htm.）

## 3.1.3 有效选择话题

所谓话题，是指人们在交谈中涉及的题目范围和谈话内容。在社会交往中，学会选择话题，能使谈话有个良好的开端。

**1. 宜选的话题**

(1) 选择既定的话题。既定的话题即交谈双方约定好，或者一方事先准备好的话题，如征求意见、传递信息或研究工作等。

(2) 选择内容文明、格调高雅的话题。文学、哲学、艺术、地理、历史和建筑等话题，因其内容文明、格调高雅，故适合作为各类交谈的话题，但忌不懂装懂。

(3) 选择轻松的话题。轻松的话题主要包括文艺演出、流行时装、美容美发、体育比赛、电影电视、休闲娱乐、旅游观光、风土人情、名胜古迹、烹饪小吃、名人轶事和天气状况等。这类话题令人放松，适用于非正式交谈，允许各抒己见、任意发挥。

(4) 选择时尚的话题。选择时尚的话题，即以流行事物作为谈论的中心，但这类话题变化较快，不太好把握。

(5) 选择擅长的话题。选择擅长的话题尤其是交谈对象有研究、有兴趣的话题，对整个交谈过程较有益处。比如，青年人对体育运动、流行歌曲、影视明星关注较多，而老年人对健身运动、饮食文化较为熟悉；普通市民关注家庭生活、个人收入等，而公职人员关注时事政治、国家大事；男士多关心事业、个人的专业，而女士对家庭、孩子、物价、化妆和服饰等更有兴趣。

**2. 扩大话题储备**

由于人们的经历、兴趣、职业、学习状况不同，每个人所熟悉的话题也各不相同，要想与别人有更多的话题，必须尽量扩大话题储备。一个人如果有理想、有追求，而且刻苦学习，事事留心，把看到、听到的事物有意识地加以记忆和累积，就会逐渐变得学识渊博。由于视野开阔，知识面广，与人沟通时自然就有话题了。

**3. 避谈的话题**

(1) 避谈政治、宗教等可能产生异议的话题。有些人虽基于礼貌不会当场与你争论，但内心一定十分不舒服，你可能无意中得罪了人而不自知，这自然失去了社交的意义。

(2) 避谈国家秘密及行业秘密。我国法律规定，涉及国家机密的内容是不能谈论的。此外，各个行业、各个企业也有各自的商业秘密，在商务谈话中不应涉及这些内容，以免造成不必要的损失。

(3) 避谈格调不高的话题。包括家长里短、小道消息、男女关系、黄色段子等，这些东西说出来会使对方觉得你素质不高，有失教养。更不能在外人面前议论领导、同行同事的不足，这会让别人怀疑你的人格和信誉，也会令别人对你所在企业的文化及信用产生怀疑。

(4) 避谈个人隐私。与外人交谈时，尤其是与外国人交谈时，更应回避个人隐私，具体包括下列"五不问"：不问收入，不问年龄，不问婚否，不问健康，不问个人经历。

## 3.1.4 学做最佳听众

"人为什么长两只耳朵一张嘴？那是因为上帝造人的时候就要求我们少说多听。"尽管这样解释不够客观，但它说明了在与人交流沟通时聆听的重要性。我国古代就有"愚者善说，智者善听"的说法。聆听，是一门艺术，通过聆听可以从谈话的一方获得必要的信息，领会谈话者的真实意图。聆听本身还是尊重他人的表现。因此，应重视听的功能，讲究听的方式，追求听的艺术。

**1. 聆听要耐心**

在对方阐述自己的观点时，应该认真地听完，并真正领会其意图。有人在听的过程中，听到与自己意见不一致的观点或自己不感兴趣的话题，或者因为产生了强烈的共鸣就禁不住打断对方或做出其他举动，致使他人思路中断，这是不礼貌的表现。当别人正在讲话时，不宜插话，如必须打断，应适时示意并在致歉后插话，插话结束时，还要立即告诉对方"请您继续讲下去"。聆听中还应注意自己的举止或姿态，不应流露出不耐烦、心不在焉的情绪，因为这样会伤害对方的自尊心。

**2. 聆听要专心**

在听对方说话时，应该目视对方，以示专心。因为语言只传达了部分信息，所以还应注意说话者的神态、姿势、表情以及声调、语气等的变化，以便全面、准确地了解对方的思想感情。同时，以有礼而专注的目光表示认真聆听，对说话者来说也是一种尊重和鼓励。

**3. 聆听要热心**

在交谈中，强调目视对方、认真专心，并不是说聆听者要完全被动地、安静地听。经验告诉我们，在说话时，如果对方面无表情、目不转睛地盯着自己看，会使谈话者怀疑自己的仪表或讲话有什么不妥之处并会因此深感不安。所以，聆听者在听取信息后，可以根据情境，或微笑，或点头，或发出同意的应答声，甚至可以适时地插入一两点提问，例如，"真的吗""哦，原来是这样，那后来呢"等。通过这种互动，能使谈话者与聆听者之间形成心理上的某种默契，使谈话气氛更融洽。

## 3.1.5 注意提问方式

在一定的社交场合，商务人员会为了解决某个问题而去与人交谈，而解决问题的前提就是提出问题。提问在商务活动中起着双重作用：一方面，获得自己需要的信息，为自己或组织谋利益；另一方面，也能让对方了解自己的需要和追求，从而促成交流和合作，进而实现事业的成功。

**1. 提问要切境**

切境，就是要求语言运用与所处的环境相适应。构成语言环境的因素包括社会环境、自然环境、交际场合、交际对象、交际双方的各种相关因素，如身份、职业、经历、思想、性格、处境、心绪等。针对不同的交际场合、不同的交往目的、不同的交际对象，使用的提问语言也应不同。

(1) 与人初次见面，提问要巧找话题。从交际心理看，人们初次见面，彼此都有一种要了解对方的愿望和渴望得到尊重的心理。然而在交往中，往往是一阵寒暄之后，就无话可说了，于是出现冷场，使交谈陷入困境。在这种情况下，可以向对方发问，目的是引发自我介绍，从中找到继续交谈的话题。如互问姓氏、职业，然后就可以借题发挥，加深彼此的了解。如果双方已经互问了姓名、职业，但因"隔行如隔山"而无法深谈，则可借双方熟知的人提问，也可借双方均知晓的事提问，还可直接询问业余爱好，以达到相互了解的目的。

(2) 熟人见面交谈，提问要突出关怀和友谊。现代生活节奏较快，同住一市一区的朋友往往许久不得见面，因此，他们见面后的第一件事就是沟通信息，询问中必然带有浓厚的感情色彩。例如"好久不见，真想你。听说你最近在做××事，是吗"，这句提问语言的感情暗示是：我经常向别人问你的情况，我很关心你的事情。

再如，"王师傅，您从家回来了？家里老人身体可好"，这句提问给对方的感受是：你没有忽略他的行踪去向，而且很关心他的家庭、长辈。

如果你同几位朋友彼此都很要好，当见了其中一位时，别忘记打听其他人的情况，如"你见到××了吗？他最近情况怎样？我很想他呢"。这种提问语言，会使对方感受到你对朋友的真挚感情，在交流的过程中，能够增进朋友之间的感情。

当商务人士面对老客户时，提问更需强调感情关系。把顾客当成老朋友，使顾客心理上的亲和需求得到满足，能更方便地开展推销工作。例如，"您上次在本店买的东西好用吗""您今天想要吃点什么"。其中，"上次"和"今天"传递出一种信息：您是老顾客，我们记得您，我们希望每次服务都能让您满意。此时，顾客心里热乎乎的，成交的愿望会强烈得多。

**2. 提问的方法**

提问语既可以是内心疑问的表达，也可以是对对方的引导。为了得到想要的回答，达到一定的目的，就必须掌握提问语言的几种形式，并把握其中的规律，这样才能在交谈中发挥积极作用。

(1) 正问。正问即开门见山，把想了解的问题直接提出来。此提问方式常用于上级对下级询问工作，同志间交流信息，或亲密朋友间的沟通。应该注意的是，使用这种方式所提的问题，必须是没有复杂背景，三言两语就能说清楚的问题，以不会引起不快的后果为前提。

(2) 反问。反问是指从相反的方向提出问题，使对方不得不回答。很多人都有不爱主动选择的心理特征，为了当面得到肯定的提问效果，就从否定的角度来提问。这种提问方式多用于向公众征询意见的公开场合。例如，老师问学生："有谁同意这个活动计划？"结果响应者寥寥无几，他换用反问的形式："有不同意这个活动计划的吗？"结果没有一个人提出反对，计划就通过了。

(3) 开放式提问。在商务活动中，开放式提问就是不限制客户的答案，完全让客户根据自己的喜好，围绕谈话主题自由发挥。开放式提问既可以令客户畅所欲言，又有助于销售员根据客户谈话了解更有效的客户信息。而且客户在畅所欲言之后，通常会感到放松和愉快，这有助于双方的进一步沟通与合作。常见的问法有"……怎么样""如何……""为什么……""什么……""哪些……"等。

(4) 封闭式提问。封闭式提问，也叫引导式提问，它只让对方从"是"或"不是"两种答案中做出选择。如果面对犹豫不决的提问对象，通过封闭式提问，并将希望得到的答案放在后面，可以引导谈话的方向。例如，一位老练的售货员在顾客买东西后，总要问一句："送到府上去，还是自己带回去？"几乎所有顾客都会说："好，我自己带回去。"

在实践中，把开放式提问和封闭式提问有机结合起来，非常有利于掌控整个交谈局面。

## 3.2　汽车销售沟通技巧

汽车销售人员与客户的交流，是客户进行品牌体验的关键环节，也是客户情感体验的一部分。客户需要深层次了解产品的情况，作为决策的依据；而汽车销售人员对产品的具体讲解和态度，能影响客户对企业和品牌的认知，从而影响客户决策。

在销售过程中，那些有能力、有素质，能把业务做得炉火纯青的销售人员，往往会受到客户的欢迎；相反，只会死板地说教，没有任何特长的销售人员，很难让客户对其及其推销的产品产生兴趣，难以取得好的销售业绩。因此，汽车销售人员要提升自己的沟通能力，掌握全面的沟通技巧，以便更有效地与客户沟通。

### 3.2.1　汽车销售人员沟通规范

**1. 与客户沟通的基本交谈技能**

在销售汽车过程中，汽车销售人员应掌握以下基本的交谈技能。

(1) 语气委婉，手势恰当。汽车销售人员与客户谈话时要做到表情自然、语言亲切、表达得体。用简练的语言与客户交谈，应注意说话声音平稳轻柔、速度适中、层次清晰。尽量使用表示疑问或商讨的语气，这样可以更好地满足客户的自尊心，从而营造出一种和谐愉悦的谈话气氛，既不使客户尴尬，也不使自己窘迫。出言不逊、恶语中伤、斥责和讥讽对方，都是汽车销售人员应该杜绝的。常言道："利刀割体疮犹合，恶语伤人恨不消。"适当赞美客户会使客户有春风拂面的感觉，但赞美客户时，措辞应得当。说话时手势要适当，动作幅度不要过大，更不要手舞足蹈。谈话时切忌唾沫四溅。

(2) 谦逊幽默，以情动人。谦虚也是一种礼貌。在与客户初次见面时，汽车销售人员的自我介绍要适度，不可锋芒毕露，否则会让客户留下夸夸其谈、华而不实的印象。当然，为了表示谦虚和恭敬而自我贬低也是不可取的。要想给客户留下诚恳坦率、可以信赖的印象，就必须做到实事求是、恰如其分。

幽默，这种机智和聪慧的产物可以帮助我们表达感受。但是，毫无意义的插科打诨并不代表幽默。幽默既是一种素质，又是一种修养；既是一门艺术，又是一门学问。汽车销售人员如果能够巧妙地运用幽默的语言，会取得意想不到的效果。

汽车销售人员切忌用生硬、冷冰冰的语言来接待客户。在销售汽车过程中，不可忽视情感效应，它能起到不可估量的作用。生硬的语言会挫伤客户的购买信心，而充满关心的话语则往往可以留住客户。

(3) 话题高雅，激起共鸣。汽车销售人员谈论的话题和方式应尽量符合客户的特点,应准确地把握客户的性格、心理、年龄、身份、知识面、习惯等。汽车销售人员在说话前应考虑好话题,对谈话涉及的内容和背景、客户的特点、交谈的时间和场景等因素,都应给予重视。

汽车销售人员应让话题感人,以激起客户共鸣。要先感动自己,即便是再好的话题,如果汽车销售人员自己都不为所动,则必然无法感动客户。就地取材的话题比较容易引起共鸣,观念性的话题更易于与客户交流沟通,独创、新颖、幽默的话题较受欢迎。

交谈时不应涉及疾病、死亡等话题,不应谈荒诞离奇、耸人听闻和黄色淫秽的话题,更不要随便议论宗教问题。不要询问女性客户的年龄、婚姻状况等,不应谈论对方身形胖瘦、身体壮弱、保养好坏等。不直接询问对方的学历、收入、家庭财产、服饰价格等。不批评长辈、身份高的人,不讥笑、讽刺他人。

(4) 彬彬有礼,宽容大度。汽车销售人员参与谈话应先打招呼,如果别人正单独谈话,不要凑前旁听。如果有事需要和某人说话,应等别人说完。如有第三者参与谈话,应以握手、点头或微笑表示欢迎。谈话中,遇有急事需要处理或离开,应向谈话对象打招呼,表示歉意。在客户多的地方,不可以只和某一位客户交谈,而冷落旁人。

汽车销售人员应控制好自己的情绪和举止。在交谈中,如果客户有"无礼"的表现,要以宽容的态度对待。如果客户心不在焉,或者流露出焦急、烦躁的神情,则汽车销售人员应考虑暂时中断交谈。

**2. 与客户沟通的语言规范**

在汽车销售人员接待客户的过程中,还应注意语言规范,语言能体现汽车销售人员的素质和水平。对汽车销售人员来说,用语文明礼貌是十分重要的。汽车销售人员在为客户服务时应注意以下几点。

(1) 客户接待用语。客户接待用语包括"欢迎光临""您好"等。

有客户来店时,销售人员必须竭诚相待、主动问候,应站立、鞠躬,然后微笑着亲切地说"欢迎光临"。如果预先知道客户来店,要把写有"欢迎××先生"的欢迎牌放在展示厅的入口处。

(2) 友好询问用语。友好询问用语包括以下几种。

"请问您怎么称呼?我能帮您做些什么?"

"请问您是第一次来吗?是随便看看还是想买车?"

"您是自己用吗?如果是的话,您不妨看看这辆车。"

"请问您现在保有什么样的车呢?是如何使用这辆车的呢?"

"我们刚推出一款新车型,您不妨看看。如不耽误您的时间,我给您介绍一下好吗?"

"好的,没问题,我想听听您的意见,行吗?"

(3) 车辆介绍用语。请客户自由参观时，销售人员要微笑着对客户说"请您随意参观，如有需要，请您不要客气，随时叫我"，然后精神饱满地站在自己的岗位上，等待客户召唤，不要在展厅内乱走动。常用的介绍用语包括以下几种。

"请喝茶，请您看看资料。"

"关于这款车的性能和价格，有什么不明白的，您请讲。"

看到客户想询问事情或是想与你说话时，要主动回应，同时想方设法地将客户带至会客区，端上饮料，尽可能延长客户的逗留时间，并采用以下几种说话方式。

"您还满意吗？"

"您觉得××车怎么样？"

"我们已经为您准备好饮料，如果方便的话，请您到桌子那边，咱们坐下来谈谈可以吗？"

(4) 询问联系方式用语。询问联系方式用语包括"如果……""如果方便的话……""是否可以……"等。

顾客的联系方式包括以下必要信息：姓名，工作单位，住址，联络方式，现在使用的车型，使用目的。

询问时可使用如下用语。

"如果您有名片，能给我一张吗？"(如没有名片，可将信息记在记事便条上)

"请问您贵姓？"

"请问您在哪里工作？"

"如果方便的话，我想拜访贵公司，是否可以告诉我贵公司的地址和电话号码呢？"

(5) 道歉用语。道歉用语包括以下几种。

"对不起，这种型号的车刚卖完，到货后，我会第一时间通知您。"

"不好意思，您的话我还没有听明白。"

"打扰您了！"

"有什么意见，请您多多指教！"

"介绍得不好，请多原谅。"

(6) 恭维赞扬用语。恭维赞扬用语包括以下几种。

"像您这样的成功人士，选择这款车是最合适的。"

"先生(小姐)很有眼光，居然有如此高见，令我汗颜。"

"您是我见过的对汽车最熟悉的客户了。"

"真是快人快语，您给人的第一印象就是干脆利落。"

"先生(小姐)真是满腹经纶。"

"您话不多，可真正算得上字字珠玑啊！"

"您太太(先生)这么漂亮(英俊潇洒)，好让人羡慕啊！"

(7) 送客道别用语。送客道别用语包括以下几种。

"再见!"

"请您慢走,多谢惠顾,欢迎您下次再来!"

"有什么不明白的地方,请您随时给我打电话。"

"买不买车没有关系,能认识您我很高兴。"

## 3.2.2 汽车销售中的沟通技巧

在汽车销售过程中,汽车销售人员应做到以下几点:会说,即"能说到点子上,让客户获得愉快的情绪体验";会听,即"理解客户心声,把握客户需求";会看,即"从细节观察客户需求,准确把握成交时机"。沟通不是一种本能,而是一种能力。也就是说,沟通不是人天生具备的技能,而是在工作实践中培养和训练出来的。随着业务竞争的不断加剧和业务交往的日益频繁,沟通能力在现代社会中变得越来越重要,"君子欲讷于言而敏于行"的时代已经一去不复返了。

**1. 会说**

(1) 精彩的开场白。一段精彩的开场白,不但能引起客户对自己的重视,而且能激发客户对谈话的兴趣。因此,很多时候,一个与众不同、吸引人的开场白,会使销售活动成功一半。

初次见到客户时,开场白很重要。诸如"您好,很高兴见到您"之类的开场白,千篇一律,没有吸引力。要想让销售工作有声有色地开展起来,应试着说"您的皮肤真好,有没有什么特别的保养方法"或者"您的皮包好漂亮,是限量版吧"等。

心理学家指出,在与陌生人打交道时,3分钟就能决定你的成败,而最初的45秒尤为重要。也就是说,开场白决定销售的成败,而开场白的第一句话,则是点睛之笔。

(2) 有效地介绍产品。好的产品介绍无疑是这个产品的"活广告",要想一下子吸引住客户,必须运用艺术化的语言将产品说"活"。

要知道,即使你的产品质量和性能再好,如果你的介绍不能引起客户的兴趣,最终也无法达成交易。这时,用什么样的方法、什么样的语言介绍产品,就显得尤为重要。很多时候,客户购买产品不在于你的产品本身有多好,而在于你的介绍足够精彩,甚至在于客户与你沟通时产生的快乐感觉。这是因为客户在获得产品的同时,也想获得愉快的情绪体验。由此可见,让客户产生美好的情绪体验是很重要的,而这来自销售人员的沟通能力和介绍技巧。

在销售过程中,销售人员应该用明确有条理的语言向客户详尽介绍产品的性能和特点。如果能让客户参与到产品展示中亲身体验产品,可以增强产品展示的效果。销售人员介绍产品时要因人而异,在客户了解产品的效用之后,要重点介绍能给客户带来的利益,即要说中客户的心。

> **案例**
>
> 　　如果汽车销售人员发现客户经常开车到各地洽谈业务，有时需要在车上过夜或休息较长时间，那么汽车销售人员就可以告诉客户："前排座椅可以进行12种方式的电动调节，可以调节座椅的扶手、靠背和头枕角度及方向，并有记忆功能。"
>
> 　　这时，客户未必会动心。接下来，汽车销售人员可以这样告诉客户："车子的座椅可以呈180°平放，方便休息。"客户一听顿时来了精神："是真的吗？"汽车销售人员这样说，客户就知道了产品的优点，他已经隐约感觉到这款车对他的好处了。
>
> 　　这时，汽车销售人员应该趁热打铁，继续介绍："您看，这个座椅能呈180°平放，当您长途驾驶感到疲劳、想要休息片刻时，您就可以舒适地躺下，美美地睡上一觉，也可以在车里小憩片刻，能让您解除疲劳，精神百倍。"这时，汽车销售人员就成功地把汽车的优势转化成客户关心的利益。
>
> 　　（资料来源：丁兴良，王平辉. 沟通技巧：汽车销售人员业绩提升第一步[M]. 北京：机械工业出版社，2011.）

　　(3) 充分运用赞美的力量。在这个世界上，人人都喜欢赞美。不论是谁，听到赞美之词都会开心，而说出赞美之词的人，也会变得人见人爱。销售人员经常与陌生客户打交道，要想成为客户喜欢的人，就要学会赞美的技巧。

　　赞美是销售人员与客户之间进行有效沟通的工具之一。每个人都希望得到别人的赞美，就像"爱美之心人皆有之"一样，喜欢听赞美之词，也是"人皆有之"。在与客户沟通的过程中，销售人员发自真心的赞誉之词，往往会产生意想不到的效果。但是，赞美也要适度。如果东拼西凑、胡说一通，客户不但不会被你的赞美所打动，反而会产生对你的不信任。所以，赞美要真诚和自然，要向对方表达出一种肯定、理解、欣赏和羡慕，赞美不同于阿谀奉承，需要真情实感。

　　通常情况下，汽车销售人员可从以下三个方面对客户进行赞美。

　　① 客户的个人情况。例如"令爱长得真像您太太，以后肯定是个大美人""您购车的眼光的确与众不同""您是在微软工作吗？能进入那么大的公司，您一定非常棒""一直听别人说您是书画家，没想到您的摄影技术也如此专业"等。

　　② 客户的境界品位。例如"我很早就听说您是这家公司的'功臣'，今天能见到您真是三生有幸""这是您自己挑选的领带吗？一直以为您对做生意非常在行，没想到您的审美素养也这么高""您的眼光真不错""大家都说您是未来的比尔·盖茨"等。

　　③ 客户的工作环境。例如"人们都说贵公司的竞争实力太强了，让他们无法抗衡""总听说您的部门是效率最高、人际关系最和谐的，看来名不虚传""能跟贵公

司合作，我感到非常荣幸"等。

**2. 会听**

在与客户沟通过程中，汽车销售人员要向他们全面介绍汽车的优点，但倾听对销售人员来说同样重要。汽车销售人员不但要引导客户说话，而且在客户开口说话时，还要学会倾听。有的汽车销售人员，由于性格内向，不爱说话，面对客户，只好默默倾听，可是他们的业务并不像你想象得那样无法开展，恰恰相反，他们的业绩还不错。这就是因为他们能够倾听客户的话，客户也愿意同这样的人打交道。由此可知，对汽车销售人员来说，沟通的技巧包括说和听，而听比说更重要。

倾听是一种值得开发的技巧。善于倾听的人，在社交场合和事业上都会占优势。有关专家调查表明，在20种销售经理人应具备的能力中，排在前两位的是倾听和沟通能力。在销售过程中，销售人员将其70%~80%的时间用于做沟通工作，而其中的主要工作就是倾听。因此，倾听是汽车销售人员应该具备的重要素质，一个善于倾听的人，更容易成为一名优秀的汽车销售人员。

**案例**

经朋友介绍，重型汽车销售人员乔治去拜访一位曾经买过他们公司汽车的商人。见面时，乔治照例先递上自己的名片并说："您好，我是重型汽车公司的销售员，我叫……"才说了不到几个字，该客户就以十分不友好的口气打断了乔治的话，并开始抱怨当初买车时的种种不快，如服务态度不好、报价不实、内装及配备不实、交接车的时间过久等。

客户喋喋不休地数落着乔治的公司及当初提供服务的汽车销售人员时，乔治只好静静地站在一旁，认真地听，一句话也不敢说。终于，那位客户把以前的怨气一股脑儿地吐光了，这才发现眼前的这个销售人员好像很陌生。于是，他有点儿不好意思地对乔治说："小伙子，贵姓呀，现在有没有一些好一点的车型，拿一份目录给我看看，给我介绍介绍吧。"

当乔治走出这家公司的大门时，兴奋得几乎跳起来，因为他手上拿着两台重型汽车的订单。从乔治拿出商品目录到那位客户决定购买的整个过程中，乔治说的话加起来都不超过十句。成交的关键是什么？最后那位客户说："我觉得你非常实在，有诚意又很尊重我，所以我才决定从你这里买车。"

(资料来源：丁兴良，王平辉.沟通技巧：汽车销售人员业绩提升第一步[M].北京：机械工业出版社，2011.)

从上述案例可以发现，客户的心理是非常复杂的。如一位汽车销售人员所言："当客户想要购买一部车子时，他也许会告诉你，买车是为了上班方便，但实际理由也许是为了追女朋友方便。"掌握客户内心真正的想法，不是一件容易的事，最好在与客户交谈时，自问下列问题：客户说的是什么？代表什么意思？他说的是一个事实，还是一个意见？他为什么要这样说？他这样说的目的是什么？从他的谈话中，我能知道他的需求是什么吗？从他的谈话中，我能了解他的购买条件吗？若能注意上述几点，相信你会成为一名优秀的汽车销售人员。

**3. 会看**

汽车销售人员的特殊工作性质，更要求他们学会察言观色，见微知著是汽车销售人员必备的销售技能。只有在较短的时间内，对客户的基本情况了然于胸，才能从容地应对客户，满足客户的需求，赢得客户的青睐，达到双赢的目的。这一切了解都要建立在汽车销售人员对客户的观察基础之上，而且汽车销售人员在观察客户的时候要有一定的技巧，不能让客户觉得不舒服，更不能让客户觉得你在监视他，这样不仅不能达到目的，还会迫使客户匆匆离开，失去成交的机会。

(1) 了解客户需求。当客户进入汽车专营店的时候，汽车销售人员就要注意观察不同客户的意图，从而探知他们的需求。

主动提出购买要求的客户，进店后一般目光集中，脚步轻快，直奔某款产品，其购买心理是"求速"。因此，汽车销售人员应主动接近他，动作要迅速准确，以求顺利成交。

无明确目标但确实想买车的客户，进店后一般步子不快，神情自若，四下环视，不急于提出购买要求。对这类客户，汽车销售人员应让其在轻松自由的气氛下随意观赏，当他对某款车型产生兴趣、表露出中意的神情时再靠近。应注意，不能用眼睛盯着客户，以免使客户产生戒备心理；也不能过早地接触客户，以免惊扰客户。在适当的情况下，可主动、热情地介绍和推荐。

来参观或看热闹的客户，进店后只是随便看看，但也不排除他们会做出冲动性购买行为或为以后购买做准备。这类客户进店后有的行动缓慢，谈笑风生，东瞧西看；有的犹犹豫豫，徘徊观看。对这类客户，应随时注意其动向，当他到柜台查看产品时，就要热情接待。能否使这类客户逗留较长时间，是检验汽车销售人员服务水平高低的重要依据。

> **案例**
>
> 场景1
> 客户只是随便看看。汽车销售人员可以这样介绍："这是××品牌的店，新上市了某款新产品。"也可以说："我们现在正在进行××活动。"
>
> 场景2
> 客户已经在看某一型号的汽车。汽车销售人员应该介绍这款汽车的具体情况，

包括它具有哪些功能、哪些作用，或有什么区别于其他产品和品牌的优势，要用尽量简短的语言介绍出产品的作用或独特的地方。

场景3

客户的目光在汽车上来回扫过。销售人员应及时捕捉客户的眼神，并与之进行目光交流，然后向客户介绍，这里是某品牌专卖店，他现在看的是哪一款产品，具有哪些功能、哪些特点或有别于其他产品的优势。

场景4

多位客户同时在看产品。汽车销售人员应边介绍边向这几位客户派发汽车的宣传资料，并结合场景2、场景3的情况灵活介绍产品，还有必要向这几位客户多介绍几款车型，以满足不同客户的需要。

从以上几个案例中可以发现，客户若注视某种产品则说明该产品已经引起了他的兴趣，所以销售人员应该对客户正在看的产品给予相关的说明，之后多半会引出客户的一些疑问和判断，这往往就是汽车销售人员需要获取的客户需求信息。

(2) 把握签约时机。从开始接触客户到最后成交，与客户的沟通可分为两类：一类是宏观的介绍，包括外围的认识、大致的印象、笼统的感知等；另一类是具体、细致、微观的认识。一般在接触初期以宏观为主，接触后期以微观为主。在实践中，购买信号经常出现在客户对细节的关注过程中，例如：

"订金收多少呢？"

"交订金后多长时间可以提车？"

"你们负责协助上牌吗？"

"这个座椅可以直接调整好吗？"

"保险一共有多少项呢？"

"你可以送我什么东西呢？"

"保养周期是多长？"

"免费项目有哪些？"

"多少公里故障责任免除？"

"主要机械故障的保修时间有多长？"

这些问题都是购买信号。对这类问题的处理要讲求技巧和分寸，要适度和恰当，可以这样回复：

"如果我是您，我也会关心这个问题。"

"您的这个问题还真是有代表性，许多客户签约前都问过我呢。"

"真正决定购车前，肯定要关注这个问题的。"

这些都是必做的铺垫，然后就可以实事求是地解答客户的疑惑，让客户放心。要注意，语速不能快，要沉住气，根据具体的情况来回答客户的问题。要时刻关注客户的签约信号,并给予足够的重视,在与客户顺畅沟通的基础上,最终完成签约。

### 3.2.3 提升销售能力的基本功

对汽车销售人员来说,说话的目的性要明确,就是在与具体的一个人进行面对面沟通时,要在达到自己目的的同时,理解并满足对方的需求,具体可从以下三个层面步步推进。

第一,听懂对方的话语、意图,特别是那些没有说出来的意思。

第二,牢记自己的目的,与别人沟通不是聊天,也不是给别人解闷儿,是要满足对方的信息需求。

第三,管理说话的内容。管理的意思是选择说话的内容,然后对若干内容进行排序,最后才是选择语调、语气、语速、语音来传达。

将销售能力的基本功运用到实践中,可细化为以下4个方面。

**1. 主导**

在与其他人交谈时,不知不觉地控制谈话的主题内容以及谈话的发展趋势和方向,这种谈话套路叫主导。

主导的具体表现为,在交谈的过程中,不断地抛出全新的话题,其他人跟随;能够抛出问题,等大家七嘴八舌说了很多以后,还都特别想听听你的看法。这是一种可以训练的说话套路和说话模板。按照这个模板来做,可以逐渐掌握主动权,不会被别人牵着鼻子走。

(1) 用"三个方式"来说。下面我们来看一个案例。

**案例**

**晚上去哪吃**

几个朋友聚会,在"晚饭去哪吃"的问题上一时难以统一意见,大家七嘴八舌,有人说去"麻辣诱惑"吃,有人说去"湘鄂情"吃,甚至有人以节省时间为由建议去"肯德基"吃,期间小孙一直沉默不语,最后大家问他想去哪吃。

小孙说:"我去哪吃都无所谓,但是吃饭的地方要符合三个条件。"大家都很好奇是哪三个条件,小孙接着说:"第一,风味要独特,到处都有的菜咱们不吃;第二,环境要好,太嘈杂的环境不适合咱们交流感情;第三,既不要等位也不要等菜。"

小孙一说完,大家纷纷表示同意,并问小孙有没有满足这三个条件的候选餐厅,小孙在不知不觉间占据了谈话的主导地位。

(资料来源:孙路弘.打造说话能力的四个技巧.http://www.docin.com/p-1349999966.html&isPay=1.)

在此案例中，小孙占据主导地位的策略很简单，就是用"三个方式"来说事。比如，"选择理发的地方要具备三个前提……""选择一款笔记本电脑有三个要点……""选择职业关键看三个本质……""出去旅游要有三个前提……"，等等。

要想熟练运用主导式的说话技巧，就需要深入思考，快速反应。这种能力不是与生俱来的，需要不断提高反应和思考能力。

(2) 权威感。通过制定前提可以形成主导，如果前提无法使人信服，就需要利用权威感来掌握主导权。也就是说，可以引用权威人物或权威资料，用外来的信息强化自己对主题的影响力，从而掌握主导权。

(3) 超越话题本身。掌握主导的第三个方法是把话题引申到更宏观的层次上，影响更多受众，而不是只影响眼前的人。当眼前的人由于立场、生活经历、个人爱好而无法改变某个选择时，不要改变他，而是表示自己理解对方，这样可以让对方尊重自己。这种主导方式主要适合律师、政客和以说话、尤其是以对抗性说话、依靠说服别人为生的人采用。

> **案例**
>
> **主导汽车销售沟通**
>
> 一位客户和销售顾问在沟通过程中说道："你们日系的车安全性不太好。"
>
> 销售顾问回复："其实对于车辆来说，汽车的安全性包含主动安全和被动安全。在主动安全方面有防抱死制动、防碰撞预警、夜视辅助、主动防追尾、电子制动分配、电子稳定装置等，日系车配得更全，做得更好，平时行车时，这些配套设施一直在起作用，能够保护车辆的正常行驶……"
>
> 客户聚精会神，想要继续听下去。

**2. 迎合**

迎合是指承接对方话语的意思，形成顺应的语言背景，赢得宽容的交谈氛围。中国历史上最有名的"迎合大师"就是清朝乾隆年间的和珅，他对皇帝极尽奉承、迎合之能事。即使皇帝知道他曲意逢迎，仍然不得不对他委以重任。迎合是一种重要的说话技巧。迎合是有规律的，按照一定的套路说话就可以了。如能达到高超境界，对方完全听不出来你是故意迎合，还是说出发自内心的观点。

迎合的本质是同感、同理心，即用说话的方式、标准的技巧，把同理心快速表达出来，让对方立刻感受到。

> **案例**
>
> ### 如何才能不着急
>
> 早上,某4S店迎来一个小伙子。小伙子急急忙忙走到售后保养处,对服务顾问说:"我昨天在你这里保养车子,小保养一般只需要几百元钱就可以了,可你们收了我1000多元,我当时也没仔细看清单,晚上回家一看竟然给我换了两次机油。"
>
> 对此,常见的回答是:"帅哥,你先别紧张,不要着急,冷静一下。"这不是迎合。如果要创造同理心,正确的表达应该是:"怎么能这样?这太不正常了!一般换一次机油就够了,可能哪个环节写错了……我来帮您看一下……"之后,两个人的沟通才会进入正常的轨道,进入核对签字、维修记录、库存记录等环节。

生活中不乏这样的例子,比如顾客在饭店吃饭时不小心将筷子掉在地上,于是对服务员说:"服务员,帮我再拿一双筷子来。"这时,服务员是说"你等一下"好,还是说"我马上给您拿"更好呢?

优秀的服务员首先要改变自己的本能,用迎合的方式回答"我马上给您拿",这样就能很好地迎合顾客的心情,即使拿筷子的速度慢一些,顾客也是满意的。可见,迎合就是让自己的反应符合对方的心情、符合对方的感受,甚至符合对方的思维逻辑。

> **案例**
>
> ### 学会迎合客户的观点
>
> 潜在客户甲:"你介绍的这辆车就是贵了点。"
>
> 销售顾问:"您说得对。从1.2~1.6升这个排量范围来看,这辆车的价格较高,比这个范围内价格最低的8.9万元贵了整整4万元,不过,这个范围内最贵的车可是14.8万元呢。这辆车的价格主要由三个关键因素决定,分别是车辆的安全性能、车辆的大小与发动机排量,最后一个因素就是制造商的品牌。不同价位的车相对应的安全配置、动力配置以及基本舒适方面的配置都是不同的,要看您更加在意的方面是不是包括在内。那么,您最在意的是哪方面的配置呢?"
>
> (资料来源:孙路弘.汽车销售的第一本书[M].北京:中国人民大学出版社,2008.)

在上述案例中,销售顾问在回应对方的第一句话时,首先顺应对方的语意。其实,对方表达的是个人在某个特定情境下的一种特定看法,是以对事物下结论的形式表现出来的。该销售顾问肯定了对方的结论,又不仅仅是认同结论,还给出了详细的客观事实来引证对方的结论的确有合理的地方,帮助对方扩大了思考范围。从客户心理接受程度来说,没有听到对抗,反而感觉对方是同一条战线的自己人,于是更加容易接受销售顾问后面试图灌输的内容。在这个案例中,巧妙之处在于销售顾问运用了主导的沟通技巧,将客户的思路控制在讨论具体的配置以及对配置的设想上,从而引导了客户的思维,有助于达成销售。

### 3. 垫子

在回答客户的问题时,有效应用对问题的评价可延缓其对问题的关注。我们平时坐在沙发上,如果没有垫子,坐着就不舒服。这里所说的"垫子"就是在双方说话一来一往之间添加的隔层。添加隔层的目的是创造舒服的说话环境和氛围,尤其在对方有备而来要问到事物的本质、核心的时候,"垫子"就发挥了巨大的作用。"垫子"能消除对抗、获得理解,帮助你提高说话水平,因此应该让使用"垫子"沟通成为你终身的习惯。

通常而言,在沟通中使用"垫子"的方法有以下三种。

(1) 肯定对方的问题。第一个"垫子"是肯定对方的问题,基于对方的情况,关注问题的背景。例如,可以回复"你这个问题问得真好""你这个问题问得很专业""你这个问题的视角非常独特""你能思考这个问题,说明你很不简单",诸如此类的"垫子"可以缓冲提问的冲击性与对抗性。

面对别人的提问时,如果将人们的大脑比作CPU,那么普通人就只有一个CPU,加一个"垫子"就是用了两个CPU,一个用来思考问题的答案,另一个用来肯定对方的问题。

"垫子"可以有效促进提问的一方对自己的问题进行解释,这样就会透露出更多信息。比如,一位客户在买车后的第二天回来找厂家理论,声称车顶有明显的刮痕。这时,如果销售人员推卸责任,辩解不是厂家的问题,沟通立即就会僵化,而如果销售人员在回答时加一个"垫子":"你真是细心啊!你是什么时候发现这个刮痕的,昨天提车时有没有看到呢?"在肯定问题的同时让客户有独立思考的时间,客户就会思考自己的处境,提供更多的信息,而不是立刻陷入"你问我答"的情境,从而避免沟通僵化。

(2) 把问题普遍化。第二个"垫子"是把问题普遍化,肯定对方提出的问题很有代表性。这样可以让对方的心理发生变化,使对方降低对此问题答案的挑衅性。

> **案例**
>
> ### 周总理巧答问题
>
> 在一次记者招待会上,一位西方记者提问:"周总理,在你们中国,明明是人走的路,你们为什么叫它马路呢?"周总理回答:"不止你问过这个问题,当年意

大利有一位叫利玛窦的人来中国，也问过这个问题。不过我的回答和他当年得到的回答不一样，我们走的是马克思主义道路，简称马路。"

这位记者本来期待的答案是"中国人民当牛做马，所以走的路叫马路"，但周总理在回答中加了一个"垫子"，将问题普遍化，且回答逻辑清晰，简单明了，一句话就把西方记者顶回去了。

### 案例

#### 汽车销售沟通中的"垫子"

潜在客户甲："你看我也来了三四次了吧，咱们都谈了这么久了，这个价格最后你还可以让我多少？"

销售顾问："不瞒您说，很多客户在买车前都会问这个问题，而且要是问了这个问题，基本都会下订金，您是不是也一样呢？如果您今天就可以决定，不用再与别人商量，订金也够，我就替您去请示经理。以往经理会根据这个月的销售情况决定让多少，我知道销售量好的时候，经理几乎是一点都不让的，最多送一套脚垫。如果销售量不好，可能会让一点，最多送一年的全保。您看您今天就能定下来吗？"

(资料来源：孙路弘. 汽车销售的第一本书[M]. 北京：中国人民大学出版社，2008.)

(3) 讲明自己的处境，表明问题的难度。第三个"垫子"是在回答之前加一句"您问的这个问题真是太专业了"，让自己超越回答的平等水平，使对方觉得自己谦虚，在随后的沟通中不知不觉地体现自己的优势地位。也就是说，在回答问题前先将自己的处境讲出来，然后尝试着回答问题，这样可以赢得对方的好感，让对方降低对答案的质疑。

### 案例

#### 汽车销售沟通中的"垫子"

潜在客户甲："我听说汽车的动力性好坏不完全看排量，还要看发动机的压缩比。这辆车的压缩比是多少呀"？

销售顾问："您问的这个问题真是太专业了！发动机压缩比还是三年前我学习发动机工作原理时接触的概念。从事汽车销售这三年多，没有一位客户问到这个专业词汇，我都有些忘记了。我记得决定汽车动力性能的压缩比是三个关键指标中的一个，还有一个就是发动机气缸的行程和气缸的直径，最后是转速和扭矩。这辆车的压缩比是10.5:1，在同类1.6升排量的发动机中是最高的，比别克3.0升发动机的压缩比都高。"

总而言之,在生活中要用加"垫子"的方式回答别人的问题,要做好准备,养成加"垫子"的习惯。这就需要给自己列三个清单:第一,至少预备十种夸奖对方问题问得好的说法;第二,列出十条承认对方的问题有很多人都问过的说法;第三,预备十条示弱的说法。

按照以上方式勤加练习,养成习惯,说话时的"垫子"就会多种多样,让对方听不出来是在加"垫子",对方就会愿意跟自己打交道,从而改善人际关系。

**4. 制约**

"制"是指规范、范围,用范围进行约束就是制约。制约是一种说话技巧,可以帮助交谈中的一方获得谈话的优势位置,让对方无法反对自己。

**案例**

### 汽车销售沟通中的"制约"

潜在客户甲走进展厅后,看着展厅中的一辆展示车,向走过来的销售顾问问道:"这辆车多少钱呀?"

销售顾问:"您还真问着了,这车可不便宜,而且这车是咱们西南地区销量最大的车。"

客户甲:"那到底多少钱呢?"

销售顾问:"这么说吧,一公斤100元钱。"

客户甲一愣,问:"那多少公斤呢?"

销售顾问:这车呢,前面两个轮子的承重是890公斤,后面两个轮子的承重是610公斤,前驱车嘛,肯定是前面重。不过,这车不拆着卖,总重是1500公斤。刚才说了,一公斤100元,所以呢,这车15万元。(稍候片刻)通过车的重量还真能够看出车的安全钢板厚,这辆车的钢板厚度为1.2毫米。您知道吗,国家对防盗门的安全标准要求就是1.2毫米,盼盼防盗门就是首先达标的。您想,这辆车整个就是由防盗门构成的,那能不安全吗?不像有的车,钢板厚度才0.6毫米,确实省油,但那是拿命在换省油。0.6毫米,那就是可乐罐头,捏一下就瘪,上了高速公路发飘不说,还不能碰,稍微碰一下,就瘪了。要是防盗门,那没有问题,要是可乐罐,您设想一下会怎样?所以您到其他展厅看车时一定要先问车多重,再问价,便宜都是有原因的。

(资料来源:孙路弘. 汽车销售的第一本书[M]. 北京:中国人民大学出版社,2008.)

(1) 讲出对方要讲的话。制约的第一个技巧是讲出对方要说的话,让自己的观点得到对方的默认,使对方不愿意跟着讲话人的思路前进,进而产生关注,这就要求销售人员有较强的逻辑思考能力。在沟通过程中，提前给出对方可能要说的结论，可以有效转移对方的关注点，为自己赢得主动权，这在销售中运用效果较好。

销售在生活中无处不在。例如，大学毕业生走入社会求职就是一种自我销售，当面试官问到预期收入问题时，求职者一般都很头疼，害怕回答高了，对方没打算给那么多钱，进而失去工作机会；也担心回答低了，真正进入公司后发现自己的实际收入低于该职位的预期薪资。所以，对此应该使用制约的方法，比如，可以说"对于我的预期收入，我说出来后您一定会觉得我是狮子大开口，我要得很高，但我有要得高的原因，我能为公司创造至少2倍于月薪的价值……"。这样才能得到机会展示自己的特长、技能、价值，从而争取更高的收入。

(2) 给对方两个选择。任何事情都有好的一面和坏的一面，当需要传达负面消息时，给对方两个选择，也是一种制约方式。

### 案例

#### 巧妙的汇报

某公司新产品上市三个月了，华东区的市场销售情况并不好，市场占有率排在同类产品的12名，每天的销售量仅占库存的16%，经销商回款占应付账款的34%。

在公司内部会议上，经理问及华东区的市场情况时，华东区市场主管觉得，如果实话实说，显然不是一个好选择，不如选择制约的方法："经理，您想听好消息还是坏消息？"大多数人倾向于先听坏消息，这时将实际情况陈述一遍即可，当被问到"好消息是什么"时，可以说："这样的市场情况是促使我们下决心的前提，我们必须进行产品创新了。在现在的市场环境下，我们开始创新，提前升级到下一阶段，可以引领下一阶段的产品竞争。所以说，这是一个好消息。"

这样说完，坏消息带来的冲击便得到了缓和，经理也就不会过度追究坏消息了。

任何事物都有两面性，思考周全之后就可以有效回答对方的问题。对于一些不好的消息，可以从正反两方面来理解，运用制约技巧缓和说话氛围。

(3) 表现得比对方更加期待。第三种制约技巧就是表现得比对方更加希望实现对方的想法，延伸并强化对方的期待，这样可以降低对方提出的要求。

比如，当客户认为产品太贵，要求降低价格时，可以这样回答："先生，我真想降价，降了卖得更多，你不觉得这也是我希望的吗？"通过制约影响对方的心理，让对方觉得两人是一致的。

在《汽车销售沟通中的"制约"》这个案例中，制约的关键体现在准确地推测对方会将谈话引向什么主题。显然，如果直接告知价格，客户就只能与自己心目中的预算比较，那么无论是多少钱，客户的感受都是贵，销售顾问已经没有空间来强调产品的价值。制约就是在发现了这个趋势后，直接进行干预和控制，把对方将要表达的话说出来，可以由销售顾问直接告知，产品不便宜，而且还是当地最流行的款式，从而引导客户接受这样的价格。

## 3.3 汽车商务人员电话礼仪

> **案例**
>
> 国外某大型汽车公司为了储备人才，在大学生毕业之际举行了一场招聘会。前来应聘的几十位大学生都很优秀，他们分别参加了面试。我也有幸参加了那场招聘会，当时有件很小的事情让我的印象非常深刻。招聘主管在现场的一张桌子上放了一部电话，有个学生进来以后电话就响了，然后这位招聘主考官示意他去接电话，并把目的告诉了他："我们要看一看你怎么接电话。"很多大学生都是用右手把电话拿起来，虽然讲话的程序和内容都无可挑剔，但因为这个细节，导致他们都被淘汰了。
>
> 当时我很替他们惋惜，左手接电话虽然是个小细节，但它确实是一种规范，你必须用左手接电话，因为要用右手拿笔记录谈话内容。在商务礼仪中，这是很重要的规范。在我们的销售和管理工作中，要做到举一反三，注重这些细节，才能将工作做好。

电话礼仪是汽车商务人员需要掌握的重点之一。对汽车商务人员来说，电话不仅是传递信息、获取信息、保持联系的一种工具，还是所在单位或个人形象的一个载体。

### 3.3.1 接听电话礼仪

**1. 接听电话的基本技巧**

为了使通话更准确地传递信息，更好地赢得对方的好感和信赖，做到人未见、心已通，汽车商务人员需要注意并遵从一定的电话礼仪和技巧。

（1）重要的第一声。当我们打电话给某单位时，若一接通，就能听到对方用亲切、优美的声音说："您好，这里是××公司。"你的心里一定会很愉快，这样不仅能使双方对话顺利展开，还能对该单位有较好的印象。所以说，在电话中只要稍微注意一下自己的语言就会给对方留下完全不同的印象。

(2) 要保持喜悦的心情。打电话时要保持喜悦的心情，这样即使对方看不见你，也能被你欢快的语调所感染，从而留下好印象。

(3) 举止恭敬认真。打电话的过程中绝对不能吸烟、喝茶、吃零食，即使是姿势懒散对方也能够"听"出来。打电话的时候，若躺在椅子上，你的声音会给对方懒散、无精打采的感觉；若坐姿端正，你的声音会给对方亲切悦耳、充满活力的感觉。因此打电话时，即使看不见对方，也要当作对方就在眼前，尽可能注意自己的姿势。

(4) 迅速、准确地接听。听到电话铃声，应迅速、准确地拿起听筒，最好在铃响三声之内接听。电话铃响一声大约三秒，若长时间无人接听是很不礼貌的，对方在等待时心里会十分急躁，从而会对你的单位产生不好的印象。即使电话离自己很远，听到电话铃响，若发现附近没有人，我们也应该用最快的速度接听，这样的态度是每个办公室工作人员都应该具备的。若电话铃响了五声才接听，应该先向对方道歉，如接起电话只是"喂"了一声，对方会十分不满，会让对方产生负面评价。

(5) 认真、清楚地记录。随时牢记"5W1H"技巧，所谓"5W1H"是指When(何时)、Who(何人)、Where(何地)、What(何事)、Why(为什么)、How(如何进行)。在工作中，这些资料都是十分重要的，无论是打电话还是接电话都具有相同的重要性。

(6) 了解来电的目的。公司的每个电话都十分重要，不可敷衍，若对方要找的人不在，切忌只说"不在"就把电话挂断。我们首先应了解对方来电的目的，如自己无法处理，也应认真记录下来。委婉地探求对方的来电目的，不仅能避免误事，而且能赢得对方的好感。

(7) 挂电话前的礼貌。要结束电话交谈时，一般应当由打电话的一方提出，然后彼此客气地道别，说一声"再见"，不可自己讲完就挂断电话。

**2. 接听电话的步骤**

接听电话的步骤如表3-1所示。

表3-1 接听电话的步骤

| 顺序 | 基本用语 | 注意事项 |
| --- | --- | --- |
| 1. 拿起电话听筒，并告知自己的姓名 | "您好，××丰田××部×××"(外线)"您好××部×××"(内线)；<br>如上午10点以前接听可使用"早上好"；<br>如电话铃响超过三声才接听可说"让您久等了，我是××部×××" | 电话铃响三声之内接听；<br>在电话机旁准备好记录用的纸和笔；<br>接电话时，不使用"喂"；<br>回答音量适度，不要过高；<br>告知对方自己的姓名 |

(续表)

| 顺序 | 基本用语 | 注意事项 |
|---|---|---|
| 2. 确认对方身份 | "×先生,您好""感谢您的关照"等 | 必须确认对方身份;<br>如是客户要表达感谢之意 |
| 3. 听取对方来电用意 | "是""好的""清楚""明白"等 | 必要时应记录;<br>谈话时不要离题 |
| 4. 再次确认 | "请您再重复一遍""那么明天在××,9点见"等 | 确认时间、地点、对象和事由;<br>如需转达,必须记录来电时间,注明留言人 |
| 5. 结束语 | "清楚了""请放心""我一定转达""谢谢""再见"等 | |
| 6. 放回电话听筒 | | 等对方挂断电话后再将听筒轻轻放回电话机上 |

> **案例**
>
> 销售人员:"您好,××公司,请问有什么可以帮助您?"
> 客户:"我想咨询一下你们的产品!"
> 销售人员:"请问怎么称呼您?"
> 客户:"我姓刘。"
> 销售人员:"刘女士您好,请问您要咨询哪一类产品?"
> 客户:"是关于电话销售系统方面的产品。"
> 销售人员:"请问您是想了解单机版的,还是多机版的?"
> 客户:"单机版。"
> 销售人员:"好的,单机版的现在正在搞促销,价格是500元。您需要马上安装吗?"
> 客户:"怎么安装呢?"
> 销售人员:"刘女士,请别着急,程序非常简单,我们会有专业人员给您指导。要不然,我十分钟之后叫他给您回一个电话好吗?"
> 客户:"好的。"
> 销售人员:"非常感谢您的来电,同时也非常感谢您对我工作的支持。谢谢!"

## 3.3.2 拨打电话礼仪

**1. 拨打电话的基本原则**

(1) 选择对方方便的时间。公务电话应尽量打到对方单位,最好避免临近下班时打,因为此时对方急于下班,很可能得不到满意的答复。除有重要事情必须立即通告外,不要在他人休息、用餐时间打电话。最佳通话时间为上午9:00—11:00,下午2:00—4:00。谈公事不要占用他人的私人时间,尤其是节假日时间,而社交电话最好不要在工作时间打,以免影响他人工作。给海外人士打电话前,应先了解一下对方的时差。

**案例**

> 罗经理是个喜欢晚睡且工作全无章法的人,经常在晚上10点、11点跟助手商量工作或给部下安排任务。而助手或部下大多都是刚刚结婚或生育不久的年轻人,此时,都刚刚睡下或正准备就寝,经常被罗经理的电话吵醒。时间长了,大家无法忍受,只好在睡觉前关机以防罗经理的打扰。

(2) 斟酌通话内容。重要通话前,最好把对方的姓名、电话号码、通话要点等内容列在清单上,这样可以避免讲话缺少条理。电话内容应简明扼要,发话人应当自觉地、有意识地将每次通话时间限定在三分钟之内,切忌长时间占用电话聊天。如要讲的话已说完,就应果断地终止通话。按照电话礼仪,一般应由通话双方中地位较高者终止通话,如果双方地位平等,则由主叫方先挂断。

(3) 控制通话过程。电话接通后,要使用礼貌语言,除首先问候对方外,别忘记自报单位、职务、姓名。必要时,应询问对方是否方便,在对方方便的情况下再开始交谈。需注意,开口就打听自己需要了解的事情,采用咄咄逼人的态度是令人反感的。请人转接电话时,要向对方致谢。讲电话时,如果发生掉线、中断等情况,应由打电话方重新拨打。在对方节假日、用餐、睡觉时,万不得已打电话影响了别人,不仅要讲清楚原因,而且要说一声"对不起!打扰您了"。通话完毕应道"再见",然后轻轻放下电话。

### 2. 拨打电话的步骤

拨打电话的步骤如表3-2所示。

表3-2 拨打电话的步骤

| 顺序 | 基本用语 | 注意事项 |
| --- | --- | --- |
| 1. 准备,拨出电话 | | 确认对方的姓名、电话号码;准备好要讲的内容,明确说话的顺序;准备所需要的资料、文件等;明确通话所要达到的目的 |
| 2. 问候,告知自己的姓名 | "您好!我是中国××丰田公司××部的×××。" | 一定要报出自己的姓名;讲话时要有礼貌 |

(续表)

| 顺序 | 基本用语 | 注意事项 |
|---|---|---|
| 3. 确认通话对象 | "请问××部的××先生在吗?""麻烦您,我要找××先生。""您好!我是××丰田××部的×××。" | 必须确认通话对象;<br>如与要找的人接通电话,应重新问候 |
| 4. 说明来电事项,再次汇总确认 | "今天打电话是想向您咨询一下关于××事……" | 应先将想要说的结果告诉对方;<br>如是比较复杂的事情,请对方做记录;<br>确保时间、地点、数字等信息准确传达;<br>说完后可总结所说内容的要点 |
| 5. 礼貌结束通话 | "谢谢""麻烦您了""那就拜托您了"等 | 语气诚恳,态度和蔼 |
| 6. 放回电话听筒 | | 等对方放下电话后再将听筒轻轻放回电话机上 |

**案例**

销售人员:"您好,请问是王经理吗?"

客户:"是的,请问有什么事?"

销售人员:"王经理,您好,我是××公司的舒冰冰,有件事情想麻烦您一下。"

客户:"请讲。"

销售人员:"我已经把合作建议书发到您的邮箱中,请您查收一下,好吗?"

客户:"好的,我会看的。"

销售人员:"谢谢您,王经理,我会在星期二下午两点给您打电话,您看方便吗?"

客户:"可以。"

销售人员:"那就麻烦您了,再次感谢!再见!"

## 3.3.3 代接电话礼仪

电话铃响时,如果被找的人不在电话机旁,距电话机最近的人要主动代接电话,以免错过重要电话或使对方对本公司的管理产生负面印象。

**1. 以礼相待,尊重隐私**

当来电话的人说明找谁之后,不外乎三种情况。

第一种情况是刚好是对方要找的人接电话,可以直接说:"我就是,请问您是哪位？"

第二种情况是对方要找的人在，但不是他接电话，接话人应请对方稍等并尽快将电话交给对方要找的人。

如果对方要找的人就在身边，应告诉打电话者："请稍候。"然后，立即将电话转交给对方要找的人并轻声告诉他："你的电话。"不宜对着话筒大声喊人。

如果对方要找的人就在附近，应告诉打电话者："请稍候，他(她)马上就来。"然后迅速去找。

第三种情况是对方要找的人不在办公室，此时接话人不可过分追问对方情况，如"你找他有什么事或你是他什么人"，这都是非常失礼的表现。

如果对方要找的人已外出，应在接电话之初立即相告，并适当表示自己可以"代为转告"或处理，如"他不在，您有什么事情需要我帮忙吗"。

如果对方要找的人不在，可征求对方意见："方便留下您的姓名和联系方式吗？"待对方留下姓名或联系方式时，可说："等他(她)回来时，我一定向他(她)转达。"

对方如有留言，应记录下来，并复述一次，以免有误。

如果对方不方便告诉姓名和电话，切忌继续盘问。

> **案例**
>
> 在一个有着十几人的写字间里，阿芳刚刚离开座位去洗手间，她桌上的办公电话就响了起来。旁边的小慧拿起电话接听，然后对着楼道大喊："阿芳，快接电话，有个男的找你。"一时间，写字间里的十几个人都抬头看向这边。

### 2. 把握分寸，妥善处理

若熟人找领导且领导在现场，可立即转告，让领导接电话。当需要把电话转给领导时，要清楚说明"××公司××先生打来的电话"。同时，要把从对方处得到的信息，简洁、迅速地转达给领导，以免对方重复，并可让领导做好应对准备。

若领导不愿接电话，则应灵活应付，把握讲话的分寸，按领导的意图妥善处理，避免给领导接通他不想接的电话。作为下属，有责任帮助领导避开浪费时间的电话，有责任辨别领导乐于和哪些人通电话，并应通晓如何巧妙地对待他人。比如，可以说"对不起，先生，××领导刚离开办公室"或"我不知何时能找到他"。

若领导正忙或已出差无法接电话，可让对方留话，并表示以后会主动和他联系。

### 3. 记忆准确，做好记录

若对方要找的人不在，应温和地转告对方，并可主动提出是否需要帮助，是否可找别人讲话以及对方是否可留下电话号码等,以便再与其联络,绝不要简单地回答"他不在",这样会显得鲁莽而无礼。若对方有留言,必须准确记录以下留言内容:①何时何人来的电话?②有何要事?③需要回电话吗?④回电话的对象是谁?如何称呼?⑤是否再打过来?⑥对方电话号码。记完后要复述一遍,并告之"请放心,一定转告"。

## 3.3.4 手机通信礼仪

如今,手机已成为人们生活中必不可少的通信工具,与之相应的手机礼仪问题也日益突显。在美国,在公共场合使用手机就像在公共场合吸烟一样,将遭受公众的谴责。手机通信礼仪既有电话礼仪的共性要求,还有其特殊的规范,这是因为手机具有移动性,它可以把噪声带到任何场所。

在一次国际学术研讨会上,一位著名美籍华人针对会场上不止一次响起手机声的情况,感慨地说:"我为同胞的手机声感到汗颜!"在这里,有必要提醒那些携带手机者,在某些场合,包括会场、机场、课堂、餐厅、影剧院、医院、葬礼现场、音乐厅、图书馆、宾馆大堂……你不能旁若无人地打手机!最好是关机,或把手机调到振动状态,绝不要让它发出铃音!使用手机时,要特别注意顾及他人的感受。

**1. 安全使用手机**

既然配有手机,就不要让那些急于与你联系的人着急。因此,在一般情况下,要让手机处于开机状态,但在某些特殊场合,就必须关机。这是为自己也是为别人的安全着想,更是起码的礼仪要求,使用手机时,特别要重视此点。例如,在飞机即将起飞、正在飞行和平稳落地前,不可使用手机,以免干扰飞机接收地面信号;在加油站等地不可使用手机,以免引发火灾;开车期间,尽量不接听电话,更不拨打电话;在医院不使用手机,以免影响仪器正常工作,妨碍病人治疗。

总之,使用移动通信工具时,必须牢记"安全至上",切勿马虎大意,随意犯规,那样不但害人,而且害己。

**2. 文明使用手机**

(1) 在公共场合,尤其是在楼梯、电梯、路口、人行道等人来人往之处,不可旁若无人地使用手机。当手机显示来电时,宜找相对安静的地方接听电话,并控制自己的音量。绝不能大声说话,更不能大声嚷嚷。

(2) 在进入教室、图书馆、会议室等公共场所时,需关闭手机或将手机调至振动状态。在会议中,如有重要电话需接听,可将手机调成振动模式,接听时应背转身去,降低音量。有手机短信时,不要在别人注视的时候查看。

(3) 和别人洽谈的时候，最好还是把手机关掉，这样能显示对别人的尊重，又不会打断谈话者的思路。若准备接听电话，宜向对方说"对不起，我先接个电话"或"请原谅"。

(4) 上班期间，尤其是在办公室、车间里，因私接打电话是不专心工作的表现，应尽量避免。

(5) 手机铃声宜选择积极正面的，勿选择消极负面的。

**3. 规范放置手机**

在公共场合，手机在不使用时应放在合适的位置。所谓合适的位置，应既合乎礼仪要求，使用方便，又可避免丢失。通常情况下，手机应放在随身携带的公文包里，女士应放在手袋里。有时候也可将手机挂在腰带上，或是开会的时候交给秘书、会务人员代管。无论如何不要放在桌上，也不要放在手里或是挂在上衣口袋外。手机内存有大量的私人信息，不宜将手机交给他人保管较长时间。离开办公室时，宜随身携带手机或将手机放在抽屉内。借用他人手机时，宜当面使用，使用后应立即返还给对方。

**4. 有效使用手机微信**

微信是一种间接传播方式，它提供了一个良好的语言平台，改变了传统的交流方式。微信以书写的形式来传情达义，平时不好意思说出口的话都可以通过微信来传达，这也为不善于面对面表达的人提供了一个情感出口。因此，手机微信被越来越多的人所接受。

微信沟通是增进人们相互间的情感、维系人际关系的一种方式。但在使用手机微信时也要注意，不要影响客户吃饭和休息，发送内容时称呼要礼貌、署名要完整、内容要确切。

> **案例**
>
> 一家汽车销售公司的销售人员惹怒了一位光顾多次的客户，客户一气之下说道："我不买了！"事情陷入僵局，怎么办？我们来看看万经理是怎么做的。万经理认为，在这种情况下登门面谈已不合适。于是，他决定采取软接触的方法，发手机微信，内容包罗万象。
>
> 天气变化提醒："项总，明天有冷空气来临，注意穿着保暖。"
> 驾车经验提醒："项总，您在驾车吗？含一颗薄荷糖有助于醒脑。"
> 节假日祝贺："项总，祝您节日快乐。"
> 休闲放松提示："经常听听音乐，放松一下自己。"
> 刚开始时，项总并没有放在心上，因为他知道销售人员的用意和目的。但时间

一长，项总不仅渐渐习惯而且被万经理的这种方式所感动。三个月后，万经理终于能够与项总用电话交流了。万经理在电话里说道："项总，别老是忙于工作，身体更重要，我知道您也喜欢钓鱼，有个好地方，下周日咱们一起去吧！"项总愉快地接受了万经理的邀请，当然再往下发展，其结果就不用说了，万经理拿到了项总及其周围客户的购车订单。

## 3.4 汽车商务文书礼仪

在现代商务活动中，人与人之间的沟通、联络越来越趋于电子化。虽然电话、传真、E-mail更为便捷，但商务文书仍然具有不可替代的作用。在正式交际与商务往来中，信函更慎重、更正式，也更真实。因此，对重要事务的处理，应通过文书往来做出最终决定。

### 3.4.1 请柬

根据商务礼仪的规定，在比较正规的商务往来中，必须发出正式的要约，其中，档次较高且商界人士常用的方式当属请柬要约。请柬是邀请他人参加会议、宴席、聚会活动的书面邀请书。采用请柬方式邀请能够显示举办者或主人的郑重态度。凡精心安排、精心组织的大型活动与仪式，如宴会、舞会、纪念会、庆祝会、发布会、开业仪式等，只有采用请柬邀请嘉宾，才会引起嘉宾的重视。请柬是邀请宾客用的，所以在款式设计上，要注意其艺术性，一张精美的请柬往往能使人感到快乐和亲切。制作各种专用请柬时，要根据实际需要选择合适的类别、色彩、图案。

**1. 请柬的内容**

请柬从形式上可分为横式和竖式两种写法，横式写法从上往下写，竖式写法从右往左写。请柬一般由标题、称呼、正文、结尾、落款五部分构成。标题主要是指封面上的"请柬"(请帖)二字，通常请柬封面上已直接印上了"请柬"或"请帖"字样，并已按书信格式印刷好，发文者只需填写正文即可。被邀请者(单位或个人)的姓名或名称要顶格写，如"××先生""××单位"等，称呼后面要加上冒号。正文是请柬最重要的部分，要写清活动内容，如座谈会、庆祝会、联欢晚会、生日派对、婚礼、寿辰等。正文内容通常包括活动名称、活动形式、活动时间、活动地点、活动要求、联络方式、邀请人等。在请柬的结尾要写上礼节性问候语或恭候语，如"致以敬礼""顺致崇高的敬意""敬请光临"等。最后是落款，要署上邀请者(单位或个人)的姓名或名称及发柬日期。

**2. 书写请柬的注意事项**

(1) 如有必要，可提出回函要求。为了方便安排活动，如有必要，可在请柬上提出回函要求，以便主人有所准备。希望被邀请人收到请柬后给予答复的，则要在请柬上注明"R.S.V.P."或"r.s.v.p."字样，意为"请答复"。有时为了方便联系，可留下自己的电话号码或地址。要求答复的请柬可分为三种，注明的英文解释为：①P.M.——备忘；②R.S.V.P.——不论出席与否，均望答复；③Regrets only——不能出席时，请予以答复。凡收到此种请柬，被邀请者接受或辞谢邀请，都应予以答复，否则是不礼貌的行为。

(2) 将活动安排的细节及注意事项告诉对方，诸如时间、地点、参加人员、人数、做哪些准备及穿什么服饰等。对参加活动的人有什么具体要求可简单地在请柬上注明，比如对服装的要求。要求穿礼服时，需在请柬的右下角注明"Dress: Formal"；较随意时可注明"Dress: Informal"。

### 案例

**请柬正文示例**

谨定于2018年8月8日下午18时整于本市新都大酒店祥云厅举行金马集团公司成立八周年庆祝酒会，敬请届时光临。

联系电话：××××××××

备忘

## 3.4.2 应邀回函

任何书面形式的邀约，都是邀请者经过慎重考虑，认为确有必要之后，才会发出的。因此，在商务交往中，商务人士不管接到来自任何单位、任何个人的书面邀约，不论是否接受，都必须按照礼仪规范，及时、正确地处理。如果收到的是邀请信或请柬，最好的回复方式是用信函回复。切不可不打招呼，结果又没参加，这是非常不礼貌的行为。

**1. 应邀需核实的内容**

(1) 核对时间、地点。

(2) 核实邀请范围，决定是否携带伴侣。

(3) 明确服装要求。

(4) 明确活动目的，决定是否携带礼物。

(5) 明确自己的地位和位置，不要随便坐到主宾席上。

(6) 活动结束时要同主人及周围的人告别，不能不辞而别。

**2. 书写应邀回函的注意事项**

(1) 应邀时应该给予及时的、有礼貌的答复。如有可能，应该在二十四小时之内答复，并在复信时明确说明是接受还是不接受。

(2) 接受邀请时，在回信中要重复写上邀请信中的某些内容，如几月几日、星期几、几点钟等，这样做可以纠正你可能弄错的日期和时间。

(3) 在写表示应邀的短笺时，要对受到邀请表示高兴；在写表示谢却的短笺时，应该写出失望和遗憾之情，并具体说明不能践约的原因。

(4) 回信最好不要打印，回信要像请柬一样简明。如以妻子代表夫妻两人写给女主人，在信的正文中应该提及男女主人。

**案例**

### 接受邀请的回函示例

金马集团公司：

　　环球公司董事长×××先生非常荣幸地接受金马集团公司总裁×××先生的邀请，将于2018年8月8日下午18时准时出席于本市新都大酒店祥云厅举行的金马集团公司成立八周年庆祝酒会。

　　谨祝周年志喜，并顺致敬意。

环球公司<br>2018年8月5日

### 拒绝接受邀请的回函示例

尊敬的×××先生：

　　非常抱歉，由于本人明晚将飞往上海洽谈生意，故无法接受您的邀请，无法于2018年8月8日下午18时出席于本市新都大酒店祥云厅举行的金马集团公司成立八周年庆祝酒会，恭请见谅。

　　谨祝周年志喜，并顺致敬意。

×××敬上<br>2018年8月5日

### 3.4.3 聘书

聘书一般是指机关、团体、企事业单位聘请某些有专业特长或有威望的人完成某项任务或担任某项职务时所发出的邀请性质的专用书信。聘书在这些年来使用广泛，在今天依然扮演着重要的角色，起着非常重要的作用。

**1. 聘书的作用**

(1) 聘书能把人才和用人单位很好地联系起来，是加强双方协作的纽带。

(2) 如果应聘者接受聘书，就必须为自己应聘的职务、工作负责，这会加强应聘者的责任感、荣誉感。

(3) 单位、组织发出聘书能传达对人才的重视、对受聘人的信任。

**2. 聘书的内容**

聘书一般已按照书信格式印刷好，完整的聘书格式一般由标题、正文、结尾和落款四部分构成。其中，正文是聘书的主体部分。

在已印刷好的聘书上常有烫金或大写的"聘书"字样。聘书上被聘者的姓名称呼往往在正文中写明，常见的印刷好的聘书大多在第一行空两格写"兹聘请××"。聘书的正文一般包括以下内容：交代聘请的原因、工作内容或所要担任的职务；写明聘任期限，如"聘期两年""聘期自2010年2月1日至2011年2月1日"；聘任待遇可直接写在聘书上，也可另附详尽的聘约或公函写明具体待遇。聘书的结尾一般写上表示敬意和祝颂的结束用语，如"此致敬礼""此聘"等。落款要署上发文单位的名称或单位领导的姓名、职务，并署上发文日期，同时要加盖公章。

**案例**

**聘书**

兹聘请张××同志为××汽车有限公司维修部总工程师、主任，聘期自××××年××月××日至××××年××月××日，聘任期间享受公司高级工程师全额工资待遇。

××汽车有限公司(盖章)<br>××××年××月××日

### 3.4.4 欢迎词

欢迎词是由东道主出面对宾客的到来表示欢迎的讲话文稿。在商务活动中，遇到来宾参观、访问或有新员工加入等场合，在见面时，发表热情洋溢的欢迎词必不可少。

欢迎词一般由标题、称呼、正文、结语、署名五部分构成，具体包括以下内容。

(1) 称呼。欢迎词的称呼一般是在姓名前冠以"尊敬的"或"亲爱的"等修饰语，在姓名后加上头衔或"女士""先生"等。若来宾较多，可用泛称，如"尊敬的各位来宾"。有时对其中地位较高的人用特称,对其他来宾用泛称,如"尊敬的××总裁及各位来宾"。总之,在称谓中要表达出尊敬之意和亲切之情,还要顾及全体来宾,防止遗漏,所以一般都会使用复数。

(2) 向出席者表示欢迎、感谢和问候。欢迎词的正文主要是说明欢迎的情由,可叙述彼此的交往、情谊,说明交往的意义。

(3) 概括已往取得的成就及变化和发展。适当称赞对方,评价此行的意义,回顾双方的友好往来,求同存异。

(4) 放眼全局,展望未来。最后表示良好的祝愿,通过对未来的展望,使得双方能认识到彼此的命运是紧紧联系在一起的,只有稳固地联合起来才有出路。

(5) 结语部分用敬语再一次表示欢迎和感谢。

**案例**

### 欢迎词示例

各位小姐、先生,大家好!

我是××公司董事长×××,在各位新员工加入本公司的第一天,很高兴能和大家相识。首先,让我代表公司,向各位表示真诚的欢迎!

众所周知,我们公司在社会上有着良好的声誉与一定的影响力,但在竞争日益激烈的今天,我们依旧需要不断进取,不能有一丝懈怠。今天,见到朝气蓬勃的新同事加入本公司,让我看到公司未来的希望,令我感到非常高兴与欣慰。

相信各位都是有志之士,都希望来这里干一番事业。那么,让我们紧密合作,同舟共济,发奋图强吧!

再一次向各位表示欢迎!谢谢大家!

## 3.4.5 欢送词

举行正式的欢送会,当着被欢送者以及其他送行者的面,致一篇欢送词,可以体现出致辞者对友情的珍惜,也可以使被欢送者倍觉温暖。欢送词可分为私人交往的欢送词和公事往来的欢送词。无论哪一种都应该体现出依依惜别的感情,当然也不宜过分低沉。每当有朋友、客人离开,同事离职,送上一篇欢送词,表达出对友情的珍惜、对客人的尊重,会令商务活动更为圆满。

欢送词主要包括:①称谓;②向出席者表示欢送、感谢;③概括被欢送者以往取得的成就及变化和发展;④放眼全局,展望未来;⑤结尾再一次表示欢送及祝愿。

**案例**

**欢送词示例**

尊敬的女士们、先生们：

　　首先，我代表×××，对你们访问的圆满成功表示热烈的祝贺！

　　明天，你们就要离开×××了，在即将分别的时候，我们的心情依依不舍。大家相处的时间是短暂的，但我们之间的友好情谊是长久的。我国有句古语："来日方长，后会有期。"我们欢迎各位女士、先生在方便的时候再次来×××做客，相信我们的友好合作会长长久久。

　　祝大家一路顺风，万事如意！

## 3.4.6　祝贺信

　　祝贺信是用来祝贺某单位或者个人在某一领域所做出的成绩与取得的成就，或者为庆贺重大节日、纪念日而写成的信函或文电。祝贺信可用于某人的升职、寿诞，某项重大工程的开工典礼，某展览会剪彩仪式等，也可用于重大节日、活动日、纪念日的庆祝活动等。

　　祝贺信在某些场合要对"祝"和"贺"有所区别。"祝"一般表示祝愿和希望，其祝贺的事情往往刚刚开始，还没结果，人们以祝词表达自己美好的愿望；"贺"一般指事情有了结果，取得了成功，人们以贺词来庆贺道喜。

　　祝贺信主要包括标题、称呼、正文、落款和日期。

　　(1) 标题位于首行正中，标题名称一般为"祝贺信"或"祝贺××"等。

　　(2) 称呼要另起一行并顶格书写。称呼有单位和个人两种，单位名称要用全称或规范化简称；给个人的贺信、贺电，应根据礼仪规范书写对方的称谓(包括职务、姓名、尊称)，称谓后加冒号。

　　(3) 正文另起一行空两格，是主体部分。开头写祝贺缘由和所祝之词，一般就具体事件向对方表示祝贺，并说明取得成绩的原因、意义及影响，多用"欣闻……代表……向……表示祝贺"或"值……之际，特表示热烈祝贺"等词语；中间具体展示己方对祝贺事件的态度，简要分析并表明对该事件的肯定；最后以祝愿或希望之词结尾。

　　(4) 落款应写明发信、发电机关的全称或个人职务、姓名，落款的位置在正文右下方。

　　(5) 最后注明发信、发电日期，署于落款下方，年月日应写清楚，不可省略。

**案例**

### 电贺中技国际招标公司成立10周年

中技国际招标公司：

  值此中技国际招标公司成立10周年之际，谨致以热烈祝贺。祝贵公司繁荣昌盛。祝你我双方通过真诚合作，为中国农业发展作出更大的贡献。

农业部对外经济工作办公室

××× ×年××月××日

## 思考题

### 一、问答题

1. 与人交谈时你会选择哪些话题？
2. 提问的方式有哪些？在不同情境下使用的提问方式有何不同？
3. 汽车销售沟通的四个技巧是什么？它们的含义是什么？
4. 接听别人电话时该做哪些记录？

### 二、案例分析题

1. 一个阳光明媚的午后，在某4S店的展厅里，客户三三两两地看车，销售顾问李明在自己的位置上办公。这时，一位打扮朴素的顾客走了进来，李明赶紧起身去迎接顾客并问道："先生您好，想看什么车呀？"

"你好，我想看看10万元以内的车。"

"那您是来对地方了，我们这里有好几款这个价位的车，我给您介绍一下。"

"好的。"

"您看这款是我们今年上市的新车，这款车配有倒车雷达、遥控钥匙、天窗等配置，不夸张地说，这是同级别车中配置最好的一款，而且价格合理，特别省油，非常适合您。"

客户怀疑地看着李明："这车有那么好吗？"

"那当然了，我可以向您保证，就我们旁边那家4S店主推的款，跟我们这款根本没法比，别看价格差不多，但无论是外观还是性能都差得太远了，凡是懂车的人都买我们这款。"

客户听完李明的介绍，想了想，转身走出4S店。

(1) 请思考：客户在听了李明的介绍后为什么转身离开了4S店？李明在介绍的过程中存在哪些问题？

(2) 如果你是销售顾问，你会怎么做？

2. "张先生,您好。我是××公司的李老师,冒昧打扰,敬请谅解。我公司首席讲师有着丰富的实践经验,如果有需求,请联系。"这是公司业务员小李给客户写的一封电子邮件,看了之后让人哭笑不得。

请思考:小李给客户写电子邮件时应该遵循哪些礼仪规范呢?

**实践练习**

**任务3.1 交谈语言技巧自我测试**

任务目标:了解自己与人沟通的优势和劣势,逐步提高沟通水平。

任务准备:请回答以下问题以确定你与他人交流的优缺点。1——从不这样,2——很少这样,3——有时这样,4——经常这样,5——每次都这样。选择符合的项即得相应的分数。

(1) 与人交谈时,我发言时间少于一半。
(2) 交谈一开始我就能看出对方是轻松还是紧张。
(3) 与人交谈时,我会想办法让对方放松下来。
(4) 我有意识提些简单问题,使对方明白我正在听,对他的话题感兴趣。
(5) 与人交谈时,我会留意消除分散对方注意力的因素。
(6) 我有耐心,不打断对方发言。
(7) 我的观点与对方不一样时,我会努力理解他的观点。
(8) 我不挑起争论,也不卷入争论中。
(9) 即使我要纠正对方,我也不会批评他。
(10) 对方发问时,我会简要回答,不做过多的解释。
(11) 我不会突然提出令对方难答的问题。
(12) 与人交谈时,在开始的30秒,我就能把用意说清楚。
(13) 对方不明白时,我会把我的意思重复一遍或换句话说一次,要不就总结一下。
(14) 我每隔若干时间会问问对方有何意见,以确保他能听懂我的意思。
(15) 我发现对方不同意我的观点时,就会停下来,问清楚他的观点。等他说完之后,我才会针对他的反对意见,发表我的看法。

将以上各题的得分相加,计算总分。

60~75分:你与人交谈的技巧很好;
45~59分:你的交谈技巧不错;
35~44分:你与人交谈时表现一般;
35分以下:你的交谈技巧较差。

任务要求:通过以上测试找出自己与人交谈的薄弱环节并分析原因。

## 任务3.2 汽车销售能力的基本功训练

### 3.2.1 主导训练

任务目标：学会使用主导的沟通技能。

任务准备：假设你是一位销售人员，客户想买一辆时尚的车，你要和客户谈论关于时尚的话题。

任务要求：请使用主导的方法与客户沟通，让客户感受到你的专业。两位同学为一组，将谈话内容记录下来。

### 3.2.2 迎合训练

任务目标：学会使用迎合的沟通技能。

任务准备：假设你与一位客户聊天，客户谈到现在汽车销售的竞争越来越激烈，你将如何承接他的话？

任务要求：先使用迎合的方法，再使用主导的方法。两位同学为一组，将谈话内容记录下来。

### 3.2.3 "垫子"训练

任务目标：学会使用加"垫子"的沟通技能。

任务准备：假设你正在销售汽车，客户提到汽车的音响问题，想听听音响效果，但听完后觉得不太好，你将如何应对？

任务要求：两位同学为一组，使用加"垫子"的方法，将谈话内容记录下来。

3.2.4　制约训练

任务目标：学会使用制约的沟通技能。

任务准备：假设你是一位售后服务人员，一位客户刚买不久的车行驶在路上时出现了问题，他打来电话时的心情可想而知。作为售后接待人员，你必须马上派人前去修理，当客户问"你们多长时间可以过来"时你将如何回答？

任务要求：使用制约的方法，平息客户的怒气，让其耐心等待。两位同学为一组，将谈话内容记录下来。

## 任务3.3　电话礼仪

3.3.1　如何打电话

任务目标：学会在不同场合打电话。

任务准备：假设为了联系业务，你准备给美国的Jake先生打个电话。

任务要求：两位同学为一组，进行模拟演练，并做好记录。

记录内容应包括：

(1) 你准备在工作日的什么时间打这个电话？

(2) 预计通话时长是多少？

(3) 是否需要将通话内容列到清单上？

(4) 如果不慎打错了电话，而对方恰好也是和公司业务对口的公司，你是直接挂电话，还是说声"Sorry"再挂电话？或者有更好的方法？

(5) 通话中，电话突然中断，你将如何应对？

(6) 最后由谁终止通话？

### 3.3.2 如何接电话

任务目标：学会接听不同的电话。

任务准备：假设你正在电话里和一个客户谈生意，这时，另一部电话突然响起。

任务要求：两位同学为一组，进行模拟演练，并记录你是怎样应付这种局面的。

## 任务3.4 感谢信

任务目标：学会基本的公文写作。

任务准备：假设你是一位汽车销售人员，刚售出一辆汽车，你想要感谢客户对自己工作的支持，并希望日后能与该客户保持联系。

任务要求：写一封感谢信。

# 第4章 汽车商务社交礼仪

## 案例

### 为什么见钱不赚呢

两位商界的老总,经中间人介绍,相聚洽谈一笔生意。这是一笔能够双赢的生意,如果做得好利润非常可观。看到美好的合作前景,双方的积极性都很高,一见面即热情握手。此时,老总A感觉到老总B手上不干净,为表示自己的尊重与友好,老总A并未表现出来,还恭敬地递上了自己的名片。老总B单手把名片接过来,一眼没看就放在了茶几上,接着他拿起茶杯喝了几口水,随后又把茶杯压在名片上,这才想起掏出自己的名片单手递给老总A。老总A看在眼里,记在心中,还是双手接过了名片,随意谈了几句话后便起身告辞。事后,老总A郑重地告诉中间人,这笔生意他不做了。当中间人将这个消息告诉老总B时,他简直不敢相信自己的耳朵,一拍桌子说:"不可能!哪有见钱不赚的人呢?"

一个人要想在职场上获得成功,一家企业要想生存和发展,都离不开商务交往。在商务交往中,除了与人为善、讲信重义,还要遵守社交礼仪,这也是人们顺利地进行社会交往的重要条件。

## 4.1 汽车商务见面礼仪

汽车商务见面礼仪包括相互介绍、称呼问候、递送名片、握手等内容,它是汽车商务人员应掌握的基本礼仪规范,是衡量汽车商务人员基本素质的重要指标。掌握正确的见面礼仪,能使汽车商务人员展现自身的修养,增强沟通能力,从而有效地推动商务活动的顺利进行。

### 4.1.1 介绍

#### 案例

有一个大学生在某4S店实习期间,向客户推销车辆养护用品,他只要见到客户就介绍"我是××,××学校毕业,我的特长爱好是××××,我因为×××向你们推销",说了很长一串,不但东西没有卖出去,还遭人白眼。他非常纳闷,不知道什么地方做得不妥。

你知道吗?

商务活动是与人交往的艺术,介绍是人际交往中与他人进行沟通、增进了解、建立联系的一种基本且常规的方式,是人与人之间进行沟通的出发点。在商务、社交场合中,如能掌握正确的介绍方法,不仅可以扩大自己的交际圈,而且有助于自我展示、自我宣传,还能消除误会、减少麻烦。

**1. 自我介绍**

自我介绍,就是在必要的社交场合,把自己介绍给他人,使对方能够认识自己。恰当的自我介绍,不但能增进他人对自己的了解,而且可以创造意料之外的商机。

1) 自我介绍的场合

在商务场合,如遇到下列情况时,自我介绍就是很有必要的:与不相识者相处时,对方表现出对自己感兴趣;在聚会中,与身边的陌生人组成了交际圈,并打算介入此交际圈;担心交往对象因健忘而记不清自己时,不要做出提醒式的询问,最佳方式就是直截了当地再自我介绍一次;有求于人,而对方对自己不甚了解或一无所知;拜访熟人遇到不相识者挡驾,或是对方不在,而需要请不相识者代为转告;前往陌生单位,进行业务联系;在出差、旅行途中,与他人不期而遇,并且有必要与之建立临时联系;因业务需要,要在公共场合进行业务推广;初次利用大众传媒向社会公众进行自我推荐、自我宣传等。

2) 自我介绍的方式

根据社交场合的不同,应采用不同的自我介绍方式,主要包括以下几种。

(1) 应酬式。这种自我介绍的方式较为简洁,往往只包括姓名一项。例如,"您好!我叫张虹"。它适合于一些公共场合和一般性的社交场合,如途中邂逅、宴会现场、舞会、通电话时。它的适用对象主要是一般接触的人。

(2) 工作式。工作式自我介绍的内容,包括本人姓名、供职的单位及部门、担任的职务或从事的具体工作。例如,可以说"我叫王丽,是大众汽车销售公司的公关部经理"。

(3) 交流式。它也叫社交式或沟通式自我介绍,是一种刻意寻求与交往对象进一步交流的方式,希望对方认识自己、了解自己,与自己建立联系,适用于社交活动中。介绍内容大体包括本人的姓名、工作、籍贯、学历、兴趣及与交往对象的某些熟人的关系等。例如,"我的名字叫李睿,是里润公司副总裁,我和您先生是同乡"。

(4) 礼仪式。这是一种向交往对象表达友好和敬意的自我介绍,适用于讲座、报告、演出、庆典、仪式等正规场合。介绍内容包括姓名、单位、职务等。自我介绍时，还应加入一些适当的谦辞、敬语，以示自己尊敬交往对象。例如，"各位来宾，大家好！我叫张强，是金洪恩电脑公司的销售经理，我代表本公司热烈欢迎大家光临我们的展览会，希望大家……"

(5) 问答式。针对对方提出的问题，做出自己的回答。这种方式适用于应试、应聘和公务交往。在普通的交际应酬场合，也可采用。例如，对方问"这位先生贵姓"，可回答"免贵姓张，弓长张"。

3) 自我介绍的原则

自我介绍要想做到恰到好处、不失分寸，就必须遵循下述几项原则。

(1) 自我介绍讲究效率。自我介绍时，一定要力求简洁，尽可能地节省时间，通常以半分钟左右为佳，如无特殊情况最好不要长于一分钟。为了提高效率，在做自我介绍时，可利用名片、介绍信等资料加以辅助。

(2) 自我介绍讲究态度。自我介绍时，态度要自然、友善、亲切、随和，整体上落落大方、笑容可掬，要敢于正视对方的双眼，充满信心、从容不迫，语气自然，语速正常，语言清晰。生硬冷漠的语气，过快或过慢的语速，含糊不清的语音，都会严重影响自我介绍的效果。

(3) 自我介绍追求真实。自我介绍时，要态度诚恳、实事求是。自吹自擂、夸大其词，或过分谦虚，一味贬低自己去讨好别人，都是不可取的。

**2. 介绍他人**

在人际交往活动中，经常需要帮助他人建立联系。他人介绍，又称第三者介绍，是经第三者为不相识的双方引见、介绍的一种交际方式。为他人做介绍，需要把握下列要点。

1) 介绍时的姿势

为他人做介绍时，手势动作应文雅，无论介绍哪一方，都应手心朝上、手背朝下、四指并拢、拇指张开，指向被介绍的一方，并向另一方点头微笑，还要按顺序介绍。

此时，介绍人和被介绍人都应起立，以示尊重和礼貌。在介绍时除女士和长者之外，其余的人都应站起来。在宴会、会议桌、谈判桌上，介绍人和被介绍人若不方便起立，则应点头微笑致意。如果被介绍双方相隔较远，中间又有障碍物，可举起右手致意，或点头微笑致意。

待介绍人介绍完毕，被介绍的一方应当表现出愿意结识对方的热情，双方都要面对对方，微笑点头示意或握手致意，并且彼此问候对方，问候语如"你好！很高兴认识你""久仰大名""幸会幸会"等。必要时，还可以更深入地做自我介绍。

2) 介绍他人的顺序

为他人做介绍时，必须遵守"尊者有优先知情权"的规则，即应把年轻者介绍给年长者，把职务低者介绍给职务高者，把男士介绍给女士，把家人介绍给同事、朋友,把未婚者介绍给已婚者,把后来者介绍给先到者。若所要介绍的双方同时符合其中两种或两种以上情况时,我国一般按"先职位再年龄、先年龄再性别"的顺序做介绍。例如,要为一位年长的、职位低的女士和一位年轻的、职位高的男士做介绍时,应该将这位女士先介绍给这位男士;而在西方国家,奉行"女士优先"原则,应将这位男士先介绍给这位女士。

3) 介绍他人的内容

(1) 介绍时说明被介绍人是谁。例如,"张总,请您见见我的儿子王建,这位是本公司的董事长张总"。

(2) 介绍时多提供一些相关的个人资料。例如,介绍某人的时候,别忘了说公司名称和本人职务,这样被介绍的双方在被介绍之后能够找到交谈的话题。

(3) 介绍时记住加上头衔。被介绍人如果有任何代表身份和地位的头衔,如博士、教授、部长、董事长等,介绍时一定要冠在姓名之后。

4) 介绍他人的方式

介绍他人,通常是双向的,即对被介绍双方都做一番介绍。有时,也可进行单向的他人介绍,即只将被介绍者中的某一方介绍给另一方。由于实际需要不同,为他人做介绍的方式也不尽相同。

(1) 一般式。它也称标准式,以介绍双方的姓名、单位、职务等为主,适用于正式场合。例如,"请允许我来为两位引见一下,这位是瑛秀公司营销部主任魏红小姐,这位是新信集团副总刘嫣小姐"。

(2) 简单式。只介绍双方姓名,甚至只提到双方姓氏,适用于一般的社交场合。例如,"我来为大家介绍一下,这位是王总,这位是徐董,希望大家合作愉快"。

(3) 附加式。它也称强调式,用于强调其中一位被介绍者与介绍者之间的关系,以期引起另一位被介绍者的重视。例如,"大家好!这位是飞跃公司的业务主管杨先生,这是小儿王放,请各位多多关照"。

(4) 引见式。介绍者只需将被介绍双方引见到一起即可,适用于普通场合。例如:"两位认识一下吧,其实大家都曾经在一个公司共事,只是不在一个部门。接下来,请两位自己介绍一下吧。"

(5) 推荐式。介绍者经过精心准备将一个人举荐给另一个人,通常会重点介绍前者的优点,一般适用于比较正规的场合。例如,"这位是阳远先生,这位是海天公司的赵海天董事长。阳先生是经济学博士、管理学专家。赵总,我想您一定有兴趣和他聊聊吧"。

(6) 礼仪式。这是一种较为正规的介绍他人的方式,适用于正式场合,其语气、表达、称呼都更为规范和谦恭。例如,"孙小姐,您好!请允许我把北京东方公司的执行总裁刘力先生介绍给您。刘先生,这位就是广东润阳集团的人力资源经理孙小姐"。

## 4.1.2 称谓

**案例**

据生活早报报道,一位不愿透露姓名的女士表示,她越来越难以忍受"小姐"这一称谓带来的苦恼,她说:"我是一名商场女售货员,今年42岁,但顾客总称呼我'小姐',每天要忍受这种刺耳的称呼几十次、上百次,能不能为我们定一个文明一点的称呼?"

另一位售货员表示,大多数售货员都不喜欢被顾客称呼为"小姐"。"社会上很多称呼都简单明了,如律师、老师、医生、护士等,能不能给我们这些售货员也定个简单好听的称呼?在没有更好的称呼前,我们希望顾客叫我们'同志'或'售货员'。"

一位来购物的女士说:"我也不知道该怎么称呼售货员,叫'小姐'是有点不合适,但叫'同志'又有点不适应,叫'售货员'又显得不够客气。"

虽然是个小案例,但在生活中被"称呼"以及"问候"困扰的人不在少数。

虽然现在已经进入互联网时代,但总不能线上线下都叫人"亲"吧?

称谓是一种友好的问候,是人际交往的"开路先锋"。正确、适当的称谓如同人际关系的润滑剂,有利于双方的进一步沟通和交往。同时,它反映了好恶、亲疏等情感,能体现一个人的修养、见识,甚至还能体现双方关系发展所达到的程度和社会风尚。合适的称谓一方面能表达出对他人的尊重,另一方面也能表现出自己的教养和礼貌。

**1. 职务性称谓**

这种情况多用于在工作中谈论公事,在日常生活或其他场所很少使用。以职务相称,有下列三种情况。

(1) 以交往对象的职务相称,如"部长""经理""主任"等,以示身份有别、敬意有加,这是一种较为常见的称呼。

(2) 在称呼职务前加上姓氏,如"隋处长""马委员",显示了说话人对对方身份的熟知和地位的肯定。

(3) 在职务前加上姓名,如"×××市长",这仅适用于极其正式的场合。

**2. 职称性称谓**

对于具有职称者,尤其是具有高级、中级职称者,在工作中可直接以其职称相称。以职称相称,也以下列三种情况较为常见。

(1) 仅称职称,如"教授""律师""工程师"等。

(2) 在职称前加上姓氏，如"钱编审""孙研究员"。有时，这种称呼也可按惯例简化，如可将"张工程师"简称为"张工"。但使用简称应以不发生误会、歧义为限，如将"范局长"简称为"范局"，易使人理解成"饭局"。

(3) 在职称前加上姓名，适用于十分正式的场合，如"安文教授""杜锦华主任医师""郭雷主编"等。

### 3. 学衔性称谓

在工作中，以学衔作为称呼，可增加被称呼者的权威性，有助于增强现场的学术气氛。称呼学衔，有四种情况较为常见。

(1) 仅称学衔，如"博士"。
(2) 在学衔前加上姓氏，如"杨博士"。
(3) 在学衔前加上姓名，如"劳静博士"。
(4) 将学衔具体化，说明其所属学科，并在其后加上姓名，如"史学博士周燕""法学学士李丽珍"等，此种称呼最为正式。

### 4. 行业性称谓

在工作中，有时可按行业来称呼，具体分为两种情况。

(1) 称呼职业，即直接以被称呼者的职业作为称呼。例如，将教员称为"老师"，将专业辩护人员称为"律师"，将会计师称为"会计"等。在一般情况下，在此类称呼前，均可加上姓氏或姓名。

(2) 对商界、服务业从业人员，一般约定俗成地按性别的不同分别称呼为"女士"或"先生"。在外企、宾馆、商店、餐馆、歌厅、酒吧、交通行业，此种称呼较为流行。

### 5. 拟亲性称谓

例如"汪爷爷""余叔叔""范阿姨""小王姐""李哥"等。在美国，人们常把直呼其名视为亲切的表示，只是对长者、有身份地位的人例外。

**小知识**

#### 不同习俗的称谓

我国民间喜欢在朋友、同事、邻居的子女间"论资排辈"。孩子一定要称与自己父母年岁相仿的人为"叔叔""阿姨"，再长一辈的要称为"爷爷""奶奶"。西方一些国家在这方面没有严格的讲究，孩子只对父母的亲兄弟姐妹才称"叔""舅""姑""姨"，他们对父母的同事、朋友统称先生、夫人或女士。在一些现代家庭中，为了表示亲密，孩子对父母直呼其名的情形也不少见。

### 4.1.3 握手

**案例**

在一次接待某客户团到访的任务中,销售顾问小王因与客户团团长熟识,因而作为主要迎宾人员陪同部门领导前往机场迎接贵宾。当客户团团长率领其他工作人员到达后,销售顾问小王面带微笑地走上前,先于部门领导与团长握手致意,表示欢迎。这时,小王旁边的领导面露不悦之色。

握手是国际上通用的一种礼节,它是人们见面时较为常用的礼仪。握手除了作为见面、告辞、和解时的礼仪外,还可以表示感谢、祝贺以及相互鼓励等。如对方取得某些进步和成绩时,赠送礼品、发放奖品和奖状、发表祝词讲话后,均可以握手来表示祝贺、感谢、鼓励等。如果不懂握手的规则就会遭遇尴尬的场面,因此掌握握手礼仪十分必要。

**1. 握手方式**

在商务场合握手的标准方式是,行礼时行至距握手对象约一米处,双腿立正,上身略向前倾,伸出右手,四指并拢,拇指张开与对方相握,握手时用力适度,上下晃动3~4次,随即松开手,恢复原状。握手时,双方神态要专注、热情、自然,面含笑容,目视对方双眼,同时向对方问候。切忌左顾右盼、心不在焉、用眼睛寻找他人,而冷落对方。

为表示热情友好,握手时应稍许用力,以不握痛对方的手为限度。切记不可用力过猛,甚至让对方感到疼痛,即"野蛮式握手"。男子与初识的女士握手,不能握得太紧,轻轻握一下即可。握手时,用力需适度,避免死鱼式握手,即完全不用力或柔软无力地与人握手,会给人缺乏热忱或敷衍之感。

根据不同的社交场合,握手的方式主要有以下几种。

1) 单手相握

用右手与对方右手相握,是常用的握手方式,可分为三类。

(1) 平等式握手。手掌垂直于地面并合握。为了表示地位平等或自己不卑不亢时多采用这种方式。

(2) 友善式握手。自己掌心向上与对方握手。这种握手方式能够显示自己谦恭、谨慎的态度。

(3) 控制式握手。自己掌心向下与对方握手。这种握手方式会让自己显得自高自大,基本不予采用。

2) 双手相握

双手相握又称"手套式握手",即用右手握住对方右手后,再以左手握住对方右手的手臂。这种方式适用于亲朋好友之间，以表达彼此的深厚情谊；不适用于初识者或异性，那样会被误解为讨好或失态。

握手的姿势如图4-1所示。

图4-1 握手的姿势

**2. 握手次序**

在正式商务场合，握手时伸手的先后次序主要取决于职位和身份；在社交和休闲场合，则主要取决于年龄、性别、婚否。

(1) 职位、身份高者与职位、身份低者握手，应由职位、身份高者先伸出手来。

(2) 女士与男士握手，应由女士先伸出手来。

(3) 已婚者与未婚者握手，应由已婚者先伸出手来。

(4) 年长者与年幼者握手，应由年长者先伸出手来。

(5) 长辈与晚辈握手，应由长辈先伸出手来。

(6) 社交场合的先到者与后来者握手，应由先到者先伸出手来。

(7) 主人应先伸出手来，与到访的客人握手。

(8) 客人告辞时，客人应先伸出手来与主人握手。

(9) 如果需要和多人握手，也要讲究先后次序，由尊而卑，多人同时握手切忌交叉，要等别人握完后再伸手。

值得注意的是，对于握手时的先后次序不必处处苛求于人。如果自己是尊者、长者或上级，而位卑者、年轻者或下级抢先伸出手，得体的做法就是立即伸出自己的手来配合，而不要置之不理，使对方当场出丑。

**案例**

甲公司的秘书小凤是位年轻女性，有幸随总经理会见乙公司的总经理刘波。看到甲公司的总经理，刘波马上加快脚步走过去迎接对方，并伸出右手。小凤被刘波的领导风范折服，一看到刘波向自己投来问候的目光，条件反射地伸出手，热情地说："刘总您好！"刘波一边伸出右手，口中寒暄着，一边暗自猜测："这是谁呢？这么年轻，看起来像个秘书，可是她主动和我握手，派头还不小，难道是另一位经理？没听说呀！"这时，小凤对刘波自我介绍说："我是秘书小凤，请您多指教。"刘波这才明白小凤的身份。他觉得这个秘书不是不懂礼仪就是妄自尊大，心里马上看轻了小凤。刘波心想，第一次和甲公司打交道就遇上这种事，以后合作时还不知道会出什么错呢！如此，甲公司的经理还没进刘波办公室的门，就已经让对方留下了不好的印象。

女性先伸手的规则只适用于公共场合和社交场合，当女性面对自己的上级领导或与重要客户商谈时，均应由对方先伸手。

**3. 握手禁忌**

握手是一个细节性的礼仪动作，做得好，不一定会产生显著的积极效果，但是做得不好，却能产生明显的负面效果。因此，应明确握手禁忌。

(1) 握手时，另外一只手不要拿着报纸、公文包等物品，也不要插在口袋里。

(2) 握手时，应按顺序进行，不要争先恐后。

(3) 女士在社交场合戴着薄纱手套与人握手是被允许的，但男士无论何时都不能在握手时戴着手套。

(4) 除患有眼疾或眼部有缺陷者外，不允许握手时戴着墨镜。

(5) 不要拒绝与他人握手，也不要用左手与他人握手。

(6) 与基督教徒交往时，要避免两人握手时两只手形成交叉状。这种形状类似十字架，在他们看来是很不吉利的。

(7) 握手时，不要把对方的手拉过来、推过去，或上下左右抖个不停。

(8) 握手时，不要长篇大论、点头哈腰、滥用热情，以免显得过分客套。

(9) 握手时，不要仅握住对方的手指尖，也不要只递给对方一截冷冰冰的手指尖。

(10) 不要用很脏的手与他人相握，也不要在与人握手之后，立即揩拭自己的手掌。

## 4.1.4 交换名片

名片是重要的交际工具，它承载个人信息，担负保持联系的重任。要使名片充分发挥作用，就必须掌握相关的礼仪。

**1. 递送名片**

(1) 姿势正确。递送名片时，有两种方式。一种方式是：用双手托着名片，把名字朝向对方以便阅读；另一种方式是：用右手递上自己的名片(名字也要朝向对方)，用左手去接对方的名片。如果在接到对方的名片后再去寻找自己的名片,则会被认为是失礼的。递名片的姿势如图4-2所示。

图4-2 递名片的姿势

(2) 观察意愿。除非自己想主动与人结识,否则务必要在交往双方均有结识的意愿并欲建立联系的前提下发送名片。这种意愿往往会通过"幸会""认识您很高兴"等一类谦语,以及表情、体姿等非语言形式体现出来。

(3) 把握时机。递送名片要掌握适宜的时机,只有在必要的时候递送名片,才会令名片发挥功效。递送名片一般应选择初识之际或分别之时,不宜过早或过迟。

(4) 讲究顺序。递送名片的顺序为:先客后主,先低后高。具体来说,职务低者、身份低者、拜访者、辈分低者、年纪轻者、男性、未婚者,应先把自己的名片递给他人。若向多人递送名片,应依照职位高低的顺序,或是由近及远的顺序依次进行,切勿跳跃式地进行,以免对方有厚此薄彼之感。

(5) 招呼在前。递上名片前,应先向接受名片者打个招呼,令对方有所准备。既可先做一番自我介绍,也可说"对不起,请稍候,这是我的名片""这是我的名片,请笑纳""这是我的名片,请您收下"之类的提示语。

(6) 表现谦恭。对于递交名片这一过程,应当表现得郑重其事。向对方递名片时,要起身站立主动走向对方,面含微笑,眼睛应注视对方,为了便于对方阅读,将名片正面朝向对方。递送时,用双手的拇指和食指分别持握名片上端的两角,上体前倾15°左右,举至胸前递送给对方,并大方地说"请多多关照""敬请指教""希望今后保持联络"等礼节性用语。如果是坐着,递交名片时应起立或欠身递送。总之,递交名片的整个过程应谦逊有礼、郑重大方。

**案例**

### 乔·吉拉德励志故事:递名片是成功的开始

乔·吉拉德有一个习惯,只要碰到一个人,他马上会把名片递过去,不管是在街上还是在商店。他认为生意就藏在这些细节中。

乔·吉拉德在递名片时会说:"给你个选择,你可以留着这张名片,也可以扔掉它。如果留下,你就会知道我是干什么的、卖什么的,细节全部掌握。"

> 乔·吉拉德认为，推销要点不是推销产品，而是推销自己。
>
> 他说："如果你认为给别人递名片是很愚蠢、很尴尬的事，那怎么能送出去呢？"他到处送名片，到处都会留下他的味道、他的痕迹，人们就会循着这味道和痕迹来到他的办公室。
>
> 每次去餐厅吃饭时，乔·吉拉德给的小费都比别人多一点，同时主动放上两张名片。因为小费比别人多，所以大家肯定要看看这个人是做什么的，分享他成功的喜悦。久而久之，人们谈论他，想认识他，并会根据名片信息来买他的东西。
>
> 乔·吉拉德甚至会借着看体育比赛的机会来推广自己。他的方法是，在人们欢呼的时候把名片雪片般地撒出去。于是大家欢呼，"那是乔·吉拉德"——已经没有人注意那些体育明星了。
>
> 他说："不可思议的是，有的推销员回到家里，甚至连妻子都不知道他是卖什么的。从今天起，大家不要再躲藏了，应该让别人知道你，知道你所做的事情。"

**2. 接收名片**

(1) 接收姿势。接收他人名片时，商务人士不论有多忙，都要暂停手中一切事情，并起身站立相迎，面含微笑，双手接过名片。若是两人同时递接名片，应当右手递，左手接，接过名片后双手持握名片。

(2) 认真阅读。接过名片后，先向对方致谢，然后将其从头至尾默读一遍，将对方姓名记在心中。遇有显示对方荣耀的职务、头衔时不妨轻声读出，以示尊重和敬佩。若对名片上的内容有所不明，可当场请教对方。随手把别人的名片放进口袋中，之后又询问人家姓名，是最糟糕、最拙劣、最不礼貌的做法。把名片放进口袋后又拿出来查看，也会令对方产生被忘记的不悦。这些做法都是应当避免的。

(3) 精心存放。名片如脸面，不尊重他人的名片，如同不尊重他人，是缺乏教养的体现。接到他人名片后，避免拿在手里玩耍、涂改、做笔记，或乱丢乱放、乱揉乱折，而应将其谨慎地置于名片夹、公文包、办公桌或上衣口袋内，以示尊重和珍视，且他人名片应与本人名片区别放置。

(4) 有来有往。接收他人名片后，一般应即刻回送给对方一张自己的名片。没有名片、名片用完或忘带名片时，应向对方做出合理解释，并致以歉意，切莫毫无反应。

**3. 索要名片**

在商务交往过程中，有时需要主动索要名片，索要名片有以下几种方法。

(1) 交易法。先把自己的名片递给对方，出于礼貌，对方也将回赠一张名片。

(2) 明示法。例如，可以说"如果方便的话，能否给我一张名片，以便日后联系"。

(3) 谦恭法。倘若对方地位比较高，身份比较高，可以给他先做一个铺垫。例如，可以说"金教授，听您刚才这个讲座很受启发。我本人也深感自己的交往艺术方法有待提高，跟您相见恨晚。现在知道您很累了，不便打扰您，您看以后有没有机会继续向您请教"。

(4) 联络法。例如可以说"认识您很高兴，希望以后能够与您保持联络，不知怎么跟您联系比较方便"。若被回绝，可以说"金教授，以后还是我跟您联系吧"。

### 4. 名片制作

名片是一个展现自己的"小舞台"。因此，名片要经过精心设计，同时应能表现自己的身份、品位和公司形象，以便给对方留下深刻的印象。

> **案例**
>
> **张小姐的名片**
>
> 张小姐的美容小店开张在即，让她苦恼的是店铺的位置不太醒目。张小姐是个细心的人，她想到利用名片来做文章。她要求自己的名片别具一格，体现美的内涵，让客户一看见名片就能有一种美的享受，最好还能有提示作用，能引导客户快速找到店铺。一家广告公司满足了张小姐的要求，并把张小姐的店铺名称做了特殊字符处理，让客户即使匆匆一瞥也能牢牢记住，而且整张名片都是四色印刷，精美大方。另外，名片的背面是一张小小的地图，在中间醒目位置标出了张小姐店铺的位置，这下再也不用担心客户找不到店址了。小店也从当初只有几个人的门面发展到在全市拥有十几家分店的美容连锁店。后来，张小姐又给自己的连锁店设计了一套贵宾卡派送给客户。

## 4.2 汽车商务接待礼仪

> **案例**
>
> 一天上午，某汽车公司前台接待小张匆匆走进办公室，像往常一样进行上班前的准备工作。她先打开灯和饮水机，接着清理展厅。这时，一位事先有约的客人要求会见销售部李经理，小张一看时间，他提前了30分钟。小张立刻通知销售部李经理，李经理说正在接待一位重要的客人，请对方稍等。小张如实转告客人说："李经理正在接待一位重要的客人，请您等一会儿。"话音未落，电话铃响了，小张用手指了指展厅的沙发，没顾上对客人说什么，就去接电话了。客人尴尬地坐下，待小张接完电话，发现客人已经离开了办公室。

接待是汽车商务活动中的重要环节，是表达主人情谊、体现礼貌素养的重要途径。认真按照汽车商务接待礼仪规范行事，能为销售业务的顺利开展创造一个良好的开端。

## 4.2.1 迎接准备

迎接工作是汽车商务人员与客人接触的首要工作，准备妥当，能给对方留下良好的第一印象，从而为深入接触打下基础。以热情有礼、周到妥帖的态度做好迎客工作，使客人有"宾至如归"的感觉，是迎接工作的基本要求。

**1. 交通工具、住宿及用餐的准备**

保证交通工具的运作状态良好，根据不同类型的客人，尽量选择迎合客人心理需求的住宿和用餐地点。同时，由于机场、车站和码头客流量大，为方便寻找客人，应事先制作接应牌，上面写明客人的姓名、单位、出席活动、接待单位名称等，字迹端正，字体要大，容易辨认。根据来访者的到达时间，提前15分钟到达机场、车站和码头，不能出现让客人等候接待人员的情况。

**2. 到访期间的安排**

客人来访期间的安排应提前做好规划，当接到客人时，就应向其介绍，让客人心中有数。比如参观、会谈等，在客人到达前就要安排妥当。

**3. 接待人员的确定**

根据来访者的地位、身份等确定接待人员、接待规格和程序。如果当事人因故不能出面，或不能完全与来访者身份相当，则应适当变通，由职位相当的人员或副职出面迎接，并从礼貌的角度出发，向对方做出解释。

## 4.2.2 引导及位次礼仪

> **案例**
>
> 顾客张女士与朋友来到位于长春硅谷大街的广本成邦4S专卖店，准备选购一辆新车，销售顾问李明很热情地迎接了她们。由于李明入职不久，急于完成销售业绩，一看张女士两人，不禁心中暗喜。在引领客人进入展厅的时候，李明与张女士并肩而行，他一边走一边介绍车型，而且他的手总是会在无意间触碰张女士的胳膊，引起张女士的不快。

接待人员在引领客人行进的过程中，会遇到不同的路况。要将客人安全、舒适地带入会客室，必须掌握引导及位次礼仪。

**1. 走廊里的引导**

走廊有室内走廊和露天走廊之分,但引导礼仪基本相近。

(1) 通过走廊时,应靠右侧走,最多允许两人并排行走。接待人员走在客人的左斜前方,距离两三步远,配合步调。若左侧是走廊的内侧,应让客人走在内侧。

(2) 如果走在仅容一人通过的走廊时,应走在客人前方。当与他人相遇时,应侧身相让,点头微笑,请对方先通过。若对方先做出礼让的举动,要向其道谢。

**2. 上下楼梯的引导**

上下楼梯是行进中危险性相对较大的场合,要注意以下4点。

(1) 当引导客人上楼时,应该让客人走在前面,接待人员走在后面。下楼时,应该由接待人员走在前面,客人走在后面。

(2) 若客人中有女士,可请女士处于楼梯居下的位置。

(3) 上下楼梯时,既要多注意楼梯,又要注意与身前、身后的人保持一定距离,以防碰撞。

(4) 上下楼梯时,不应交谈,更不应站在楼梯上或楼梯转角处深谈,以免妨碍他人通过。

**3. 出入电梯的引导**

电梯是高层建筑必不可少的公共服务设施,是商务人士常用的"交通工具",在这样一个封闭而狭小的空间里,必须遵守乘电梯的礼仪。

(1) 等电梯时,应靠电梯的两侧站立,主动按下电梯按钮,耐心等待。电梯到达时一定遵守先出后进的原则,否则会导致拥挤的状况发生。

(2) 乘坐无人管理的电梯时,接待人员应先进入电梯,一只手按住开门钮,另一只手挡住门,等客人进入后再关闭电梯门。到达时,一只手做出"请"的手势,另一只手按住开门钮,让客人先走出电梯,即接待人员要先进后出。

(3) 进入有人管理的电梯时,接待人员应后进先出。

(4) 在电梯内,应寻找合适的站立位置,如太拥挤,也不要和客人面对面或背对背站立,要保持一定的角度。

(5) 出电梯后,应快步上前,走到客人的左斜前方再引导。

**4. 出入房间的引导**

出入房间时,要用手轻推、轻拉、轻关门,不能用身体的其他部位代劳。

(1) 进门时,应请长者、女士、来宾先进入房门,如果已有人在里面,应始终面朝对方,不能反身关门,背向对方。

(2) 出门时,如果房间有人,应在到达房间、关门一系列过程中尽量面朝房间里的人,不要背对着他们。若率先走出房间,应主动替对方开门或关门。

(3) 若出入房间时正巧他人与自己方向相反，应侧身礼让。具体做法是，房内之人先出，房外之人后入。若对方是长者、女士、来宾，可让其先行。

## 4.2.3 座次礼仪

> **小知识**
>
> 金正昆讲社交场合的座次安排
>
> 　　第一，面门为上。如在室内活动，面对房间正门的位置是上座。例如，大家到餐馆里面的雅座包间吃饭时，面对房间正门的位置都是主位，也就是买单的位置，因为它视野开阔。标准的报告厅、会场主席台都是面对正门的。
> 　　第二，居中为上。
> 　　第三，以左为上。以左为上是我国传统习俗，目前在政务礼仪中比较通行。在国际交往中，我们遵循国际惯例，以右为上。
> 　　第四，前排为上。
> 　　第五，以远为上。距离房间正门越远，地位越高；离房门越近，地位越低。这点不难理解，离门近的人负责开门、关门，这些琐事一般都由工作人员负责。

在接待过程中，接待人员免不了要"待客以上座"。然而"何处为上座"，却不一定都能分辨清楚。

**1. 乘坐交通工具时的座次**

一般来讲，乘坐交通工具时要把主座让给客人，判断座位的尊卑以座位的舒适度和上下车的方便程度为标准。各式车辆座位的尊卑，一般都已固定，但仍要遵守以客人为主的原则。常见的汽车座位图如图4-3所示。

(1) 小轿车。在由司机驾驶时，小轿车的座位以后排右侧为首位，左侧次之，中间座位再次之，前排右侧为末席。

在由主人亲自驾驶时，以驾驶座右侧为首位，后排右侧次之，左侧再次之，后排中间为末席。主人亲自驾驶，客人只有一人时，应坐在主人旁边；若同坐多人，中途坐前座的客人下车后，在后排坐的客人应改坐前座，此礼节不能疏忽。

(2) 越野车。越野车无论是主人驾驶还是司机驾驶，都应以前排右坐为尊，后排右侧次之，后排左侧为末席。上车时，后排位低者先上车，前排尊者后上。下车时，前排客人先下，后排客人后下。

(3) 旅行车。在接待团体客人时，多采用旅行车接送客人。旅行车以司机座后第一排即前排为尊，后排依次递减，其座位的尊卑，每排依右侧往左侧递减。

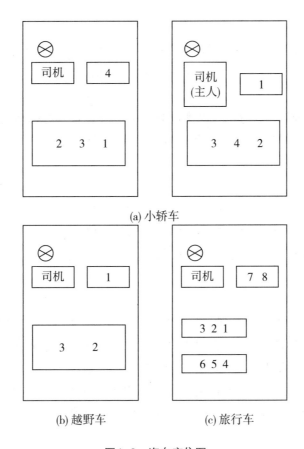

图4-3 汽车座位图

**2. 接待室的座次**

1) 相对式

具体形式是宾主双方面对面而坐。这种形式显得主次分明，多适用于公务性会客，通常又分为以下两种情况。

(1) 双方就座后，一方面对正门，另一方背对正门。此时讲究"面门为上"，即面对正门之座为上座，应请客人就座；背对正门之座为下座，宜由主人就座。

(2) 双方就座于室内两侧，并且面对面就座。此时讲究进门后"以右为上"，即进门后右侧座位为上座，应请客人就座；左侧座位为下座，宜由主人就座。当宾主双方不止一人时，情况也是如此。

2) 并列式

基本做法是宾主双方并排就座，以暗示双方平起平坐、地位相仿、关系密切，具体也分为两种情况。

(1) 双方一同面门而坐。此时讲究"以右为上"，即主人要请客人坐在自己的右侧。若双方不止一人时，双方的其他人员可分别在主人或主宾的一侧，按身份高低依次就座。

(2) 双方一同在室内的右侧或左侧就座。此时讲究"以远为上",即距门较远的座位为上座,应当让给客人;距门较近的座位为下座,应留给主人。

3) 居中式

所谓居中式排位,实为并列式排位的一种特例。它是指当多人并排就座时,讲究"居中为上",即应以居于中央的位置为上座,请客人就座;以其两侧的位置为下座,由主方人员就座。

4) 主席式

这种排位主要适用于正式场合,由主人一方同时会见两方或两方以上的客人。此时,一般应由主人面对正门而坐,其他各方来宾则应在其对面背门而坐。这种安排犹如主人正在主持会议,故称之为主席式。有时,主人亦可坐在长桌或椭圆桌的一端,而请各方客人坐在他的两侧。

5) 自由式

所谓"自由式"的座次排列,即双方会见时均不分主次、不讲位次,而是一律自由择座。自由式座次通常适用于客人较多,座次无法排列,或者大家都是亲朋好友,没有必要排列座次的情况。此外,也适合多方会面的情况。

总之,会客时排座次,要遵循的原则就是宾主对面而坐,以面门为上;宾主并列而坐,以右为上;当难以排列座次时,可自由择座。接待室会客座次如图4-4所示。

图4-4 接待室会客座次

**3. 谈判室的座次**

谈判位次的排列,大体上分为下列两种情况。

1) 双边谈判

双边谈判,指的是由两方面人士所举行的谈判。在一般性的谈判中,双边谈判较为多见,具体分为以下几种情况。

(1) 使用长桌或椭圆形桌子,宾主分坐于桌子两侧。

(2) 横桌式。横桌式座次排列,是指谈判桌在谈判室内横放,客方人员面门而坐,主方人员背门而坐。除双方主谈者居中就座外,各方的其他人士则应依其具体身份的高低，各自先右后左、自高而低地分别在己方一侧就座，如图4-5所示。双方主谈者的右侧座位，在国内谈判中可坐副手，而在涉外谈判中则应由译员就座。

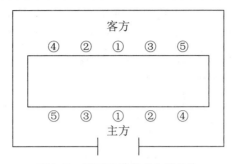

图4-5　谈判室横桌式会谈排位

(3) 竖桌式。竖桌式座次排列，是指谈判桌在谈判室内竖放，具体排位时以进门时的方向为准，右侧由客方人士就座，左侧则由主方人士就座，如图4-6所示。在其他方面，则与横桌式排位相仿。

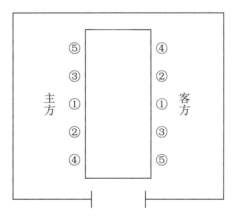

图4-6　谈判室竖桌式会谈排位

2) 多边谈判

多边谈判，在此是指由三方或三方以上人士举行的谈判。多边谈判的座次排列，主要分为两种形式。

(1) 自由式。自由式座次排列，即各方人士在谈判时自由就座，无须事先正式安排座次。

(2) 主席式。主席式座次排列，是指在谈判室内面向正门设置一个主席座位，由各方代表发言时使用。其他各方人士，则一律背对正门、面对主席座位分别就座。各方代表发言后，亦需下台就座。

**4. 签约仪式的座次**

签约仪式的座位安排可分为并列式、相对式和主席式三种。

(1) 并列式。并列式是签字仪式中较为常见的一种形式。在并列式中，签字桌面向门横向摆放，签字双方的全体成员在签字桌之后并排排列，面门而坐，客方居右，主方居左，如图4-7所示。

(2) 相对式。相对式与并列式基本相同，差别在于，在相对式中，双方的随员移至签字人员对面，而非并列式中与签字人员坐在一方。双方签字人员并排面门而坐，而随员则坐在签字桌与大门之间，与签字人员隔着签字桌。

(3) 主席式。主席式适用于多边签约仪式。在主席式中，签字桌仍然面门横向放置，桌后只设一个签字席，且不固定就座者。各方签字人员皆背对正门、面对签字席就座，签字时，以规定顺序依次走到签字席签字，然后回到原来位置就座。

图4-7 并列式签约座次

### 案例

张先生是市场营销专业本科毕业生，就职于某大公司销售部，工作积极努力，成绩显著，三年后升职任销售部经理。一次，公司要与美国某跨国公司就开发新产品问题进行谈判，公司将接待安排的重任交给张先生负责，张先生为此也做了大量的、细致的准备工作。经过几轮艰苦的谈判，双方终于达成协议。可就在正式签约的时候，客方代表团一进入签字厅就转身拂袖而去，是什么原因呢？原来在布置签字厅时，张先生错将美国国旗放在签字桌的左侧。项目因此告吹，张先生也因此被调离岗位。

## 4.2.4 奉茶礼仪

在接待过程中，奉茶是很重要的一环，奉茶礼仪会直接影响洽谈工作的开展。

**1. 奉茶时机**

客人就座后，工作洽谈开始前即要奉茶，谈话后才奉茶是失礼的行为。此外，茶最好趁热喝，凉茶伤胃且茶叶浸泡过久会泛碱味。因此，奉茶应及时。

**2. 奉茶顺序**

一般由主人或接待人员向客人奉茶，上茶时最好用托盘，手不可触碗面。奉茶时，按先主宾后主人、先女宾后男宾、先主要客人后其他客人的顺序进行。还需注意不要从正面端茶，因为这样既妨碍宾主思考，又遮挡视线，得体的做法是从每个人的右后侧递送。

**3. 斟茶礼仪**

斟茶应遵循"满杯酒、半杯茶"的古训，斟七八分满是对客人的尊重。斟得过满，不仅不礼貌，还会溢出洒在桌上或客人衣服上。

**4. 续茶礼仪**

应安排专门人员注意客人杯中的茶水存量，以便及时续茶。续茶时，服务人员走路要轻，动作要稳，说话声音要小，举止要落落大方。续茶时要一视同仁，不能只给一小部分人续茶，而冷落了其他客人。如用茶壶泡茶，则应随时观察是否装满开水，但注意壶嘴不要冲着客人方向。

### 4.2.5 欢送

送客是接待工作中的最后一个环节，如果处理不当会产生虎头蛇尾的效果，破坏前面各环节给对方留下的好印象。送客环节包括以下步骤。

**1. 亲切挽留**

对主人来说，不应主动流露出送客之意，应由来宾先提出。当来宾提出告辞时，主人需热情挽留。若来宾执意离去，主人在客人起身后方可起身相送。

**2. 热情相送**

安排人员协助对方办理退宿手续，备好送行车辆，安放好行李并致告别语。

**3. 短暂话别**

话别时可以对双方的合作表示满意，对今后双方的往来寄予希望，并欢迎客人再次光临，同时可赠予对方一些纪念品、礼物。需要注意，话别的时间不宜过长。

**4. 目送离开**

主宾带领随从一同送客，主宾在前，随从居后，目送送行车辆远离视线后才可离开。

## 4.3 汽车商务拜访礼仪

> **案例**
>
> 某汽车公司的销售人员小李与客户约定了登门拜访的时间。那天，小李如约到客户那里。进了门，客户请她坐下，然后一言不发地看着小李。小李没有做好准备，被这个客户看得心里直发毛，心想："这个客户怎么这样严肃？"一时之间，小李不知道该说些什么才好。这时，客户说了一句话令小李更紧张了："有什么事，快说，我很忙。"冷场的结果是，客户只让小李留下了汽车资料，就结束了这次会面。为此，小李懊悔不已。
>
> （资料来源：韩宏伟.汽车销售实务[M].北京：北京大学出版社，2006.）

在汽车商务活动中，拜访客户可谓最基础、最日常的工作。市场调查需要拜访客户，新品推广需要拜访客户，销售促进需要拜访客户，客户维护还是需要拜访客户。很多汽车销售人员都有同感，只要拜访客户成功，产品销售的其他相关工作就会水到渠成。

因此，在拜访过程中需遵循一定的礼仪规范，包括预约、准时赴约、正式拜访，又必须掌握一定的拜访技巧。

### 4.3.1 预约

拜访客户前，务必预约，这是基本礼仪之一。一般来说，普通的工作拜访应提前一周预约，至少提前三天。如果要拜访的人特别重要，会谈的事情特别重大，则应该提前半个月甚至一个月预约，以保证对方能妥善安排。未经预约唐突拜访客户，可能会给对方造成不便。如果对方不在，则会浪费不必要的时间。

**1. 选择预约方式**

预约方式一般有三种，即电话预约、当面预约或书信预约。无论是哪种预约，口气和语言一定是友好、请求、商量式的，而不能用强求命令式的口气。在交往中，未经预约的拜访，属于失礼的表现，很不受欢迎。如果有要紧的事必须前往，一定要表示歉意并解释清楚。

**2. 选择拜访时间**

(1) 公务拜访。应选择对方上班时间，但要尽量避开星期一上午，因为这段时间大多数人正在召开例会。

(2) 私人拜访。以不影响对方休息为原则，尽量避免在吃饭、午休或晚间10点以后登门。一般来说，上午9—10点、下午3—4点或晚上7—8点是比较适宜的时间。还应尽量避免在夏天安排太多的私宅拜访活动。

(3) 预约时间。预约时间不仅包括自己到达的时间，还包括自己将要离去的大致时间。

**3. 选择拜访地点**

(1) 办公区域。在商务活动中需要拜访客户时，直接将地点选为对方的办公区域即可。

(2) 私人住宅。经客户许可，也可到私人住宅拜访。

(3) 娱乐场所。除了上述两个地点外，很多人会选择酒店的咖啡厅、茶楼等公共娱乐场所作为拜访地点。

(4) 医院。这是一个特定的拜访场所，适用于拜访病人和医生。

**4. 明确拜访人数**

无论拜访任何人，都必须事先约定具体人数，即明确会有几个人去拜访。在商务礼仪中，这一点是非常重要的。一般在私人拜访活动中，明确人数对于对方来说是一种尊重。明确拜访人数，可以避免有矛盾的人碰面产生不愉快，也可让对方做好准备。此外，携带孩子前往一定要征得对方同意。

**5. 确定拜访主题**

拜访他人之前，我们需要确定拜访主题是什么，以便对方能够更好地准备相关交谈内容，从而节省对方和自己的时间。

## 4.3.2 准时赴约

赴约时，拜访者要注意的首要原则是守时，让别人无故等待是严重失礼的事情。德国哲学家康德说："守时就是最大的礼貌。"守时，已经成为国际交际法则中极其重要的一条。为了保证预约好的拜访顺利开展，必须在访前做好充足的准备。

**1. 访前准备**

(1) 形象。第一印象非常重要，因此，在拜访之前必须整理好自己的形象，做到让人看上去很专业、很干练。

(2) 资料。准备好自己的名片、公司资料、企业宣传片、产品说明书、笔记本、钢笔等。

(3) 拜访的说辞。拜访前要明确自己的拜访目的是什么。比如，仅仅是初步熟悉还是推介公司基础信息？是了解客户预算还是了解公司内部人员设置？最好能在笔记本上写下谈话重点(大纲)，并牢牢记住。

**2. 电话预告**

无论是商务拜访还是私人拜访，在拜访的当天还应提前电话预告，一方面让对方做好准备，另一方面看对方是否有空约见。万一因故不能准时抵达，更需及时通知对方，必要的话，还可将拜访延期。在这种情况下，一定要记住郑重其事地向对方道歉。

**3. 如约而至**

约定上门拜访的时间后必须认真遵守，最好提前10分钟到，但也不要太早到，否则可能会让主人措手不及。这10分钟可以用来整理自己的衣饰和调整精神状态，检查资料是否齐全等。进入接待区时，应礼貌地告诉接待人员你和谁约好，再由接待人员引导进入会客室，注意千万不能擅自进入。

**4. 耐心等待**

如所约时间已到，但对方还未到，必须耐心等待。在此期间，拜访者可以看看自己的文件或室内的陈列。但是要确保拿的东西方便取放，以便相见握手时能及时收拾好，千万别等约见的人向你伸手时才忙乱地整理东西。

无论对方因为什么事情迟到，都不要对迟到的人抱有轻视和敌意的态度。如果对方临时有事不能赴约，也不要表现过激，而应再次定好拜访的时间。

### 4.3.3 正式拜访

当约定时间已到，对方也已到场，拜访即正式开始。这是拜访客户的关键环节，需谨慎为之。

**1. 敲门进入**

拜访者需敲门或按门铃，等到有人应声允许或出来迎接时方可进入。不打招呼就擅自闯入，即使门原来就开着，也是非常不礼貌的行为。

敲门时，要用食指，力度适中，间隔有序敲三下，等待回音。如无应声，可稍加力度，再敲三下；如有应声，要侧身隐立于右门框一侧，待门开时再向前迈半步，与主人相对。

**2. 问候寒暄**

在办公场合，拜访者见到对方首先应问候对方，如果有其他人在场，且比对方的地位高，要先问候他人。如果另外一人和对方同等级或是对方同的下属，要先问候对方,再问候他人。

在私人住宅等场合,拜访者见到对方时,应首先问候对方,再问候对方的家人。问候对方的家人时,要按照先老后幼、先女后男的顺序进行。如果对方旁边还有除家人以外的其他人,要再对他们表示问候。

### 3. 为客有方

在对方的办公区域、私人住宅等场合,拜访者要规范自己的行为举止,不能过于随便。

首先,进入房间时,要存放好自己的物品。经主人同意后,方可坐在主人指定的位置。如果主人是年长者或上级,主人不坐,自己不能先坐。主人让座之后,要说"谢谢",然后以规矩的礼仪坐姿坐下,并且要注意自己的活动范围,不能经常变动。

其次,主人献上果品,要等年长者或其他客人动手后,自己再取用。即使在最熟悉的朋友家里,也不要过于随便。在医院拜访病人时,不能嘻嘻哈哈、大声喧哗,脚步要适当放轻,保持安静。

### 4. 适时告退

在一般情况下,礼节性的拜访,尤其是初次登门拜访,时间应控制在一刻钟至半小时,最长不宜超过两个小时。一些重要的拜访,往往需由宾主双方提前议定拜访的时间和长度。在这种情况下,务必要严守约定,绝不单方面延长拜访时间。起身告辞时,应主动伸手与主人握别,说:"请留步。"待主人留步后,走几步,再回首挥手致意,说:"再见。"

在拜访期间,若遇到其他重要的访客,应提前告退。若主人挽留,仍应果断离去,但要向对方道谢。

## 4.3.4 销售拜访技巧

> **案例**
>
> 小周是一家汽车公司的销售人员,他经常跟我说起拜访客户时的苦恼。他说他最担心拜访新客户,特别是初访,新客户往往避而不见或者在面谈二三分钟后表露出不耐烦的神情。听他说了这些之后,我问了他如下问题:
> 你明确初次拜访客户的主要目的吗?
> 在见你的客户前,你做了哪些细致的准备工作?
> 在见你的客户前,你通过别人了解过他的一些情况吗?
> 在初次见到你的客户时,你跟他说的前三句话是什么?

> 在与客户面谈的时间里,是你说话多,还是客户说话多?
>
> 结果,小周告诉我,他明确地知道初次拜访客户的主要目的就是了解客户有没有购买他们公司产品的需求。当然,他也做了一些简单的准备工作,如准备产品资料、名片等。不过,在见客户之前他没有通过别人去了解过客户的情况。见到客户时的前三句话自然就是开门见山,报公司名称和自己的名字、介绍产品,然后问他是否有购买产品的兴趣。在与客户交谈时,小周说应该是自己说的话比较多,因为"机不可失,时不再来"嘛。
>
> 当他说完这些,我笑了,因为我突然从小周身上看到了以前做业务的自己。记得那时自己做业务时,也是一样喜欢单刀直入。见到客户时,往往迫不及待地向客户灌输产品情况,直到后来参加几次销售培训后,才知道像我们这样初次拜访客户的行为,无疑是撬开客户的大嘴,向他猛灌"信息垃圾"。
>
> (资料来源:韩宏伟.汽车销售实务[M].北京:北京大学出版社,2006.)

### 1. 陌生拜访

陌生拜访对于许多做销售的人来说,算得上一道棘手的难题,许多人都会觉得无从下手,但是你又必须跨过去。因为没有谁的人脉资源是无限的,你原有的人脉资源总有用完的一天,要想扩大你的团队,提升你的业绩,你就必须掌握陌生拜访的技巧。

1) 角色问题

(1) 营销人员自己的角色是一名学生或听众。

(2) 让客户担任的角色是一名导师或讲演者。

2) 访前准备

(1) 专业的形象。衣着、举止得体,树立令人信服的权威性。

(2) 广泛的知识。包括本公司及业界的知识、本公司及其他公司产品的知识、本次拜访客户的相关信息、本公司的销售方针、丰富的话题。

(3) 材料的准备。应准备好名片、电话簿、公司介绍资料、产品介绍资料、计算器、笔、本子、宣传报道过的资料等。

3) 拜访流程

(1) 打招呼。在客户开口之前,以亲切的口气向客户打招呼问候。例如:"王经理,早上好!"

(2) 自我介绍。说明公司名称及自己的姓名并将名片双手递上,在与客户交换名片后,要对客户能见自己表达谢意,如:"这是我的名片,谢谢您能抽出时间来见我!"

(3) 破冰。营造一种友好的气氛,以拉近彼此之间的距离,缓和客户对陌生人来访的紧张情绪。例如："王经理，我是您部门的张工介绍来的，听他说，您是一位很随和的领导。"

(4) 开场白，提出议程，陈述议程对客户的价值，约定时间，并询问客户是否接受。如："王经理，今天我是专门来向您了解贵公司对××产品的一些需求情况，了解贵公司的计划和需求后，我可以为贵公司提供更方便的服务，我们谈的时间大约需要五分钟，您看可以吗？"

(5) 巧妙运用询问术，让客户说。通过询问客户来达到探寻客户需求的真正目的，这是营销人员最基本的销售技巧。在询问客户时，要采用由宽到窄的方式逐渐进行深度探寻。例如："王经理，您能不能介绍一下贵公司今年总体的商品销售趋势和情况？""贵公司在哪些方面有重点需求？""贵公司对××产品的需求情况，您能介绍一下吗？"

(6) 对客户谈到的要点进行总结并确认。根据会谈过程中记下的重点，对客户所谈到的内容进行简单总结，确保清楚、完整，并得到客户的认可。例如："王经理，今天我跟您约定的时间已经到了，很高兴能从您这里听到这么多宝贵的信息，真的很感谢您！您今天谈到的内容一是关于……二是关于……三是关于……是这些，对吗？"

(7) 结束拜访。在结束初次拜访时，营销人员应该再次确认本次来访的主要目的，然后向客户讲明下次拜访的目的，约定下次拜访的时间。例如："王经理，今天很感谢您用这么长的时间给我提供了这么多宝贵的信息。根据您今天谈到的内容，我将回去好好地做一个供货计划方案，然后再来向您汇报，我下周二上午将方案带过来让您审阅，您看可以吗？"

**2. 再次拜访**

1) 角色问题
(1) 营销人员自己的角色是一名专家型方案的提供者或问题解决者。
(2) 客户担任的角色是一位不断挑刺、不断认同的业界权威。

2) 前期准备
(1) 专业的形象。
(2) 材料的准备。具体包括上次客户提供的相关信息、一套完整的解决方案或应对方案、本公司的相关产品资料、名片、电话簿、笔、本子、计算器等。

3) 拜访流程
(1) 电话预约及确认。例如："王经理，您好！我是××公司的小周，上次我们谈得很愉快，并约好今天上午由我带一套供货计划来向您汇报，我九点整准时到您的办公室，您看可以吗？"
(2) 进门打招呼。第二次见到客户时，在他开口之前，以热情和老熟人的口吻向客户打招呼问候。例如："王经理，上午好啊！"

(3) 旁白。再度营造一种友好的会谈气氛，重新拉近彼此之间的距离，让客户对你的来访产生一种愉悦的心情。例如："王经理，您办公室今天新换了一幅风景画，看起来真不错！"

(4) 开场白的结构。首先确认理解客户的需求，介绍本公司产品或方案的重要特征和能带给他的利益，再约定好谈话的时间，最后询问客户是否接受。例如："王经理，上次您谈到在订购××产品时碰到几个问题，分别是……这次我专门根据您谈到的问题做了一套计划和方案，这套计划的优点是……也许能帮您解决问题。我现在向您做一下简单的汇报，大约需要15分钟，您看可以吗？"

(5) 导入FFAB，迎合客户需求。FFAB具体包括以下内容：Feature，即产品或解决方法的特点；Function，即由这些特点带来的功能；Advantage，即这些功能的优点；Benefits，即这些优点带来的利益。在导入FFAB之前，应分析客户需求比，排序产品的销售重点，然后再展开FFAB。在展开FFAB时，应简单说出产品的特点及功能，避免使用难懂的术语，引述其优点及客户都能接受的一般性利益，并以对客户本身有利的优点做总结。营销人员应记住，客户始终是因你所提供的产品和服务能给他们带来利益，而不是因对你的产品和服务感兴趣而购买。

(6) 介绍解决方法和产品特点。根据客户的信息，确认客户的每个需求，并总结客户的这些需求应该通过什么方式来满足，再介绍每个解决方法和产品的几个重要特点，就每个解决方法和产品的功能征得客户的同意，最后做总结，保证能满足客户的需求。

(7) 促进交易达成。为客户描绘购买产品或服务所能得到的利益，刺激准客户的购买欲望。一旦你捕捉到客户无意中发出的购买信息，应抓住时机。

## 4.4 汽车商务馈赠礼仪

**案例**

### 北京大学赠送连战的礼物

2005年4月29日，连战访问北京大学，获得一份特殊的礼物：母亲赵兰坤女士在76年前毕业于燕京大学的学籍档案和相片。其中，包括在宗教系就读的档案、高中推荐信、入学登记表、成绩单等，大多是她亲笔所写。在这份特殊的礼物面前，一贯严谨的连战先生也难掩内心的激动。他高举母亲年轻时的照片，然后又放在面前细细端详，眼里泛着晶莹的泪光。这一刻，他满脸都是幸福的微笑。

馈赠是开展商务社交活动的重要手段，作为一种非语言交际方式，馈赠以物的形式出现，礼载于物，以物表情。得体的馈赠，能起到寄情言意的作用，给交际活动锦上添花，给人们之间的感情和友谊注入新的活力。但是，在馈赠之前，应明确送给谁(Who)、为什么送(Why)、送什么(What)、何时送(When)、在什么场合送(Where)、如何送(How)等。我们只有在明确馈赠目的和遵循馈赠基本原则的前提下，在弄清以上"5W1H"的基础上，才能真正发挥馈赠在交际中的重要作用。

## 4.4.1 馈赠的目的与原则

**1. 馈赠的目的**

(1) 交际。在社交中为达到一定目的，可向交往中的关键人物和部门赠送一些礼品，以促使交际目的的实现。礼品应能反映送礼者的寓意和思想感情倾向，并将这种寓意和思想倾向与送礼者的形象有机地结合起来。

(2) 巩固和维系人际关系。这类馈赠，即为人们常说的"人情礼"。在人际交往过程中，无论是个人之间还是组织机构之间，必然会产生各类关系和各种感情。对于如何巩固和维系人际关系和感情，人们采取了许多办法，其中之一就是馈赠。这类馈赠，无论是礼品的种类、价值、档次、包装还是蕴含的情义等方面都呈现多样性和复杂性，在人际交往中具有重要的特殊作用。

(3) 酬谢。这类馈赠是为答谢他人的帮助而进行的，所以在选择礼品时既要考虑对方的喜好，又要考虑所给予帮助的大小。

(4) 公关。这种馈赠，表面上看来不求回报，实质上其索取的回报往往更深地隐藏在其后的交往中。这类馈赠多发生在对经济、政治和其他利益的追逐活动中。

**2. 馈赠的原则**

馈赠是开展社交活动的重要手段之一，大凡送礼之人，都希望自己所送礼品能寄托和表达对受礼者的敬意和祝颂，并使日后交往顺利开展。然而，有时所赠礼品非但达不到这种目的，还会事与愿违造成不良后果。因此，认真研究和把握馈赠的基本原则，是馈赠活动得以顺利进行的重要前提条件。

(1) 轻重原则。我们提倡"君子之交淡如水"，提倡"礼轻情意重"，除非有特殊目的，否则馈赠礼品的贵贱厚薄均应以受赠者能够愉快接受为尺度。

(2) 时机原则。就馈赠的时机而言，及时、适宜是最重要的。中国人很讲究"雨中送伞""雪中送炭"，即十分注重送礼的时效性。一般来说，送礼贵在及时，超前滞后都达不到馈赠的目的；机会贵在事由、情感及其他需要的程度，"门可罗雀"时和"门庭若市"时，人们对馈赠的感受会有天壤之别。所以，对处境困难者的馈赠，其所表达的情感就更显真挚和高尚。

(3) 效用性原则。就礼品本身的价值而言，人们经济状况不同、文化程度不同、追求不同，对礼品的实用性要求也就不同。一般来说，物质生活水平的高低，决定了人们精神追求的高低。在物质生活较为贫寒时，人们多倾向于选择实用性的礼品，如食品、水果、衣料、现金等；在物质生活水平较高时，人们则倾向于选择艺术欣赏价值较高、趣味性较强和具有思想性、纪念性的物品为礼品。因此，应根据受礼者的物质生活水平，有针对性地选择礼品。

(4) 投好避忌原则。由于民族、生活习惯、生活经历、宗教信仰、性格及爱好的不同，不同的人对同一礼品的态度也不相同，或喜爱或忌讳或厌恶等。因此，我们要投其所好、避其禁忌，后者尤为重要。

### 4.4.2 礼品的选择

馈赠之前，要认真选择礼品。因人、因事、因地施礼，是社交礼仪的规范之一。对于礼品的选择，要针对不同的对象、不同的事由、不同的场所区别对待。

**1. 客户礼品的选择**

赠送客户礼品之前，一般要考虑客户的性别、婚姻状况、教养和嗜好，挑选具有鲜明特色、突出标志并能够使其经常看见或经常使用的礼品。所送礼品不能增加客户的心理负担，又要使之产生被重视的感觉。礼品要有创意，并为客户所喜爱。

礼品可分为两种：一种是可以长期保存的，如工艺品、书画、照片、相册等；另一种是保存时间较短的，如挂历、食品、鲜花等。馈赠时，可根据自己的实际情况来选择。喜礼，可送鲜花、书画、工艺品、衣物等；贺礼，可送花篮、工艺品等。

礼品一定要有特点，应该事先了解对方家庭及本人的爱好，这样对方才能喜欢你的礼品。礼品不在多少，而在实用和恰当，恰当的礼品的意义远远超过礼品本身的价值。逢年过节，往往一纸贺卡就是赠礼佳品。另外，不论贺卡上是否印了祝福语，赠送者都应该亲笔写上几句问候的话。一张只有铅字的贺卡，会使对方觉得你缺乏诚意。

鲜花也是适合馈赠的佳品，赠送鲜花更有讲究。在历史的发展过程中，花被赋予各种各样的象征意义，并且这种象征意义已为大众所公认。送上一束鲜花，就等于表达了相应的语言。在欧洲，送一枝红蔷薇表示求爱，而回一枝香石竹则表示拒绝，如此，等等。因此，若以鲜花为礼品，应该首先了解花的象征意义，及这种象征意义是否符合你想表达的意思，是否符合对方的特点和场景，否则不仅不会给对方带来快乐，反而会弄巧成拙同，让对方不快。

送装饰品、绘画、陈列品等时，不可买太便宜的。因为它们是供人欣赏的，如果价格低廉、质量低劣，不但不会给客户带来视觉上的享受，反而会令客户产生反感。

**2. 会议礼品的选择**

会议礼品一般是会议组织者与会议参加者进行情感沟通的有效载体，而情感往往会影响会议参加者对会议效果的评价。因为会议参加者在会议结束后的很长一段时间还会保存会议礼品，所以在选择礼品时以纪念性礼品为主。

(1) 庆典会议和表彰会议的礼品选择。这类会议主要是以纪念为目的，所以可选保存时间长，适合在桌子上或墙上陈列，有一定的价值或使用价值，最好有一定的象征与关联意义的礼品。例如，有象征意义的奖杯或奖牌、金质或银质纪念币，有一定象征意义且适合在桌子上摆设的工艺品、高档饮水杯、金箔画等。

(2) 重要培训、交流、总结会议的礼品选择。对于这类会议，在选择礼品时，主要以有实用价值、使用时间长、会议参加者喜欢为主要标准，合适的书写、文化用品是不错的选择。例如，派克笔、书包等。

(3) 订货会、展销会、促销日的礼品选择。对于这类会议，在选择礼品时，一般会选择自己公司的产品或与公司产品相关的产品。美国某制造公司的发言人就曾说过："我们选择与生产线有关的礼品，在客户参观工厂时，我们用礼品来吸引他们。我们送的礼品能使他们回想起参观活动，而且赠送的礼品能带回家。牛排餐刀对我们来说是极好的礼品，因为它是由我们自己生产的材料做成的。在推销订货会上我们把不锈钢钢笔作为礼品赠送，笔上刻有公司标识，这将使客户永远记住我们的公司，他们会为随身带着这样一支高质量的钢笔而自豪。"

对汽车行业而言，可以赠送与汽车有关的礼品，比如空气净化器、车用吸尘器、冷热箱、车上饰品、汽车模型等，这些礼品既实用又特别。

## 4.4.3 馈赠的时机和方法

**1. 馈赠的时机**

大多数礼品赠送者认为，把握好赠送礼品的时机相当重要，具体包括时间的选择与机会的择定。

(1) 传统节日。如新春、元旦、中秋、圣诞节等中外传统节日，都是馈赠礼品的黄金时间。

(2) 企业开业庆典和周年纪念日。在参加某一企业开业庆典或周年纪念日时，可赠送花篮、牌匾或室内装饰以示祝贺。

(3) 值得庆祝的日子。在生日、乔迁、高升、获奖、结婚、生子、重病初愈时，可以送礼以示庆祝。

(4) 酬谢他人。在某人提供生意信息或商业机会时，或在工作上、生活上给予帮助时，可送礼表示感谢。

(5) 拜访、公关时。在需要结识、拜访客户时，需要带一些礼品表示诚意。

(6) 探视病人。如朋友、同事或领导等生病时，可以到医院或病人家中探望，顺便带去一些病人喜欢的水果、食品和营养品等，表示问候与关心。

**2. 馈赠的方法**

根据礼仪惯例，赠送礼品时应主要考虑礼品的包装和送礼的技巧。

1) 礼品包装

把礼品精美地包装起来，一方面是为了表示送礼人对受礼人的尊敬，另一方面是为了让受礼人对礼物产生神秘感和期待感。如果礼物恰当，那么当受礼人打开包装看到中意的礼品时，一定会喜出望外。这会加深受礼人对送礼人的好印象，起到增进关系的作用，因此一定要重视礼品包装。

送礼品时，不论礼品有没有盒子都要用彩色花纹纸包装，用彩色缎带捆扎好，并系成好看的蝴蝶结或梅花结等。重视包装要做到如下两点：一是包装所用的材料，质地要尽量好一点；二是选择礼品包装纸的颜色、图案、包装形状、缎带的颜色及结法时，要注意尊重受礼人的文化背景、风俗习惯和禁忌，不要犯忌。

2) 送礼技巧

送礼者一般应站着用双手把礼品递送到主人的手中，并说上一句得体的话。送礼时的寒暄一般应与送礼的目的相吻合，如送生日礼物时说一句"祝你生日快乐"，送结婚礼物时说一句"祝两位百年好合"等。中国人有自谦的习惯，送礼时一般喜欢强调礼品微薄，而不说礼品稀罕、珍贵，如"区区薄礼不成敬意，请笑纳""这是我特意为你选的"等。总之，得体的寒暄一来可以表达送礼者的心意，二来可以让受礼者受之心安。西方人在送礼时，喜欢向受礼者介绍礼品的独特意义和价值，以表示自己对对方的重视。

很多时候，因商务送礼独特的性质所限，对方不愿接受礼品，无论是婉言推却、严词拒绝还是事后回礼，都会令送礼者感到尴尬。那么，怎样才能防患于未然呢？关键在于借口找得好不好，理由说得圆不圆。商务送礼通常有以下技巧可供参考。

(1) 借花献佛。如果你送土特产品，可以说是老家人捎来的，目的是分一些给对方尝尝鲜。东西不多，自己没花钱，又不是特意买的，这样会缓和受礼者怕你目的性太强而拒礼的心态。

(2) "暗度陈仓"。如果你送的是酒类礼品，不妨说是别人送你两瓶酒，你来和对方对饮共酌,这样喝一瓶送一瓶,礼送了,关系也近了,还不露痕迹。

(3) 借"马"引路。有时你想给人送礼,而对方又不认识你,你不妨选择对方的生日、婚礼或升职、乔迁之时,邀上对方的几位熟人同去送礼祝贺,这样受礼者便不好拒收了。如果对方事后知道这个主意是你出的,必然会改变对你的看法,这样就可以借助大家的力量达到送礼联谊的目的。

(4) 曲折迂回。张先生有事要托刘先生办,想送点礼品疏通一下,又怕刘先生拒绝,驳自己面子。而张先生的太太与刘先生的女朋友很熟,张先生便用起了"夫人外交",让夫人带着礼品去拜访,一举成功。可见,曲折迂回更能收到奇效。

(5) 变"送"为"借"。若送的是物,不妨说"这东西在我家放着也是放着",让他拿去先用,日后买了再还;若送的是钱,可以说拿去先花着,以后有了再还,只要你不催着让他还,天长地久也变成送了。这样可减轻受礼者的心理负担,你送礼的目的也达到了。

(6) 借"机"生蛋。一位下属受上司恩惠颇多,一直想回报,但苦无机会。一天,他偶然发现上司桌上的红木镜框中镶的字画好像是一幅拓片,跟家里雅致的陈设不太协调。正好,他的叔父是全国小有名气的书法家,手头还有叔父赠送的字画。他就马上把字画拿来,主动放到镜框里,上司不但没有反对,反而十分喜爱,送礼的目的终于达到了。

(7) 借路搭桥。可以在送礼的时候对受礼者说是以出厂价、批发价或优惠价买下的,象征性地向受礼者收一些费用,效果与送礼是一样的。受礼者因交了钱,收东西时心安理得,也就毫无顾虑了。

## 4.4.4 馈赠的禁忌

所谓禁忌,就是因某种原因(尤其是文化因素)而对某些事物所产生的顾忌。禁忌的产生大致有两个方面的原因:一是纯粹由受赠对象个人原因所造成的禁忌,有些是由受赠对象在某些方面的自尊和不足造成的;二是因风俗习惯、宗教信仰、文化背景以及职业道德等形成的公共禁忌,尤其是向外国人、外地人赠送礼品时不能忽视这一点。

由于这些因素的影响,不同的人对同一礼品的态度有可能截然不同,或喜爱,或忌讳,或厌恶。因此,选择礼品时要投其所好,避免选择受礼方禁忌的礼品。

**1. 禁送的礼品**

(1) 违法犯规礼品。国家公务员在执行公务时,即使关系再特殊,也不要向对方赠送任何礼品。送外国友人礼品时,要考虑到不违反对方所在国家的现行法律。

(2) 坏俗礼品。挑选礼品时,应确保礼品不与对方所在地的风俗习惯相矛盾、相抵触。

(3) 私忌礼品。由于种种原因，人们会忌讳某些物品。比如，高血压患者不能吃含高脂肪、高胆固醇的食品，糖尿病患者不能吃含糖量高的食品。如果送私忌礼品给他人，对方反而会认为你不尊重他。

(4) 有害礼品。有一些东西，会对人们的工作、学习、生活、身体健康、家庭幸福有害。比如，烈酒、赌具以及庸俗低级的书刊、音像制品等。送这类礼物，或许能投其所好，但难免会有存心害人的嫌疑。

(5) 无用礼品。不要把过时、没用的东西送给别人，否则只能证明你不尊重人。

**2. 国内外送礼禁忌**

(1) 给中国人送礼的禁忌：

忌讳数字"4"，"4"听起来就像"死"，不吉利；

忌讳白色，白色通常为大悲之色和贫穷之色；

忌讳黑色，黑色是凶灾、哀丧之色，不吉利；

不送钟表给老人，"送钟"与"送终"谐音，不吉利；

不送梨给夫妻或情人，"梨"与"离"谐音；

不送百合花，百合花意味着死亡；

不送女主人红玫瑰，送红玫瑰对女主人有献媚之意。

另外，给中国台湾人、香港人送礼需注意以下几点：

不送剪刀，剪刀是利器，含有"一刀两断"之意；

不送甜果，甜果是祭祖拜神专用之物，送人会有不祥之感；

不送带有动物形象的东西，动物形象会带来厄运；

不送伞，港台话中"雨伞"音同"给散"；

不送扇子，俗称"送扇无相见"；

不送手帕，手帕是亲人离别时擦眼泪的不祥之物；

不送女士香水，送香水有过分亲热和"不轨企图"之嫌。

(2) 给日本人送礼的禁忌：

避开数字4和9；

尽量不要自己包装礼品，勿将扎带打成蝴蝶结形，可让礼品店代为包装；

凡是大贺大喜之事，所送礼品，均好双忌单；

不送旧物品和酒，酒是万恶之源；

不送茉莉花和梅花，"茉莉"与"没利"谐音，"梅"与"霉"同音；

不送礼物到办公室或会议室；

不送梳子，日文中梳子的发音与"苦死"相同；

不送偶数的花束，特别是不要送十支花；

不送日本人刀，刀意味着让他自杀；

不能当场打开礼物；

不送饰以牛皮的产品，在日本，牛被认为是神圣的。

(3) 给英国人送礼的禁忌：

英国人认为初次见面就送礼，是想贿赂的表现。

(4) 给阿拉伯人送礼的禁忌：

不要在礼物上刻字作画，以方便他们以后转送；

不送雕塑和女人的画像，送画像被认为是不礼貌的；

送鲜花给阿拉伯人要送单数，不送"4"和"4"的倍数的鲜花。

(5) 给俄罗斯人送礼的禁忌：

忌讳送钱，这意味着施舍和侮辱；

非丧事一律不能送手巾，手巾是用来擦眼泪的；

切记不可送菊花，菊花是用来扫墓的。

(6) 给意大利人送礼的禁忌：

不送香水给女士，送香水有过分亲热和"不轨企图"之嫌。

(7) 给法国人送礼的禁忌：

不送剑、刀叉、餐具之类的物品，送这类物品意味着双方会割断关系；

不送有明显广告标记的礼品，否则有做广告的嫌疑；

法国人忌讳数字13，因为耶稣第十三个门徒犹大将其出卖。

(8) 给德国人送礼的禁忌：

不送绿色帽子，绿帽子意味着妻子不忠。

(9) 给印度人送礼的禁忌：

不送黄色的花，黄花是悲伤和离别的标志。

(10) 给危地马拉人送礼的禁忌：

忌讳紫色的花，紫花与丧葬有关。

(11) 给墨西哥人、巴西人送礼的禁忌：

忌讳黄色的花，黄花表示蔑视。

## 4.4.5 受礼礼仪

一般情况下，对于他人诚心诚意赠送的礼品，只要不是违法、违规的物品，最好还是欣然接受，当然接受前适当地客气一番也未尝不可，在国内这是正常的礼节。

当赠送者向受赠者赠送礼品时，受赠者应中止自己正在做的事，起身站立，双手接受礼品，然后伸出右手，同对方握手，并向对方表示感谢。接受礼品时态度要从容大方，恭敬有礼，不可忸怩失态，或盯住礼品不动，或过早伸手去接，或拒不伸手去接。

接过礼品后，受赠者应表示感谢，说几句"不要破费"之类的客套话。如果条件允许，可以当面打开欣赏，这种做法是符合国际惯例的。它表示看重对方，也很看重对方赠送的礼品，这样做比把礼品放在一旁，待他人走后再拆封欣赏要好。给礼品启封时，注意动作要文雅，不要乱撕、乱扯，不要随手乱扔包装用品。开封后，赠送者还可以对礼品稍作介绍和说明，说明要恰到好处，不应过分炫耀。受赠者可以对礼品表示欣赏并加以称赞，然后将礼品放在适当的地方，向赠送者再次道谢，切不可流露出不敬之意或对礼品说三道四、吹毛求疵。

# 4.5 商务宴请礼仪

> **案例**
>
> 李小姐是威胜公司新聘用的公关部经理，她上任的第一个任务是负责宴请公司的俄罗斯客人。李小姐虽然从未接手过此类事务，但她细心地考察了来客的习俗，首先了解到俄罗斯人的饮食禁忌和喜好，最后确定在本地的丽歌酒店设宴款待。她选择了当地有名的菜肴，并且以俄罗斯的伏特加酒点缀其间，得到了客人和上司的夸奖。

"民以食为天。"自古以来，设宴款待客人都是商务社交活动中较为常见的做法，汽车商务活动也不例外，宴请或举办招待活动成为整个交际过程中不可或缺的组成部分。注重宴请礼仪，有利于交往组织相互间关系的建立和加深。

## 4.5.1 宴请准备

要想成功举办宴会，达到预期目的，应在宴会前做好充分准备，具体要做好以下几个方面的工作。

**1. 列出宾客名单**

举办任何一场宴会，都有一定的目的。所以，宴请之前要列出被邀请人员的名单，并且要确定主宾、次主宾、陪客。

陪客一定要请与主宾关系相熟或有共同语言的人，这样可以保证宴请的效果，调动宴会的气氛，避免出现无话可说的尴尬局面。按照常规，不宜把毫不相干的两批客人合在一起宴请，更不宜把平时有芥蒂的客人请到一起吃饭、饮酒，以免出现令人不愉快的尴尬场面。

**2. 确定时间**

如果邀请的客人众多，如朋友聚会、商店开张、新婚宴请等，一般由主人确定宴请的日期和时间。但也应考虑到出席宴会的主要客人和大部分客人的习俗，更要注意避免大家有禁忌的日子。

如果宴请的客人较少，一般由主宾确定宴请的日期和时间，但也应考虑到是否适合一般客人前来参加宴会。

**3. 选定场所**

选择合适的宴请场所十分重要。主人应根据宴请目的的不同、宴请客人的不同来选定宴请场所。

如果是朋友之间的宴请，为了显示朋友之间亲密无间的情意，宜举行家宴，或到附近比较熟悉的饭店，不需过分讲究档次。

如果宴请比较尊贵的客人，为了表示对客人的敬重，宜到高档饭店或是有名气、有特色的饭店，要求干净整洁、环境幽雅、服务优良、菜肴有特色，在价格方面可不必苛求。

如果宴请少数民族的客人，则应根据少数民族客人的民族习惯选择合适的饭店设宴。

总之，我们必须根据实际情况，选定合适的地点作为宴请场所。

**4. 订好菜谱**

宴会的菜谱应根据宴会的规格，"看客下菜"，总体原则是按照客人的身份及宴请目的，做到丰俭得当。整桌菜谱应有冷有热、荤素搭配、有主有次、主次分明，即一桌菜要有主菜，以显示菜的规格；要有一般菜，以调剂客人的口味；要有特色菜，以显示菜的风格。具体菜肴的确定，还应以适合多数客人口味爱好为前提，尤其是要特别照顾主宾的饮食习惯。在定好菜谱的同时，还要准备酒水、香烟、瓜子、糖果等。

在非正式宴请中，也可不用提前订好菜谱，而是当场由客人和主人根据各人口味共同点菜。一般每人点1~2个菜，再加上配菜即可。

**5. 排定座次**

正式宴会一般要事先安排座次，一示隆重，二免混乱，三可更好地达到宴请目的。也可只排部分客人的座次，其余人员只排桌次或自由入座。无论采用哪种做法，都要在入席前通知各位出席者，使大家心中有数，现场还需有人引导。

1) 中餐桌次的安排

宴会通常以8~12人为一桌,人多时可平均分为几桌。桌次有主次之分,具体应遵循以下原则。

(1) 以右为上。当餐桌分为左右时,以面门为据,居右之桌为上,如图4-8所示。

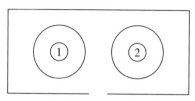

图4-8　以右为上

(2) 以远为上。当餐桌距离餐厅正门有远近之分时,以距门远者为上,如图4-9所示。

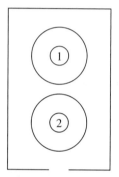

图4-9　以远为上

(3) 居中为上。当有多张餐桌并列时,以居于中央者为上,如图4-10所示。

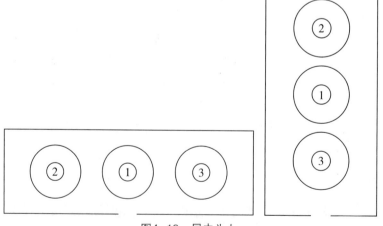

图4-10　居中为上

(4) 临台为上。当有舞台时,以观赏舞台角度最佳者为上,如图4-11所示。

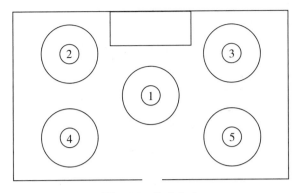

图4-11 临台为上

(5) 在桌次较多的情况下，上述排列常规往往交叉使用，如图4-12所示。

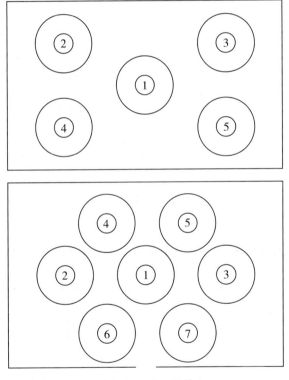

图4-12 多桌排放

2) 中餐席次的安排

席次，指同一餐桌上的席位高低。如图4-13所示，在排列席次时应遵循以下原则。

(1) 面门为上，即主人面对餐厅正门。有多位主人时，双方可交叉排列，离主位越近，地位越尊。

(2) 主宾居右，即主宾在主位(第一主位)右侧。

(3) 各桌同向，即每张餐桌的排位均大体相似。

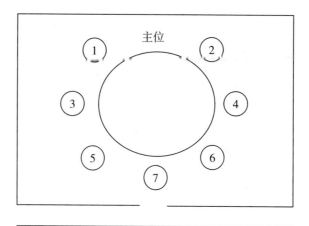

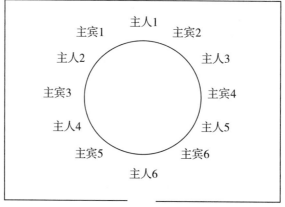

图4-13 中餐席次安排

3) 西餐桌次和席次的安排

西式宴会的餐桌多为长桌，也可根据人数多少、场地大小自行设置，如图4-14所示。

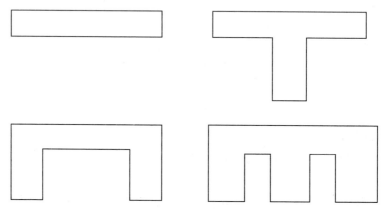

图4-14 西餐桌次安排

与中式宴会一样，举办西式宴会也要排定桌次和席次，也讲究右高左低的原则。

(1) 桌次安排。如果男、女主人并肩坐于一桌，则男左女右，安排女性坐于右席。

如果男、女主人各居一桌，则尊女主人，安排其坐于右桌。

如果男主人或女主人居于席次中央，面门而坐，则其右方的桌次为尊，右手旁的客人为尊。

如果男、女主人一桌对坐，则女主人右侧为首席，男主人右侧为次席，女主人左侧为第三席，男主人左侧为第四席，其余位次依序而分。

(2) 席次安排。西式宴会的席次一般根据宾客地位安排，女宾席次依据丈夫地位而定。也可以按类别分坐，如男女分坐、夫妇分坐等。在我国用西餐宴请客人时，通常采用按职务高低男女分坐的方式，如图4-15所示。

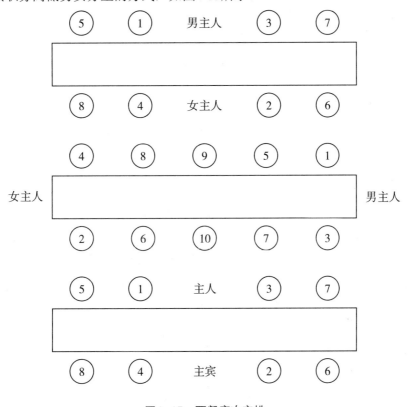

图4-15　西餐席次安排

## 4.5.2　中餐进餐礼仪

### 1. 上菜的礼仪

在正式宴请中，菜品应包括一成至两成冷菜、三成热炒、四成大菜。如是家宴，可以减少大菜，增加冷菜。

中餐一般讲究先凉后热、先炒后烧，咸鲜清淡的先上，甜品及味浓味重的后上，最后上米饭。在有规格的宴席中，热菜中的主菜要先上，如燕窝席里的燕窝，海参宴里的海参、鱼翅宴里的鱼翅,即所谓最贵的热菜先上,再辅以溜炒烧扒。

宴席上菜的大致顺序如下所述。

(1) 茶。在上菜之前,因为要等待,所以先上清口茶。

(2) 凉菜,即冷拼、花拼。

(3) 热炒。视宴会规模选用滑炒、软炒、干炸、爆、烩、烧、蒸、浇、扒等组合。

(4) 大菜。这里指整只、整块、整条且价格较贵的菜肴,比如一条鱼、一只鸡、一头乳猪、一只全羊等。

(5) 甜菜。包括甜汤,如冰糖莲子羹、银耳甜汤等。

(6) 点心或饭。一般大宴不供饭,而以糕、饼、团、粉、面条、包子、饺子等作为主食,如果还没吃饱,可以上米饭。

(7) 水果。酒足饭饱后,应吃些爽口、消腻的水果。

此顺序并非一成不变,如水果有时可以算作冷盘,点心可以算作热菜,较浓的汤菜应该算作热菜,贵重的汤菜如燕窝等要作为热菜中的头道。

此外,还应考虑季节因素,如冬重红烧、红焖、红扒和砂锅、火锅等;夏以清蒸、白汁、清炒、凉拌为主。颜色搭配、原材料的多样化也应考虑。

**2. 饮酒的礼仪**

饮酒是各种宴会中不可缺少的一个项目,正式的中餐宴会通常要上白酒和葡萄酒。通常每位用餐者面前排列三只杯子,自左而右,依次是白酒杯、葡萄酒杯和水杯。此外,富有地方特色的黄酒、啤酒等也是一般宴请中常喝的酒水。拿酒杯的姿势因不同的酒而有所不同,有的要用整个手掌握住,而高脚杯则应以手指捏住杯腿。

(1) 斟酒。酒水应当在饮用前斟入酒杯,服务员打开酒瓶后,应从正主位右边的主宾起逐位向左斟酒。有时,主人为了表示对来宾的敬重、友好,应亲自为其斟酒。服务员斟酒时,来宾勿忘道谢,但不必拿起酒杯。如果主人亲自来斟酒,则必须端起酒杯致谢,必要时,还需起身站立,或欠身点头为礼。

主人为来宾斟酒时要注意两点:第一,应一视同仁地为每一位来宾斟酒,切勿有挑有拣,只为个别人斟酒;第二,可依顺时针方向,从自己所坐之处开始,也可先为尊长、嘉宾斟酒。

(2) 祝酒词。在宾主入席后、用餐前,主人通常要致辞,讲一些关于此次宴请的原因。在正式宴会上,主人与主宾还会郑重其事地发表一篇专门的祝酒词。有时,也可以在吃过主菜后、甜品上桌前发表祝酒词。

祝酒致辞时,要注意三点:第一,无论是在正式情况下还是在普通情况下,内容均应简练;第二,在他人致辞时,在场者均应停止用餐或饮酒,坐在自己的座位上,面向对方认真聆听;第三,致辞结束后,大家举杯示意或碰杯,然后一饮而尽。若酒量不行,事先应只斟少许酒。

(3) 敬酒。敬酒往往是酒宴上必不可少的一道程序。在敬酒时，通常要讲一些祝福语。

在整个用餐饮酒的过程中，可以频频举杯敬酒，以使现场氛围热烈而欢快。不过要适可而止，不要成心把别人灌醉，更不要偷偷往他人杯中倒入烈性酒。此外，还应尊重他人的禁忌和习惯。

在宴会上不会喝酒或不打算喝酒的人，可以有礼貌地阻止他人敬酒，但不要一概拒绝，至少要喝点汽水、果汁或其他饮料。

拒绝他人敬酒通常有两种方法：第一，主动要一些非酒类饮料，并说明自己不饮酒的原因；第二，让对方在自己的杯子里斟少许酒，然后轻轻用手推开酒瓶。按照礼节，杯子里的酒是可以不喝的。当主人或朋友热情地向自己敬酒时，东躲西藏，或把酒杯翻过来放，或将他人所敬的酒悄悄地倒在地上，都是失礼的行为。

**3. 餐具的使用**

吃中餐时，应特别注意湿毛巾、餐巾、餐巾纸、汤匙、食盘、牙签、水盂、筷子等的使用规范。

(1) 湿毛巾只能用来擦手，绝不能擦脸、擦嘴。一般在宴会即将结束时送上来的湿毛巾，才是专供擦嘴用的，但不能擦脸抹汗。

(2) 餐巾是为了保护衣服的，应把它铺在并拢的大腿上，不要围在脖子或腰带上。餐巾折起的内侧可用来擦嘴或手。

(3) 餐巾纸主要用来擦嘴或手，千万不要用自己的纸巾，更不能用卫生纸代替。

(4) 汤匙不用时应平置于食盘上，不要让它在汤碗中"立正"，或直接放在餐桌上。

(5) 食盘是用来放菜的，一次取菜不宜过多。不宜入口的废弃物，可以堆放在盘中，不要直接吐在餐桌或地上。

(6) 席间的牙签要在万不得已时使用，用时注意以手遮掩。

(7) 水盂，即洗手碗。它是在用餐期间洗手指用的，千万别把里面的水当成洗手水或饮料。洗手碗的用法为：进食海鲜等带有腥味食物后，可将双手指尖轮流放入碗中清洗，然后用餐巾擦干手指。

(8) 在使用筷子时，忌舔筷、叉筷、扔筷、舞筷等。在用餐时，如果暂不使用，应放在筷子架上。

## 4.5.3 西餐进餐礼仪

**1. 上菜的礼仪**

西餐与中餐有很大的区别，中餐往往是上满一桌菜，大家一起食用，而西餐是上一道吃一道。

正式西餐的全套餐点上菜顺序如下所述。

(1) 头盘。西餐的第一道菜是头盘，也称为开胃品。因为要开胃，所以开胃菜一般都有特色风味，味道以咸和酸为主，而且数量少，质量较高。常见的开胃品有龙虾沙拉、鱼子酱、鹅肝、熏鲑鱼、奶油鸡酥盒、焗蜗牛等。

(2) 汤。和中餐不同的是，西餐的第二道菜就是汤。常见的有牛尾清汤、各式奶油汤、海鲜汤、美式蛤蜊汤、意式蔬菜汤、俄式罗宋汤。

(3) 副菜。鱼类菜肴一般作为西餐的第三道菜，也称为副菜。品种包括各种淡水鱼类、海水鱼类、贝类及软体动物类。通常水产类菜肴与蛋类、面包类、酥盒菜肴都称为副菜。因为鱼类等菜肴的肉质鲜嫩，比较容易消化，所以放在肉类菜肴的前面。

(4) 主菜。肉、禽类菜肴是西餐的第四道菜，也称为主菜。肉类菜肴的原料取自牛、羊、猪等各个部位的肉，其中比较有代表性的是牛排，其烹调方法常用烤、煎、铁扒等。禽类菜肴的原料取自鸡、鸭、鹅，通常将兔肉和鹿肉等野味也归入禽类菜肴。禽类菜肴品种最多的是鸡，有山鸡、火鸡、竹鸡，可煮、炸、烤、焖，主要的调味汁有黄肉汁、咖喱汁、奶油汁等。

(5) 蔬菜类菜肴。蔬菜类菜肴可安排在肉类菜肴之后，也可和肉类菜肴同时上桌，所以可算为一道菜，也可作为一种配菜。蔬菜类菜肴在西餐中称为沙拉，和主菜同时服务的沙拉，称为生蔬菜沙拉，一般用生菜、西红柿、黄瓜、芦笋等制作。沙拉的主要调味汁有醋油汁、法国汁、千岛汁、奶酪沙拉汁等。

(6) 甜品。西餐的甜品是在主菜后食用的，可以算作第六道菜。严格来讲，它包括所有主菜后的食物，不仅有布丁、蛋糕、冰淇淋，而且包括奶酪(Cheese)、水果等。

(7) 咖啡、茶。茶通常是指红茶，一般要加香桃片和糖。

**2. 餐具的使用**

西餐具的使用比较复杂，一个座席一般要摆放三副刀、三副叉、三个餐勺、一张餐巾、两个餐盘和三只酒杯。其中，比较复杂的是餐刀、餐叉、餐勺的使用方法。

1) 餐刀

西餐中的餐刀有很多种，其中比较重要的有三种。

(1) 切肉用的牛排刀。这种刀的锯齿比较明显，主要用于吃牛排等肉类食物。

(2) 正餐刀。这种刀的锯齿不明显，或干脆没有，主要是用来配合餐叉切割一些蔬菜、水果等软一些的食品。牛排刀和正餐刀一般平行竖放在正餐盘的右侧。如果牛排刀放在正餐刀的右侧，一般说明牛排要先于其他主菜上桌，反之亦然。

(3) 黄油刀。这种刀比较小，样式很像我国文学名著《三国演义》中关公手里拿的大刀，只是被同比例缩小。黄油刀一般摆放在黄油盘或面包盘中。

2) 餐叉

与餐刀相似，西餐中餐叉也有很多种，其中比较常见、常用的有三种。

(1) 水果叉。在宴会上，如果这三种叉同时上桌，其实也很好认，最小的一般是水果叉，横放在正餐盘的上方，主要用来吃水果或甜品。

(2) 沙拉叉。沙拉叉也叫冷菜叉，主要用来吃沙拉和冷拼。

(3) 最大的叫正餐叉，用来吃正餐热菜。

沙拉叉和正餐叉一般并排竖放在正餐盘的左侧。沙拉叉的摆放反映人们不同的饮食观念，如同中国人喝汤一样，在粤菜中先上汤，而在其他菜系中后上汤。沙拉的上法也有先有后。如果先上沙拉，认为沙拉可以起到开胃的作用；如果后上沙拉，认为沙拉可以起到清口的作用。因此，沙拉叉的摆放位置也不一样，前一种会将沙拉叉放在正餐叉的外侧，而后一种会将沙拉叉放在正餐叉的内侧。

3) 餐勺

西餐中餐勺也有很多种，比较常见的有三种。

(1) 正餐勺。勺头是椭圆形的，主要在吃正餐、主食时使用，起到辅助餐叉的作用，一般平行竖放在餐刀的右侧。

(2) 汤勺。一般是圆头的，主要用来喝汤，放在正餐勺的外侧。西餐喝汤时要用汤勺将汤从汤盘中从里往外舀好，再送入口中，而不是将汤从汤盘中从外往里舀。如果汤盘中的汤最后只剩一点，无法舀起，可以将汤盘一端稍稍向就餐者外侧抬起，使汤汁聚集，便于舀盛。

(3) 甜品勺。一般平放在正餐盘的上方，主要用来吃甜品，大小要明显小于正餐勺或汤勺。

4) 餐巾

进餐时，大餐巾可折起(一般对折)，折口向外平铺在腿上；小餐巾可伸开，直接铺在腿上。注意不可将餐巾挂在胸前(但在空间不大的地方，如飞机上可以如此)。拭嘴时需用餐巾的上端，并用其内侧来擦嘴。绝不可用来擦脸部或擦刀叉、碗碟。西餐中，女主人将餐巾铺开时，宣布用餐开始；女主人将餐巾放在餐桌上时，意味用餐结束，请各位告退。

5) 酒杯

西餐中，吃不同的菜需要搭配不同的酒，所以对酒杯的讲究也比中餐多，通常不同的酒杯用来喝不同的酒。在每位用餐者右边餐刀的上方，会摆放三只酒水杯，一只白酒杯、一只红酒杯、一只水杯，排成一行。可依次由外侧向内侧使用，也可以"紧跟"女主人的选择。一般香槟杯、红葡萄酒杯、白葡萄酒杯以及水杯是不可缺少的。

6) 欧洲大陆式和美国式餐具的不同用法

西餐餐具的使用顺序是"从外到里"，一般先用最外侧的刀、叉、勺，逐步到最内侧的刀、叉、勺。具体操作时，分为欧洲大陆式和美国式两种。

(1) 欧洲大陆式的刀叉用法，又称英式用法。主要特征是右手拿刀，左手拿叉，叉齿向下。在宴会中，这个位置基本不变。左手的餐叉负责将食品送入口中，右手的餐刀负责将菜切开，或者将菜推到叉子的叉背上，而且是每吃完一口再切一次，或者切一块吃一块。

(2) 美国式的刀叉用法比较复杂。使用时分两个阶段：切菜部分和入口部分。切菜阶段右手拿刀，左手拿叉，叉齿向下。这与欧洲大陆式相同。但是切完菜之后，需把右手中的刀平放到餐盘顶端，然后把叉子从左手放到右手，叉齿向上，如同铲子，将切好的食品送入口中。吃完一口，再将右手中的叉倒回左手，用右手将刀从盘中拿起，周而复始。为了简单一些，也可以先将所有的菜都切好，然后将餐叉倒到右手后再慢慢用餐。

7) 稍息和停止用餐时餐具的摆放

在使用西餐刀、叉、餐巾的过程中，不同的摆放位置，表示不同的意思，即稍息和停止。

(1) 餐中稍息时，应将刀叉呈八字形左右分架或交叉摆在餐碟上，刀刃向内，此时表示就餐者暂时休息，过一会儿还会继续进餐，如图4-16所示。若中途离开座位，可将餐巾放置于座椅的椅背上。见到这种暗示，侍者就不会动手"撤席"。

图4-16 餐中稍息时刀叉摆放

(2) 停止用餐时，将刀、叉合拢摆放在餐盘上，叉齿朝上，此时表示就餐者不准备继续食用该菜，服务生可以将盘撤走，如图4-17所示。

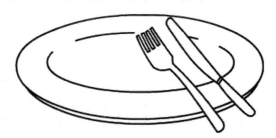

图4-17 停止用餐时刀叉摆放

**3. 饮酒的礼仪**

西餐的特点是让人在用餐的同时，享受一种优雅、浪漫和温馨的氛围。酒是一种能够营造浪漫氛围的特殊饮品，在西餐中有着特殊的地位，不仅种类多，而且各有各的配菜，各有各的喝法。

1) 酒的种类

(1) 餐前酒。餐前酒大多在客厅里饮用，饮用时间为餐前30分钟左右。主要目的是开胃，或等待因事迟到的宾客。喝餐前酒比较随意，可以坐着也可以走动。

男士喝的餐前酒是马丁尼(Martini)，不太能喝酒的男士可以选择鸡尾酒。女士一般喝雪莉酒(Sherry)，这是一种非常清淡的白葡萄酒。滴酒不沾的人可以点一杯矿泉水、可乐之类的饮品，千万不要手中空空，否则有失风度。

(2) 餐中酒。在用餐过程中饮用，专门为主菜而配，有红酒和白酒之分，指的都是葡萄酒。红酒配"红肉"，如吃牛肉、羊肉、猪肉等时喝红酒。红酒是不可以加冰的。餐桌上粗一些的酒杯是红酒杯。白酒配"白肉"，如吃海鲜、鱼肉、鸡肉等时喝白酒。白酒要冰过喝。白酒杯的杯跟要比红酒杯高一些。

喝餐中酒之前要有试酒仪式，仪式的程序大致为：将酒瓶托在高雅的托盘中由服务员送到主人面前，一边向来宾展示，一边说出酒的品牌和生产年份，然后把盖打开，把瓶盖放在主人的桌前，先倒四分之一杯给主人。主人先举着酒杯欣赏酒的颜色(大家可一并欣赏)，然后将酒杯放在鼻下深深嗅一下酒的香气，并小抿一口含在嘴里品味酒的味道，之后徐徐咽下，流露陶醉的神情，还可以发出"好酒"之类的由衷赞叹，同时主人点头以示服务员可以向客人倒酒，并以"感谢大家光临"拉开饮酒序幕。

(3) 餐后酒。餐后酒大多数是白兰地，用一种杯身矮胖而杯脚短小的酒杯喝。餐后酒可以用手心温杯，有助于杯中酒散发出香醇的味道。也有人喜欢在白兰地中加少许糖或咖啡，但不能加牛奶。

2) 喝酒时的注意事项

(1) 开酒瓶。不管在餐中喝的是什么酒，主人都不能自己去开瓶，一切应由服务人员处理。

(2) 斟酒。无论是开瓶后斟酒或是添酒，主人与客人都不能自己倒，让服务人员倒即可。倒酒时只有香槟可以倒满杯。若饮白酒，一次倒半杯即可；若饮红酒，倒四分之一杯为宜。

(3) 敬酒。在吃中餐时，宾主之间热情敬酒、频频干杯是很正常的现象。然而吃西餐时，除了刚开始时主人可举杯感谢大家赏光，之后则不宜再敬酒，更不可频频劝他人喝酒。

(4) 酒瓶的放置。服务人员倒完酒后，要将酒瓶放在固定的位置上，而不能放在桌面上。

(5) 酒杯的放置。个人面前的右上角为放水杯的地方，喝完酒后，酒杯要放在水杯的正后方。

(6) 喝酒的方式。喝酒时绝对不能吸着喝，应倾斜酒杯，类似将酒放在舌头上。喝前应轻轻摇动酒杯，让酒与空气接触以增加酒味的醇香，但不要猛烈摇晃杯子，也不要一饮而尽。边喝酒边透过酒杯看人、拿着酒杯边说话边喝酒、吃东西时喝酒、口红印在酒杯沿上等，都是失礼的行为。

(7) 幽默的拒绝方式。在无法再喝的情形下，服务人员前来斟酒时，你只要伸出单只手轻轻地遮在玻璃杯上，服务人员即能理解。

### 案例

南茜在一家著名跨国公司的北京总部做总经理秘书工作，中午要随总经理和市场总监参加一个工作午餐会，主要是研究未来一年市场推广工作计划。这不是一场很正式的会议，主要是利用午餐时间彼此沟通一下。南茜知道晚上公司要正式宴请国内最大的客户张总裁等一行人，答谢他们一年来给予的支持，她已经提前安排好了酒店和菜单。

午餐是自助餐的形式，与总经理一起吃饭，南茜可不想失分，在取食物时，她选择了一些一口能吃下去的食物，放弃了她平时喜爱的大虾等需要用手帮忙才能吃掉的美食。她知道自己可能需要随时记录老板的指示，没有时间补妆，而总经理是法国人，又十分讲究。

下午回到办公室，南茜再次落实了酒店的宴会厅和菜单，为晚上的正式宴请做准备。算了算宾主双方共有8位，南茜安排了桌卡，因为是熟人，又只有几个客人，所以没有送请柬，可她还是不放心，就又拿起电话，找到对方公关部李经理，详细说明了晚宴的地点和时间，又认真地询问了他们老总的饮食习惯。李经理告诉南茜他们的老总是山西人，不太喜欢海鲜，非常爱吃面食。南茜听后，又给酒店打电话，重新调整了晚宴的菜单。

南茜提前半个小时到酒店，查看晚宴安排的情况并在现场做了准备工作。南茜找到领班经理，再次讲了重点事项，又和他共同检查了宴会的准备情况。宴会厅分内外两间，外边是会客室，是主人接待客人小坐的地方，已经准备好了鲜花和茶点，里边是宴会的房间，中餐式宴会的圆桌上已经摆放好各种餐具。

南茜知道对着门口桌子上方的座位是主人位，但为了慎重表现，还是征求了领班经理的意见。从带来的桌卡中先挑出写着自己老板名字的桌卡放在主人位上，再将对方老总的桌卡放在主人位的右边。想到客户公司的第二把手也很重要，就将他放在主人位的左边。南茜又将自己的顶头上司市场总监的桌卡放在桌子的下首正位上，再将客户公司的两位业务主管安排在他的左右两边。为了便于沟通，南茜将自己的座位与公关部李经理安排在同一方向。

准备工作就绪后，南茜看了看时间还差一刻钟，就来到酒店的大堂内等候。开宴前10分钟，她看到了总经理一行到了酒店门口，南茜就在送他们到宴会厅的路上简单地汇报了安排，随即返身回到酒店大堂，等待张总裁一行人的到来。几乎分秒不差，她迎接的客人准时到达。

晚宴按南茜的精心安排顺利进行，宾主双方笑逐颜开，客户不断夸奖菜的味道不错，正合他们的胃口。这时，领班经理带领服务员端上了山西刀削面。客人看到后立即哈哈大笑起来，高兴地说道："你们的工作做得真细致。"南茜的总经理也很高兴地说："这是南茜的功劳。"

(资料来源：商务宴请的礼仪智慧清单. http://wenku.baidu.com/view/41c18af6f61fb736064c650f.html.)

## 思考题

### 一、问答题

1. 介绍、握手、递名片、奉茶的顺序是怎样的？
2. 索要名片有哪几种方式？
3. 接待前需做哪些准备工作？
4. 再次拜访的流程是怎样的？
5. 馈赠礼仪的基本原则有哪些？
6. 宴请前要做哪些准备？
7. 西餐餐具的使用礼仪要求有哪些？
8. 中、西餐饮酒的礼仪有何不同？

### 二、案例分析题

1. 介绍礼仪

(1) 这位是×××汽车公司的人力资源部经理，他可是实权派，路子宽，朋友多，需要帮忙可以找他。

(2) 约翰·梅森·布朗是上年度汽车销售冠军。在一次培训会议中，他应邀参加并进行演讲。

演讲开始前，会议主持人将布朗先生介绍给观众，下面是主持人的介绍语：先生们，请注意了，今天晚上我给你们带来了不好的消息。我们本想邀请伊塞卡·马克森先生来给我们讲话，但他来不了，病了(下面嘘声)。后来我们邀请销售经理布莱德里奇前来，可他太忙了(嘘声)。最后我们请到了——约翰·梅森·布朗。

(3)我给各位介绍一下：这小子是我的铁哥们儿，开小车的，我们管他叫"黑蛋"。

请思考：以上介绍存在什么问题？应该如何介绍？

2. 称谓礼仪

朱小艳进入一家新的单位工作，领导带她熟悉周围环境，并向她介绍部门的老同事认识。她非常恭敬地称对方为老师,大多同事都欣然接受了。

后来,领导把她带到一位同事面前,并告诉她,以后就跟着这位同事学习,有什么不懂的就请教她,小艳更加恭敬地称对方为老师,这位同事连忙摇头说:"大家都是同事,别那么客气,直接叫我名字就行了。"

小艳仔细想想,觉得叫老师显得太生疏了,但是直接叫名字又不够尊敬人,不知道该怎么称呼对方比较合理。

请思考:你能给她出出主意吗?

3. 名片礼仪

两位商界的老总,经中间人介绍,相聚谈一笔生意。这是一笔双赢的生意,而且做得好还会大赢。看到合作的美好前景,双方的积极性都很高。A老总首先以友好的姿态,恭恭敬敬地递上自己的名片,B老总单手把名片接过来,一眼没看就放在茶几上。A老总看在眼里,记在心上,随口谈了几句话,起身告辞。事后,他郑重其事地告诉中间人,这笔生意他不做了。当中间人将这个消息告诉B老总时,他简直不敢相信自己的耳朵,一拍桌子说:"不可能!哪里有见钱不赚的人?"说完,他立即打通了A老总的电话,一定要他讲出个所以然来。A老总道出实情:"从你接我名片的动作中,我看到了我们之间的差距,并且预见到未来的合作还会有很多的不愉快,因此,还是早放弃比较好。"B老总放下电话后痛惜失掉了生意,更为自己的失礼感到羞愧。

请思考:(1) B老总违反了哪些礼仪?

(2) B老总应该怎么做?

4. 座次安排

在广丰长春翼欣4S汽车专卖店里,销售顾问李明接待了前一天来看车的客户张先生及单位同行一行5人。张先生表示这次来店是打算为单位购买公务用车,事先已了解"汉兰达2.7L精英版"车型,但是,就价格和售后服务的具体问题需要进一步沟通协商。接下来,李明请来了销售经理顾城,双方要就购买的具体细节进行协商。李明把张先生一行人引到洽谈区。

请思考:销售顾问李明应该怎样安排座次,才不失礼仪规范呢?

5. 乘车礼仪

某公司的王先生年轻肯干,点子又多,很快引起了总经理的注意并拟提拔为营销部经理。为了慎重起见,总经理决定再进行一次考察。恰巧总经理要去省城参加一场商品交易会,需要带两名助手,总经理便选择了公关部杜经理和王先生。王先生同样看重这次机会,也想借机好好表现一番。

出发前,由于司机小王乘火车先行到省城安排一些事务,尚未回来,所以,他们临时改为搭乘董事长驾驶的轿车一同前往。上车时,王先生很麻利地打开前车门,坐在驾车的董事长旁边的位置上,董事长看了他一眼,但王先生并没有在意。

车上路后，董事长驾车很少说话，总经理好像也没有兴致，似在闭目养神。为活跃气氛，王先生寻了一个话题："董事长驾车技术不错，有机会教教我们，如果我们都会开车，办事效率肯定更高。"董事长专注地开车，不置可否，其他人均无应和，王先生感到没趣，便也不再说话。一路上，除董事长向总经理询问几件事，总经理简单地作答外，车内再也无人说话。到达省城后，王先生悄悄问杜经理：董事长和总经理为什么不太高兴呢？杜经理告诉他原委，他才恍然大悟。

会后从省城返回，车子改由司机小王驾驶，杜经理由于还有些事情处理，需要在省城多住一天，同车返回的还是四人。这次不能再犯类似的错误了，王先生想。于是，他打开前车门，请总经理上车，总经理坚持要与董事长一起坐在后排，王先生诚恳地说："总经理您如果不坐前面就是不肯原谅来时我的失礼之处。"坚持让总经理坐在前排才肯上车。

回到公司，同事们都知道王先生是和董事长、总经理一起出差，猜测他肯定会被提拔，都纷纷向他祝贺，然而，提拔之事却一直没有人提及。

请思考：王先生有哪些失礼之处？

 **实践练习**

### 任务4.1 见面会游戏

**任务目标**：训练学生与陌生人见面、交往的技巧。

**任务准备**：简单布置见面会会场。

**训练方法**：

(1) 在一次车展上，某汽车公司派出三位员工(身份自定)参展，车展期间有一位来观展的零配件公司的员工认出该汽车公司员工中的一位是与其有业务往来的陈某，另两位是陈某的上级和同级，请组内同学分配角色扮演。

(2) 活动开始后，大家可以随意走动、聊天，言行一定要符合角色的身份。每位同学要不断地相互交流，尽可能多地让对方知道自己的角色，同时获知对方的角色。

(3) 活动过程中要正确运用所学的交际礼仪。

(4) 游戏结束，请组内同学分别评论每一个角色，指出有何不妥之处，并选出最佳演员。

### 任务4.2　接待准备训练

任务目标：掌握接待前的工作准备。

任务准备：假设您是公司负责人，合作伙伴公司的一位高级领导人要来访问，他的安排是参观工厂、到长城观光，最后还要开一个短会。

训练方法：请列一个计划，谈谈如何做好接待工作。

### 任务4.3　拜访接待模拟训练

任务目标：熟悉拜访接待的有关礼节，能够正确运用礼仪规范。

任务准备：办公家具、茶具、茶叶、热水瓶或饮水机、企业宣传资料等。

训练方法：按拜访接待的规范流程，一部分学生扮演来访成员，一部分学生扮演接待方成员，模拟演示以下情景：

拜访
(1) 访前准备；
(2) 见面礼节，包括自我介绍、破冰；
(3) 说明来意，提出议程；
(4) 介绍产品，交谈；
(5) 再见。

接待
(1) 在门口迎接客人；
(2) 与客人搭乘电梯；
(3) 引导客人前往接待室；
(4) 引见介绍；
(5) 招呼客人；
(6) 为客人奉送热茶；
(7) 交谈；
(8) 送别客人。

演示完毕，两组人员角色对调，再演一遍。请组内同学分别描述所扮演的每一个角色，指出有何不妥之处，并选出最佳演员。

### 任务4.4　馈赠礼仪训练

任务目标：掌握馈赠礼品的时机，选择合适的礼品。

训练方法：填写表格4-1。

表4-1 馈赠训练表格

| 馈赠理由 | 馈赠礼品名称 | 礼品选择的理由 | 赠送时的话语 |
| --- | --- | --- | --- |
| 参加他人厂庆 | | | |
| 恭喜同事晋升 | | | |
| 酬谢他人的帮助 | | | |
| 拜访陌生客户 | | | |
| 拜访重要客户 | | | |

### 任务4.5 掌握西餐餐具的使用方法

王经理在一家高档西餐厅用餐，餐间手机响了，为了出去接电话，他匆忙放下刀叉就往外赶。等打完电话，准备回来继续用餐时，发现他的餐具已经被服务员收走了。

你觉得服务员收走餐具的原因可能是什么？

_____
_____
_____

# 第5章 汽车会展礼仪

> **案例**
>
> **北京车展上的礼仪**
>
> 拥有二十多年历史的北京国际汽车展览会(AutoChina)至今已连续成功举办了十一届,成为全球规模较大的汽车展览会之一。全球所有跨国汽车公司都将北京车展定位为全球重要的顶级车展。2012(第十二届)北京国际汽车展览会又一次刷新了多项纪录。国际车展之所以久盛不衰,吸引大量观众,不仅是因为世界名车云集,还因为这些车展重视展台设计、礼仪策划、人员培训和服装选择等方面。走进汽车展,就会让人感到这是一场视觉盛宴。世界名车集中展示,让人驻足欣赏,流连忘返。礼仪小姐清晰的解说、细致周到的服务、精彩的现场表演和互动彰显出汽车的品牌形象。这些会展的礼仪人员与汽车的品牌、车型、风格、特点巧妙融合,相得益彰,体现出会展礼仪策划的精细和独具匠心,从而赢得了国际汽车展的成功。

会展礼仪可以使会展活动更加丰富多彩,对会展活动的成功举办具有不可替代的作用。正是通过国际车展这样的平台,更多的中国本土汽车企业有机会展示自主知识品牌,推出最新科技成果,树立良好的企业形象,走向更广阔的市场。会展礼仪体现在会展流程的各个环节中,本章将在介绍会议、展览会知识的基础上,介绍汽车会展的相关知识及礼仪。

## 5.1 会展礼仪概述

人们对会展礼仪的认识,一般局限于布置会场,开会时为客人沏茶送水,会后清扫场地,为与会者送行。随着社会的发展,会展不断升级,人们对会展礼仪提出了更高的要求,对会展工作人员的服务水平也有了更高的期待,会展礼仪已成为人们比较关注的一个问题。

## 5.1.1 会展礼仪的概念和特点

**1. 会展的概念**

1) 会展的内容

会展是指在特定的空间、时间内多人集聚,围绕特定主题进行交流的活动。这一定义提示了会展5个方面的内容。

(1) 特定空间。会展活动通常发生在特定的空间内,一般都在会展中心或展览馆。

(2) 特定时间。会展活动一般都有特定的时间期限,如世博会一般为6个月等。

(3) 特定主题。一场会展活动通常围绕一个指定主题,组织与该主题相关领域的人员汇集于该活动现场。

(4) 集聚性。会展活动凝聚人气,是集体性的活动。有人展示、演讲,有人观赏、听讲。

(5) 交流。会展活动的目的在于促进人们的交流和沟通,降低交易成本。这种交流包括精神和物质两方面,具体包括信息、知识、观念、思想、文化、商品、物品、货币交易等。

2) 会展的形式

会展的具体形式除了有会议、展览会外,还包括节事活动。

(1) 会议。会议包括大型会议和中小型会议,大型会议如达沃斯经济论坛、博鳌亚洲论坛、高峰会议等。

(2) 展览会。展览会包括大型博览会和中小型展览会,如世界博览会、汽车展、家纺展、广交会等。

(3) 节事活动。节事活动包括大型活动和节庆活动,如奥运会、世界杯、青岛啤酒节等。

**2. 会展礼仪的概念**

会展礼仪是建立在礼仪基础上的,它属于服务礼仪的范畴,是会展业作为第三产业的重要组成部分,会展礼仪既具有服务礼仪的基本内容和特征,也具有会展礼仪自身的特点与原则。

根据会展业的特点,结合礼仪的概念以及会展活动的实践,可以得出会展礼仪的定义,即在参加和组织会展活动时,用于维护企业与个人形象,对交往对象表示尊重与友好的行为规范和行为准则,包括会展组织经营者、参展商与观众之间交往的礼貌礼节以及在一定场合中的仪式程序。

具体来讲,会展礼仪渗透于会展的各个环节:会展的主题和会场的选择,会展的筹备、策划,日程安排,会展报名,参会者的住宿安排,展示现场的布置和服务以及后续工作等。

**3. 会展礼仪的特点**

(1) 人文性。会展礼仪的人文性特征贯穿于会展活动的整个过程。以人为本，是会展礼仪的出发点和落脚点。在会展活动中，会展礼仪以尊重人、方便人、帮助人为宗旨，在整个会展活动过程中，所有的会展礼仪都必须处处体现出人文性特点。

(2) 协调性。做好会展礼仪工作应注意协调好以下三方面关系：一是与主办单位的关系，保证按主办单位的要求安排好一切事务；二是和与会人员的关系，要以主人的身份，热情、周到地为他们服务；三是与各相关单位、相关人员之间的关系。

(3) 综合性。会展业是一种综合性的经济文化产业。它涉及不同的经济领域，也涉及世界各个地理区域。几乎各个经济领域都有自己专业的展览活动，同时世界各地都有不同的会展活动。因此，会展礼仪人员不仅要懂政治、文化、服务心理、营销手段、现代礼仪等服务理论，还必须掌握接待礼仪、会话艺术、餐饮文化、现代设施及设备的使用等服务技能。

(4) 专业性。会展是一门专业性和实践性很强的学科。它要求会展礼仪人员必须掌握足够的专业知识，明确会展的业务性质、范围、职责要求、工作流程、服务标准，了解会展的筹备、策划、日程安排以及会展布置、现场服务和会后的后续工作等知识，按照会展礼仪的专业形式和要求，体现出会展礼仪的专业性特点。

(5) 规范性。会展礼仪具有一定的规范，必须按照会展礼仪规范做好会展礼仪工作。会展礼仪规范约束着会展工作人员的言谈举止，是会展工作人员应当严格遵守的行为规范。

## 5.1.2 会展礼仪的作用

无论是会议的召开还是展览的举办，会展礼仪都将融入整个活动过程。无论是盛况空前的开幕式，还是气势宏大的闭幕式，都离不开会展礼仪的参与。会展礼仪具有浓郁的特色性和鲜明性，是一项投入大、规模大、影响大的礼仪活动。无论如何，会展礼仪总是围绕它的基本目的发挥作用，其主要功能表现在以下三个方面。

**1. 沟通交流功能**

礼仪是一种信息，通过这种信息可以传达尊敬、友善、真诚等感情，使他人感到温暖。在会展活动中，恰当得体的礼仪可以获得对方的信任和好感，消除人和人之间的心理隔阂，从而有助于会展活动的进行。

**2. 协调功能**

礼仪作为一种规范，对人际关系起着维护和调节的作用，有助于人们相互理解、相互尊重并友好相处，使社会生活秩序井然。在会展活动中，见面称呼、迎来送往、待人接物、信函往来等礼仪活动会促进人际关系的建立，使人际关系更加融洽，而人际关系中的不和谐往往也要借助于某些礼仪形式和礼仪活动来修补和改善。

**3. 塑造形象的功能**

从事、参与会展活动的人员和企业应具有完善的自我形象，而会展礼仪具有塑造自我形象的功能。在会展活动中，要求从业人员言行大方、得体，树立良好的企业及个人形象，按照约定俗成的礼节程序同与会者、参展商、客商和观众相互往来，洽谈合作。因此，会展礼仪可以强化会展企业的道德要求，树立会展企业和个人的良好形象。

## 5.1.3 会展礼仪的基本原则和要求

**1. 会展礼仪的基本原则**

会展礼仪操作应遵循如下几项原则，理解和把握其基本原则是做好会展礼仪工作的前提条件。

(1) 形式规范。形式规范是会展礼仪中待人接物的基本标准。会展礼仪的核心本质是尊重他人，形式规范就是按照标准的规范和行为恰到好处地表现出对他人或交往对象的尊重。

(2) 区分对象。区分对象是指在接待他人时，应当平等对待、一视同仁，具体到每位客人，根据不同对象的特点区别对待，讲究操作方法和技巧。特别是对待来自不同国家、不同民族和不同宗教信仰的人士，更应注意会展礼仪的操作规范。

(3) 礼貌服务。礼貌服务是会展礼仪的基本理念，真诚、文明和热情是基本的操作原则。

**2. 会展礼仪的基本要求**

会展业是沟通交流的窗口行业，对于会展活动的成功举办，会展礼仪具有不可忽视的作用。会展礼仪通过会展工作人员的言行举止表现出来，因此，应遵守如下基本要求。

(1) 服务态度和职业修养。服务态度是指对服务工作的看法以及在为服务对象提供服务时的具体表现。职业修养是指在思想上、业务上所达到的一定的水准和养成的待人接物的基本态度。会展工作人员必须具备应有的职业素质和修养，树立服务和服务质量理念，端正服务态度，做到细致周到、热情礼貌、真诚待人，不断提高服务质量和水平。

(2) 确定角色和摆正位置。会展工作人员必须准确定位自己的角色并摆正位置，即服务于他人，提供特色服务以适应不同服务对象的需求，使之满意。

(3) 善于沟通与交流。会展工作人员应了解和理解服务对象并建立沟通渠道，提高沟通能力，加强与服务对象的沟通和交流。不仅要满足其正常需求，还要满足其合理的特殊需求，提供个性化服务。

(4) 注重自我形象。据调查显示，参展者85%的第一印象都来自会展工作人员，当他们决定进行买卖时，工作人员所起的作用占到80%左右。在人际交往中，第一印象十分重要。所以，会展工作人员必须注重自我形象。衣着打扮、言谈举止、专业水平、和蔼态度以及亲和力等，都是会展工作人员必须注意的方面。

(5) 学习并提高技巧。会展工作人员在具体的会展活动过程中，要注意语言的表达，该说的必须要说，不该说的坚决不说，切忌多言多语或低头不语。注意表情的运用与调控，准确和恰当地表现热情友好之意。注意举止得体，克制并严禁不卫生、不文明、不礼貌、不负责的行为，学会并主动接受、重视和赞美服务对象。

## 5.2 一般会议

**案例**

### 会议的座次安排

某分公司要举办一场重要会议，请来了总公司总经理和董事会的部分董事，并邀请当地政府要员和同行业知名人士出席。由于出席的重要人物多，领导决定用U形桌来布置会议室。分公司领导坐在U形桌横头处的下首，其他参加会议者坐在U形桌的两侧。当天开会时，贵宾们都进入了会场，按座签找自己的座位就座。当会议正式开始时，坐在U形桌横头处的分公司领导宣布会议开始，这时发现会议气氛有些不对劲，有贵宾相互低语后借口有事站起来要走，分公司的领导不知道发生了什么事或出了什么差错，非常尴尬。

召开会议是洽谈商务、布置工作、沟通交流的重要方式，在企业外部与内部工作中具有不可忽视的地位。会议礼仪是会议筹备、组织、服务时必须遵守的礼仪规范，对会议精神的执行有较大的促进作用。

### 5.2.1 会议筹备工作流程

凡正规的会议，均须进行缜密而细致的组织工作。具体而言，会议的组织工作，在其进行前、进行时与进行后又各有不同的要求。凡此种种，均可称为会务工作。负责会务工作的基层人员一定要遵守常规，讲究礼仪，细致严谨，做好准备。

在会议组织工作中，与会前的组织工作较为关键，具体包括以下4个方面。

**1. 成立会务筹备组**

举办任何会议,皆要先确定主题(包括会议名称)。会议主题一般由相关领导在会前集体确定。负责筹备会议的工作人员则应围绕会议主题,将领导议定的会议规模、时间、议程等组织落实。通常要组成会务筹备组,明确分工,责任到人。

**2. 通知的拟发**

按常规,举行正式会议均应提前向与会者下发会议通知。它是由会议的主办单位发给所有与会单位或全体与会者的书面文件,同时包括向有关单位或嘉宾发的邀请函件,具体应做好两件事。

(1) 拟好通知。会议通知一般应由标题、主题、会期、出席对象、报到时间、报到地点以及与会要求七项要点组成。拟写通知时,应保证其完整且规范。

(2) 及时送达。下发会议通知,应设法保证其及时送达,不得延误。

**3. 文件的起草**

会议上所用的各种文件材料,一般应在会前准备妥当。需要认真准备的会议文件主要有会议的议程、开幕词、闭幕词、主题报告、大会决议、典型材料、背景介绍等。有的文件应在与会者报到时下发。

**4. 常规性准备**

负责会务工作时,往往有必要对一些会议涉及的具体细节问题,做好充分的准备工作。

(1) 做好会场布置。选择举行会议的场地,根据需要安排会场的桌椅,对于开会时所需的各种音响、照明、投影、摄像、摄影、录音、空调、通风设备和多媒体设备等,应提前调试检查。

(2) 根据会议规定,与外界做好沟通工作。比如,向有关新闻部门、公安保卫部门进行通报。

(3) 会议用品的采办。有时,一些会议用品,如纸张、本册、笔具、文件夹、姓名卡、座位签以及饮料、声像用具等,还需要补充、采购。

## 5.2.2 会议期间工作流程

在会议召开期间,负责会议具体工作的人员,需一丝不苟地做好下列工作。

**1. 例行服务**

会议召开期间,一般应安排专人在会场内外负责迎送、引导、陪同与会人员。对与会的贵宾以及老、弱、病、残、孕者,少数民族人士、宗教界人士、港澳台同胞、海外华人和外国人,往往还需重点照顾。对于与会者的正当要求,应有求必应。

**2. 会议签到**

为掌握到会人数，严肃会议纪律，凡大型会议或重要会议，通常要求与会者在入场时签名报到。会议签到的通行方式有三种：一是签名报到，二是凭入场券报到，三是刷卡报到。报到后，应将会议资料及礼品发放给与会人员。

**3. 会议主持**

会议期间必须有人主持会议，控制会议的进程。

担任会议主持的人，要有一定职位，且要清楚会议的内容、会议的目的、邀请的人员、会议成功的标志。主持会议时，应做到穿着整洁、大方庄重、精神饱满、口齿清楚、思维敏捷，能调节会议气氛，有随机应变的能力。

**4. 餐饮安排**

如会议时间较长，应为与会者安排会间的工作餐。与此同时，还应为与会者提供卫生可口的饮料。会上提供的饮料，最好便于与会者自助饮用，不提倡为其频频斟茶续水。那样做既不卫生、安全，又有可能妨碍对方。如有必要，还应为外来的与会者在住宿、交通方面提供力所能及、符合规定的方便条件。

**5. 现场记录**

凡重要的会议，均应进行现场记录，具体方式有笔记、打印、录音、录像等。可单用某一种，也可多种方式结合使用。会议名称、出席人数、时间地点、发言内容、讨论事项、临时决议、表决选举等会议基本内容的记录要完整、准确、清晰。

**6. 编写简报**

有些重要会议，在会议期间往往要编写会议简报。编写会议简报的基本要求是快、准、简。快，是要求讲究时效；准，是要求准确无误；简，则是要求文字精练。

## 5.2.3 会后工作

会议结束，应做好必要的后续工作，使之有始有终。后续工作可分为以下三类。

**1. 形成文件**

这些文件包括会议决议、会议纪要等。一般要求尽快形成，会议一结束就要下发或公布。

**2. 处理材料**

根据工作需要与有关保密制度的规定，在会议结束后应对与其有关的一切图文、声像材料进行细致的收集、整理。收集、整理会议材料时，应遵守规定与惯例，应该汇总的材料，一定要认真汇总；应该存档的材料，一律归档；应该回收的材料，一定要如数收回；应该销毁的材料，则一定要仔细销毁。

**3. 协助返程**

大型会议结束后，主办单位一般应为外来的与会者提供返程便利。若有必要，应主动为对方联络、提供交通工具，或是替对方订购、确认返程的机票、船票、车票。当团队与会者或与会的特殊人士离开本地时，还可安排专人送行，并帮助其托运行李。

## 5.2.4 会场的座次

**小知识**

### 金正昆讲政务场合的座次安排

第一，遵守惯例。比如，在国际会议、体育比赛中，按照字母顺序排列人名就是个惯例；又如，在差额选举中，投票候选人名单的排序是有讲究的，标准做法是按照姓氏笔画排序。

第二，内外有别。

关于政府公务员礼仪排座次、主席台排座次有三句话：

第一句话，前排高于后排。

第二句话，中央高于两侧。

第三句话，左高右低。关于座次排列的左和右，专业讲法是当事人的左和右。在国际惯例中，排座次的做法与中国传统排法正好相反，国际惯例是右高左低。英文中，左右的标准化说法是right and left(右左)。

举行正式会议时，通常应事先排定与会者的座次，尤其是其中身份重要者的座次。越是重要的会议，它的座次排定往往越受社会各界的关注。对有关会场排座的礼仪规范，不但需要有所了解，而且必须认真遵守。在实际操办会议时，由于会议的规模多有不同，因此其具体的座次排定便存在一定的差异。但通行规则是前高后低、中央高于两侧、左高右低(中国惯例)和右高左低(国际惯例)。以下均为中国惯例，以左为尊，即左为上、右为下。

**1. 小型会议**

小型会议，一般指参加者较少、规模不大的政务会议。它的主要特征是不设立专用的主席台，但要选准主席位，位次排列需要注意以下两点。

(1) 讲究面门为上、以左为上。面对房间正门的位置一般被视为上座，其他的与会者可在其两侧自左而右依次就座，如图5-1所示。

(2) 小型会议通常只考虑主席位，同时也强调自由择座、依景设座。例如，主席也可以不坐在右侧或者面门而坐，而是依托会议室内的主要景致，如字画、讲台等，均强调居中为上。

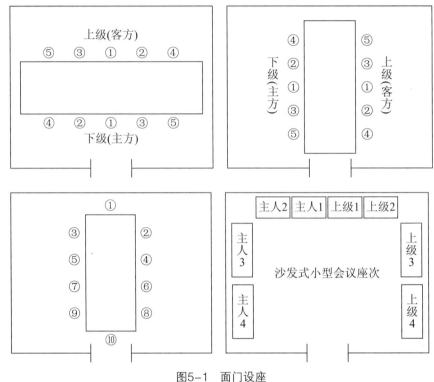

图5-1　面门设座

## 2. 大型会议

大型会议，一般是指与会者众多、规模较大的会议。它的特点是会场上应分设主席台与群众席，前者必须认真排座，后者的座次则可排可不排。

1) 主席台排座

大型会场的主席台，一般应面对会场主入口。在主席台上就座的人，通常应与在群众席上就座的人面对面。在每一个座位对应的桌面上，均应放置双向桌签。

主席台排座，具体又可分为主席团排座、主持人座席、发言者席位三方面问题。

(1) 主席团排座。主席团，在此是指在主席台上正式就座的全体人员。目前国内排定主席团位次的基本规则有三种：一是前排高于后排；二是中央高于两侧；三是左侧高于右侧(涉外礼仪讲究以右为上)。具体来讲，主席团的排座又有单数与双数的区分。如果主席台上的人数是单数，正中间的是最重要之人(或职务最高之人)，仅次其位的坐于其左侧，再次之人位于其右侧，然后依次再往左、右连续排位，直至排完为止；如果主席台上的人数是双数，那么最重要之人位于正中间往右第一个位置，然后再参照以上规则排位。在此，分别以6人和7人为例，具体排位如图5-2所示。

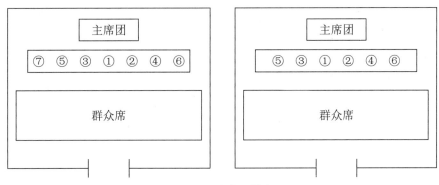

图5-2　主席团排座

(2) 主持人座席。会议主持人又称大会主席，其位置安排分为三种情况：一是居于前排正中央；二是居于前排两侧；三是按其具体身份排座，但不宜令其就座于后排。

(3) 发言者席位。发言者席位，又称为发言席。在正式会议上，发言者发言时不宜就座于原处。如图5-3所示，发言席的常规位置有两个：一是主席团的正前方；二是主席台的右前方。

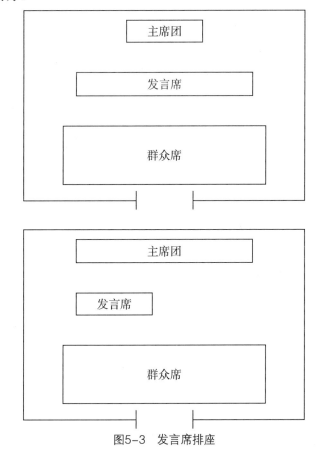

图5-3　发言席排座

2) 群众席排座

在大型会议上，主席台之下的一切座席均称为群众席。群众席的具体排座方式有两种，如图5-4所示。

(1) 自由式择座。不进行统一安排，由大家各自择位而坐。

(2) 按单位就座。与会者在群众席上按单位、部门或者地位、行业就座。席位前后的具体依据，既可以是与会单位或部门的汉字笔画的多少，也可以是汉语拼音字母的前后，还可以是其平时约定俗成的序列。按单位就座时，若分为前排后排，一般以前排为高，以后排为低；若分为不同楼层，则楼层越高，排序便越低。

在同一楼层排座时，又有两种普遍通行的方式：一是以面对主席台为基准，自前往后横排；二是以面对主席台为基准，自左而右竖排。

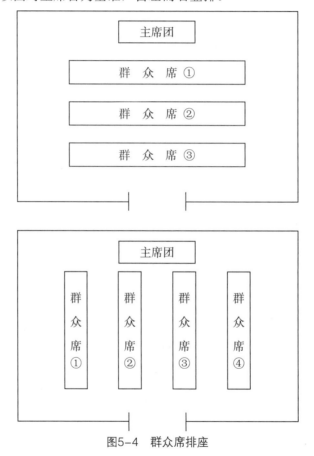

图5-4　群众席排座

# 5.3 展览会

最早的汽车展览出现在1889年的巴黎博览会上，第一次向公众展示问世不久的汽车。这次博览会以埃菲尔铁塔为中心，吸引了三千二百多万名观众。1893年芝加哥"世界博览会"展出了"蒸汽汽车、电动汽车和所有在普通公路上行驶的非马力载客车辆"，一些电动汽车被用来运送参观者，受到极大欢迎。

在以后的展览会上，常组织汽车赛，展示汽车装配过程或放映有关汽车的电影，以生动的视觉形象向公众介绍道路的发展和汽车的工作原理，以最新的科技成果和对未来的展望吸引广大观众。

近年来的汽车展览会上，各大汽车企业使出浑身解数，采取了一系列宣传策略，如汽车靓模选秀、车展摄影大赛、现场游戏体验、汽车宝贝城市CS战、城市越野新体验等，燃烧着车市激情，引领着车市新风尚。

展览会礼仪，通常是指汽车企业在组织、参加展览会时应当遵循的规范与惯例。展览会在汽车商务交往中往往发挥着重大的作用，它不仅具有很强的说服力、感染力，可以打动观众，帮助主办单位广交朋友，还可以借助个体传播、群体传播、大众传播等各种传播形式，将有关主办单位的信息广为传播，提高其名气与声誉。正因为如此，几乎所有的商界单位都十分重视展览会，并踊跃参加。

## 5.3.1 展览会筹备工作流程

展览会正式开始前，组织者需要重点关注以下几方面工作：参展单位的确定，展览内容的宣传，展位的分配，安全保卫事项和辅助服务项目等。

**1. 参展单位的确定**

一旦决定举办展览会，首先应确认邀请哪些单位来参加。在具体考虑参展单位的时候，应本着双向选择、不得勉强的原则。按照商务礼仪的要求，主办单位事先应以适当的方式，向拟参展单位发出正式邀请。邀请参展单位的主要方式为刊登广告、寄发邀请函、召开新闻发布会等。无论采用哪种方式，均须同时将展览会的宗旨、展出主题、参展单位的范围与条件、举办展览会的时间与地点、报名参展的具体时间与地点、咨询有关问题的联络方法、主办单位拟提供的辅助服务项目、参展单位应负担的基本费用等，一并如实相告，以便对方据此决定是否参展。对于报名参展的单位，主办单位应根据展览会的主题与具体条件进行必要的审核，切勿良莠不分，来者不拒。当参展单位的正式名单确定以后，主办单位应及时地以专函进行通知，以便被批准的参展单位尽早准备。

**2. 展览内容的宣传**

为了引起社会各界对展览会的重视，并且尽量扩大其影响，主办单位有必要对其进行大力宣传。宣传重点应当是展览的内容，即展览会的展示陈列之物，如此才能吸引各界人士关注。对展览会，尤其是对展览内容所进行的宣传，主要可以采用下述8

种方式。

(1) 举办新闻发布会。
(2) 邀请新闻界人士到场进行参观采访。
(3) 发表有关展览会的新闻稿。
(4) 公开刊发广告。
(5) 张贴有关展览会的宣传画。
(6) 在展览会现场散发宣传性材料和纪念品。
(7) 在举办地悬挂彩旗、彩带或横幅。
(8) 利用升空的彩色气球和飞艇进行宣传。

以上8种方式，可以只择其一，亦可多种并用。在具体选择时，一定要量力行事，并且要严守法纪，注意安全。为了做好宣传工作，在举办大型展览会时，主办单位应专门成立对外宣传机构，其正式名称可以叫新闻组，也可以叫宣传办公室。

**3. 展位的分配**

对展览会的组织者来说，展览现场的规划与布置通常是其重要职责之一。在布置展览现场时，基本要求是：各种展品要围绕既定的主题，进行互为衬托的合理组合与搭配，展示现场应井然有序、浑然一体。

展品在展览会上展示陈列的具体位置，称为展位。大凡理想的展位，除了收费合理之外，应当面积适当，客流较多，处于展览会较为醒目之处，设施齐备，采光、水电供给良好。

在一般情况下，展览会的组织者要想尽一切办法充分满足参展单位关于展位的合理要求。假如参展单位较多，并且对于较为理想的展位竞争较为激烈，则展览会的组织者可依照展览会的惯例，采用下列方法对展位进行合理分配。

(1) 对展位进行竞拍。由组织者根据展位的不同，制定不同的收费标准，然后组织一场拍卖会，由参展者自由竞价，由出价高者获得自己想要的展位。

(2) 对展位进行投标。由参展单位依照组织者公告的招标标准和具体条件，自行报价，并据此填具投标单，由组织者按照"就高不就低"的常规，将展位分配给报价高者。

(3) 对展位进行抽签。将展位编号，然后将号码写在纸签上，由参展单位的代表在公证人员的监督下抽取，以此来确定各自的具体展位。

(4) 按"先来后到"分配。以参展单位正式报名的先后为序，谁先报名，谁便有权优先选择自己看中的展位。

不管采用上述何种方法，组织者均需事先通知，以便参展单位早做准备，选到称心如意的展位。

**4. 安全保卫事项**

无论展览会举办地的社会治安环境如何，组织者对有关的安全保卫事项均应认真对待，免得由于事前考虑不周而出现麻烦。在举办展览会前，必须依法履行常规的报批手续。此外，组织者还须主动将展览会的举办详情向当地公安部门通报，以求其理解、支持与配合。

举办规模较大的展览会时，最好从合法的保卫公司聘请一定数量的安保人员，将展览会的安保工作全权交予对方负责。为了预防天灾人祸等事件的发生，应向声誉良好的保险公司投保数额合理的保险，以便利用社会力量为自己分忧。

在展览会入口处或展览会的门券上，应将正式的参观注意事项成文列出，使观众心中有数，以减少纠纷。展览会组织单位的工作人员，均应自觉树立良好的防损、防盗、防火、防水等安全意识，确保展览会的顺利举办。按照常规，有关安全保卫事项，必要时最好由有关各方正式签订合约或协议，并要经过公证。

**5. 辅助服务项目**

主办单位作为展览会的组织者，有义务为参展单位提供一切必要的辅助服务项目，否则会影响自己的声誉。由展览会的组织者为参展单位提供的各项辅助服务项目，要事先对有关费用进行详尽说明。

具体而言，为参展单位提供的辅助服务项目，主要包括下述8项内容。

(1) 展品的运输与安装。
(2) 车、船、机票的订购。
(3) 与海关、商检、防疫部门的协调。
(4) 跨国参展时有关证件、证明的办理。
(5) 电话、传真、电脑、复印机等现代化通信联络设备。
(6) 举行洽谈会、发布会等商务会议或休息时使用的适当场所。
(7) 餐饮以及有关展览时使用的零配件的提供。
(8) 安排供参展单位选用的礼仪、讲解、推销人员等。

## 5.3.2 展览会期间礼仪

**1. 展览会现场管理礼仪**

迎接是会展活动中一项较为常见的工作，也是会展活动主办方的诚意、形象及礼仪素养的重要体现。迎接工作就像会展活动的门面工程，各环节处理得好，会给参加会展活动的代表留下美好而深刻的第一印象，并为顺利举行会展活动打下基础。因此，在会展活动中，迎接工作应事先拟订计划，由指定的部门和人员负责，注重接待礼仪规范，把握好迎接工作细节。

(1) 机场和车站是迎接会展代表的重要场所。在会展活动方案中，常在机场和车站设立专业观众接待站，为专业观众提供接待和咨询服务。训练有素的迎接人员，会给会展代表留下美好、愉悦的第一印象。

(2) 展览会现场接待第一环节是办证。对于人员较多的代表团，可事先将资料、票证办妥并发放给他们。对于在现场办证的代表，则应依据办证程序办理，接待人员应向远道而来的代表表示问候，并耐心地请代表出示邀请函、相关证件等，指导他们填写办证表格，引导代表来到制证场地等候办证。办证过程中应多使用礼貌语言，如"请坐好""请看摄像头""请稍候"等，最后将制作好的证件双手递送给代表。

(3) 现场投诉接待。会展活动具有综合性特点，任何一个环节出现问题，都有可能造成会展参与者的不满和投诉。会展接待人员在接待投诉时必须遵守代表至上的原则，妥善处理投诉。

(4) 现场问题控制。会展期间，随时随地都有可能发生一些意外。因此，必须安排现场管理者维持秩序。现场管理者也是一个协调者，如果发生问题，他们可以在主办单位、参展单位、参观者和政府各部门之间进行沟通。

(5) 其他服务。在会展期间，还应做好以下工作：统计会展参观人数并分类；发放展览会刊；协调展会期间研讨会会议组织安排工作，使研讨会与展览会有机结合；树立中间人形象，积极为企业牵线搭桥，为企业服务，如为企业提供洽谈间(休息室)、签约场所；及时将参观者的信息反馈给企业，积极与企业沟通，了解企业的想法及要求；统计大会的成交额；听取参会代表对大会的意见和建议；邀请参展商继续参加第二年展会等。

**2. 司仪礼仪**

会展司仪是会展各种仪式、活动的主持人，从事会展仪式、活动方案策划、程序推进、气氛调节和关系沟通等工作，是串联整个会展仪式及活动进程的灵魂人物。可见，司仪是会展活动中不可或缺的角色，而掌握司仪礼仪规范更是司仪人员在工作中的重中之重。

1) 仪式活动前

在主持各种仪式、活动之前，为了导入、串联、配合会展仪式、活动各环节，推进活动程序，司仪人员一般要做好如下工作。

(1) 了解会展仪式、活动的各种目的及要求。

(2) 尽可能参与会展活动方案的构思和制定。

(3) 承担会展仪式、活动细节的筹办工作。

(4) 熟悉会展仪式、活动的程序。

(5) 明确主持活动过程中的礼仪要求。

可见，会展司仪人员不仅需要具备良好的语言表达能力，还应做好主持活动前的各项准备工作，做到心中有数，为会展活动的顺利进行打下良好的基础。

2) 仪式活动中

在主持仪式时，司仪一般按以下程序进行。

(1) 做好准备工作。司仪应严格控制时间进程，在活动开始前，应力争让一切工作准备就绪，并安排主席台上的会议领导及嘉宾依次入席，严格执行议程的时间安排。

(2) 到达活动时间时，为了表现对按时出席活动及仪式的领导和嘉宾的尊重，司仪人员应当准时宣布会展活动正式开始，并请全体起立、奏国歌。

(3) 介绍主要来宾，宣布贵宾、需要发言的嘉宾名单。介绍"出席××活动的领导、贵宾"时，应按职位高低进行。一般情况下，先介绍外宾、外单位领导人的名字，各主办单位领导应排在宾客后面，但如果主办单位领导是国家领导人，则应先报。如果有外国驻华大使参加，因其是外国元首的代表，故宣读名单时其位置应提前。

(4) 祝词或开幕词。司仪邀请领导或贵宾致辞，内容可包括此次会展活动举办的缘由及意义，对所有来宾表示感谢，对会议、展览活动的祝愿和期待。祝词或开幕词应当热烈而简短。

(5) 介绍会展活动程序，让代表了解具体安排及时间。

(6) 宣布会展活动开始，进入剪彩、奏乐、舞狮等环节。

(7) 司仪按程序进行会展各项活动或邀请嘉宾参观展览。

此外，会展司仪人员还可适当地与会展活动参与者进行交流互动，营造气氛。会展主持人的礼仪表现对会展活动的圆满成功有着重要的影响。

**3. 演讲礼仪**

演讲，又称讲演或演说，它是指向听众就某一事件、某一问题发表个人见解，或是论证某种观点，是当众进行的一种正规而庄严的讲话。演讲具有明确的目的性，简单地说，它是为了传递一种信息；具体地说，它是为了阐明一个事实，提供一种见解，分析一个事物，说服一个群体。演讲具有姿态语言配合有声语言、情真意切的特点，更容易吸引听众和观众，具有强大的交流功能，并能为会展活动的成功奠定基础。

会展活动中，常见的演讲形式有欢迎(致贺)、欢送(答谢)、解说(简介)等，为了便于掌握，以下分别介绍几种不同形式的演讲应注意的礼仪问题。

1) 欢迎(致贺)时的演讲礼仪

在会议、展览开幕时，为会展活动的举行表示祝贺，为远道而来的嘉宾致上一份热情洋溢的欢迎词，往往必不可少。准备欢迎词(贺词)时，通常应考虑对象、场合、内容与态度等方面。欢迎(致贺)时的演讲重点在于"欢迎(致贺)"。

(1) 演讲时间设定在3分钟左右即可，一般不要超过5分钟，否则演讲效果会有所降低。

(2) 演讲稿也应事先准备并背诵流利，以便在演讲台上能应付自如，不应低头照念稿子。

(3) 演讲者的语言可生动、形象或幽默、风趣，可使用名言、诗词或描绘性的语句，以增强演讲效果，但要注意不能使用不规范的语言或乱开玩笑，否则会引起听众的反感。演讲的开场白没有固定模式，可以首先介绍一下自己的姓名，并向来宾致意，郑重表示欢迎之意，然后对即将举行的活动表示祝贺或提建议等。

2) 欢送(答谢)时的演讲礼仪

会展活动结束时，应对参加会展活动的代表及嘉宾表示欢送(感谢)。与欢迎相比，欢送多了一份惜别，少了一份热烈，但更增添了真情实感。欢送时的演讲重点在于"祝福(感谢)"。

(1) 演讲者可对会展活动进行回顾和总结。

(2) 演讲者可表现出惜别之情。

(3) 演讲者应对参加会展活动的代表及嘉宾表示感谢及表达美好的祝福。

3) 讲解(介绍)时的演讲礼仪

在会展活动中，这种演讲形式十分常见，尤其是在确定主题的会议或展览会上，相关人员、展位服务人员需要对会议推介的项目、展览展出的产品及企业进行讲解和介绍。因此，演讲者应注意以下三点。

(1) 注重与听众、观众的交流，演讲时可适当使用手势，让观众的注意力转移到需要介绍的产品和内容上。

(2) 解说应具有针对性。解说和介绍的内容应针对展览或会议的主题，突出项目和展品的特点及优势。

(3) 解说时应镇定、大方，并配合需要介绍的项目和产品选择解说的风格，保持演讲者的风度，也要注意演讲效果。

**案例**

### 标致公司总裁圣儒在日内瓦车展对媒体发表演讲

大家好！

感谢各位女士、先生，不远万里来到日内瓦与我们见面。

昨天，各位已参观了标致展台，领略了我们展台的设计和氛围以及我们的产品，它突出表现了品牌的4项核心价值：可靠、活力、美感、创新。

在神龙公司总经理刘卫东先生、东风标致总经理窦赛尔先生和我本人回答各位的问题之前，我还想讲一下我们的品牌以及在世界上的发展。各位知道，我们的汽车历史可以上溯到1889年。在那一年的世博会上，阿尔芒·标致展示了一辆蒸汽三轮车。首次的成功以及接下来推出的一系列有吸引力的、创新的车型，使标致在上一个世纪成为一个世界品牌，在120个国家开展业务。

如今，PSA标致雪铁龙集团已成为世界第六大汽车集团。标致在2003年共销售1 914 000辆车，与1997年相比，增长了60%。这一巨大成功，首先归功于我们的产品：206、307、607、807和今天的407。它们满足了用户日益增长的需要，用户不仅寻求一种出行工具，还希望领略一种震慑的美感，体验驾驶的愉悦，获得最高水平的整体安全。

标致以全球发展为本。2003年，近50万辆汽车在欧洲以外的地区销售，与2002年相比增长了13.6%，与1997年相比增长了180%。因此，标致带着决心和活力进入猴年。

进入中国市场对标致品牌来说是一个重要的挑战。中国市场以快速增长著称，两年增长180%。2003年，标致汽车在中国市场销售了两百多万辆。中国用户很现代，他们知道标致的产品质量和优异性能。

即将投放的307 4P，各位在展台上已首次看到，这是一款高科技含量的车，是307"马格利特"计划的第6个花瓣，此车在307系列全球平台上开发。我们相信它能满足中国用户的需要，发扬使标致在世界上获得成功的品牌价值。

代号为T5的307项目，一开始就是按"马格利特"计划设计的。就像一朵花有不同的花瓣一样，307系列有307 5P、307 3P、307SW、307旅行车、307CC和307 4P共6款产品。

我们进行了有关消费者期待的调查，并决定在每个国家实施不同的产品战略。在中国，2001年至2003年，我们在多个城市做了测评，以了解中国消费者的期待。为此，我们与中方合作伙伴一起选择了307 4P在中国市场投放。这是一个目标宏大的抉择，表明了标致在中国市场取得成功的决心，因为在中国投放一个已经在另一个国家商品化的车型应该更容易。

这款307 4P传承了307系列的质量特点，刷新了中级车市场的标准，具有空间更大、更有活力、功能更多的特点，简而言之，能提供更多驾驶体验。它的质量得到一致公认，307在全世界取得的商业成功，在25个国家获得的多个奖项(其中有欧洲年度车型)，也证实了这一点。

307 4P以其专有的三厢结构和现代、典雅的造型，及鲜明的个性，区别于这个级别的传统规则，它代表该级别行政用车的新标准。

它的高结构及前倾的风挡玻璃使其外部充满活力，内部宽敞、安静、明亮。高技术含量可以让307 4P提供到目前为止只有高档车才有的装备。

辅助驾驶设备：车灯自动打开系统、雨水传感器、辅助泊车系统、可自动收缩、电镀铬颜色自动变暗、防眩目后视镜。

舒适装备：隔热风挡玻璃和自动空调，防夹顺序电动天窗，307的振动和噪动噪尘也达到最高水平。行走系使307成为该级别车在道路行驶表现方面的全球标准，行走系全部标准配备ABS、制动电子分配、辅助紧急制动装置。

在被动安全方面，307的车身结构符合最严格的撞击标准，还有丰富的标准配置：驾乘人员安全气囊、燃爆式安全带、座椅主动椅背、可收缩转向柱以及后排儿童座椅固定装置。

这款307 4P从在中国投放开始，就搭载最现代的汽油发动机(1.6L，16气门；2.0L，16气门)，配载手动变速箱或保时捷系统TIPTRONIC顺序自动变速箱，体现标致汽车特有的活力。这些动力系统从一开始就符合欧洲III号标准，比法规要求提前两年，体现了品牌对环境保护的关注。

这款有丰富产品内涵的307 4P，将在年中上市销售。2004年4个月的销售目标将达到15 000辆，2005年将达到50 000辆。307将在武汉生产，工厂很现代化，大量投资已启动。事实上，已经新引进了一个工业平台，工厂产能翻番计划也已开始，从2004年起每年推出一个新车型。

此外，在PSA和DPCA之间非常重要的工业合作计划促使很多工程师展开交流，每个月有近150人在武汉和法国之间往来，保证武汉工厂的质量标准和制造水平与PSA集团在世界上其他工厂的水平一致。

标致在中国的工业导入伴随相应的商务组织的建立和商务网络的建设，东风标致专营网点今年将有80家，分布在全国的52个大城市。这些4S网点将符合蓝盒子标准——国际上最现代的商务形象和用户服务标准。

307 4P投放中国市场对标致而言是一件大事，因为这是标致历史上第一次在欧洲以外投放一款新车。这表明了标致对发展中国汽车市场的决心和信心。

### 5.3.3 撤展工作流程

展会的撤展工作一般安排在大会的最后一天下午，主要包括会场情况登记和出馆安排。派送撤馆通知要求包括以下几方面。

(1) 保持馆内秩序。

(2) 要求每个参展商清理自己的展品，并保管好。

(3) 有序地组织出馆。

(4) 进行最后的清理工作。

展览会的会后总结，是展览会的延续，也是展会成功的表现。因此，在展会结束后，要求对展览会的工作进展及整体情况进行整体分析，以便合理开展今后的工作。

## 5.4 汽车展览会

> **案例**
>
> **成功的背后**
>
> 1996年国际汽车展在国际展览中心举行，世界名车云集，盛况空前，取得极大的成功。在成功的背后，展览会中的礼仪工作功不可没。奔驰、宝马、本田、三菱等名车厂家不仅在展台设计、技术专业人员配备上花了大力气，更在礼仪策划、人员选择培训、服装选择等方面下足了功夫。当我们走进展览会，本田小姐嗓音清澈的解说，让人赞叹不已；福特小姐的现场表演让人流连忘返。精美的展台、高雅的礼仪小姐，更显示出汽车的名贵。这些展览礼仪小姐与汽车的品牌、车型、风格、特点巧妙融合，相得益彰。伴随汽车展的轰动效应，参展礼仪更加受到人们的重视。

### 5.4.1 汽车展览会的选择

不同的汽车企业在不同的时间参加展览会的目的不尽相同，具体包括：一是宣传品牌；二是宣传车型；三是通过展览会这个平台，获得更多客户；四是借此机会作为观众去观摩学习；五是通过展览来研究和开发市场。

汽车企业在选择展览会时，应结合参展目的重点考虑以下4个因素。

**1. 要尽可能多地了解展览会资料**

了解这个展览会覆盖的地区有多大；了解展览会的声誉；了解展览会的办展历史、规模、影响力、专业观众人数、展出内容(每届主题)、举办周期、地点、参展者的构成等；了解展览主办方的资质及上一届展览会的总体情况；了解展览会预订场地的费用、时间安排。展览会不一定越大越好，关键是要选择合适的。

**2. 要尽量选择参加分类明晰、定位明确、专业性强的专业展**

对于有些被笼统地称为博览会的展览会，尽管展出面积不小，规模也较大，但参观者的水平参差不齐，专业人士不多。这样的展览会，企业选择时要慎重，切忌盲目参展。汽车行业的企业可以选择参加汽车、汽车零部件或汽车用品类的展览会。例如，2001年9月在郑州举办的汽车博览会以"绿、风、飘"为主题，突出了环保、时尚、新颖的车展特色。专业分类清晰、定位明确的展览会，参观者都是专业人士，往往能取得明显的效果。

### 3. 要选择参加辐射面广的展览会

企业参展的目的是促销,所以应考虑展览会的辐射面。例如,国内的北京汽车展览会和上海汽车展览会都是国际性的展览会,辐射范围比其他城市的车展要广;再如,美国的展览会能辐射到加拿大、墨西哥和拉美的一些国家;欧洲的展览会可以辐射到欧洲直至北非的一些区域。

### 4. 要结合企业的目标市场,阶梯式持续参展

出展效果的直接体现是开拓市场和促销,潜在的还有企业实力和形象的展示和宣传。有这样一个客户,在考察了某参展企业三年的参展情况后才决定正式洽谈合作,并发展成为合作伙伴。原因有三:一是合作者认为这家企业参展的展品每年都在更新并逐渐系列化,由此确定该公司是在迅速发展的;二是认为该企业连续阶梯式参展,说明其目标市场确定并一直为之努力,这种企业有合作前景;三是认为该企业经过几年的尝试,已能适应目标市场的质量要求并已了解贸易习惯。这个例子就体现了一个企业连续阶梯式参展所带来的潜在效果。

**资料**

## 全球五大车展特色

法兰克福车展——博大

法兰克福车展创办于1897年,是世界上最早的国际车展,也是世界上规模最大的车展,有"世界汽车工业奥运会"之称。展览时间一般在9月中旬,每两年举办一次,展出的车辆主要有轿车、跑车、商务车、特种车、改装车及汽车零部件等。此外,为配合车展,德国还举行不同规模的老爷车展览。这个车展的地域色彩很强,可能因为是名车发源地,靠近各大车商总部,看法兰克福车展的欧洲老百姓不但非常积极,而且消费心理成熟,对汽车知识了解得很全面。车展上,各种品牌新车很多,参观者挑选车型关注的是科技含量、汽车零部件质量,以及维修问题、售后服务等方面,理性实用的成分居多。

巴黎车展——优雅

享誉全球的巴黎国际汽车展,自1898年创办以来,直至1976年每年一届,以后每两年一届,是世界第二大汽车展。巴黎车展的展览时间一般在9、10月间,每两年举办一次,与德国法兰克福车展交替举办。展览地点位于巴黎市区,共有8个展馆,展出的车辆主要有轿车、跑车、商用车、特种车、改装车、古董车、电动车及汽车零部件等。巴黎是个浪漫之都,车展也不例外,文化味道比较浓,每次举办车展的时候都会专门提供一个展馆来展出老爷车。那些汽车厂商不仅喜欢玩"新品",对"老古董"也饶有兴致,这自然就便宜了那些远道而来的看客们。当然,

法国人在浪漫之余，是不会忘记发财的。去巴黎车展你就会发现，车展的资料居然以价格表居多，每届车展上还会举行二手车拍卖，难怪有人说巴黎车展是五大车展中商业味最浓的车展。

北美车展——妖娆

北美车展创办于1907年，开始称为"底特律车展"，是世界上较早的汽车展览之一，1989年更名为"北美国际汽车展"。北美车展拉开了每年车展的序幕，举办时间为1月5日左右，举办地在美国的汽车之城底特律。展览面积为8万平方米左右，会议室、会谈室近百个。车展每年为底特律带来了可观的经济收益，年平均收益在4亿美元以上。北美车展"作秀"的味道很浓，看上去更像一个汽车的狂欢派对，吃喝玩乐加音乐灯光，热闹非凡。

东京车展——细腻

东京车展是世界五大车展中历史最短的，创办于1954年，逢单数年秋季举办，双数年为商用车展，是亚洲最大的国际车展，历来是日本本土生产的各种小型汽车唱主角的舞台。展馆位于东京附近的千叶县幕张展览中心，是目前世界最新、条件最好的展示中心。展出的展品主要有整车及零部件。该车展的特点之一是车型极多，多得让人无法记住，几乎什么稀奇古怪的车型都有，但又不是概念车，而且以小型车居多。车型种类的繁多，恰恰体现了日本人的细腻。比如，在日本有很多专为残疾人设计的汽车，这类汽车在打开车门后，驾驶座会自动转90°，以方便乘坐，还有可用手控制的刹车等，这是为了让残疾人也享受到汽车文明带来的好处和便利。

日内瓦车展——奢华

瑞士这个国家很特殊，虽然它没有自己的汽车制造公司，但它却是一个庞大的汽车消费市场。在瑞士的大街小巷，你常常可以看到本特利、保时捷等名车，就像名表一样，成了某种标志。日内瓦车展上的展品不仅是各汽车厂家最新、最前沿的产品，而且参展的车型极为奢华。由于各大公司纷纷选择日内瓦车展来推出自己最新、最靓的车型，这就为日内瓦车展博得了"国际汽车潮流风向标"的美誉。日内瓦车展不仅档次高、水准高，更重要的是车展很公平，没有任何歧视。无论是汽车巨头还是小制造商，都可以在日内瓦车展上找到一席之地，就连各类车展的资料，也被"一视同仁"地印成了英语、法语、德语等多个版本。

## 5.4.2 汽车展览礼仪策划

展览会以其专业性、针对性的特点逐渐成为国际、国内企业直接面对客户展示自己的有力工具。与此同时，一种新的礼仪文化随之诞生，即展览礼仪。尤其是近几年来，伴随汽车展览业的发展，汽车企业对展览礼仪策划也越来越重视。

汽车展览礼仪策划是参加展览会的汽车企业在参展前做的活动设计方案，它包括硬件方面的展位、展台布置以及与之配合的各种声、光、电效果；软件方面的宣传促销活动、展览礼仪模特的培训及包装等。完美的汽车展览礼仪策划能最大限度地展现企业的优势。

汽车展览礼仪策划，可考虑从以下5个方面进行。

(1) 了解展览会的类型、企业品牌、产品特点、展台风格、展位的周边环境及竞争对手的情况。

(2) 通过掌握的资料进行礼仪活动的整体创意策划，如展台设计、影视效果、解说效果等。

(3) 根据活动的策划和创意，选择礼仪小姐，进行明确分工，如解说员、演员、展示员、接待员，并对其进行培训。

(4) 根据汽车品牌、参展车型、展示风格，选择车模，并进行服装设计制作，力求充分表现一个品牌或车型的特色。

(5) 策划展前宣传工作，邀请和吸引客户，可采取直接发函、登门拜访、通过媒体做广告、现场宣传、派发资料等手段。

### 案例

#### "TRAE"公司成功的展览礼仪策划

在国际展览中心举办的一次国际制冷展上，美国"TRAE"公司取得了极大的成功，公众被"TRAE"独特的展示设计所吸引。在亮丽的背景幕布上，悬挂着一张巨幅风景画，象征着"TRAE"公司为改善人类的生存环境而奋斗的目标。在展台上，两位美丽动人的小姐面带微笑和来宾合影，一位专业摄影师用一次成像的相机把这一幕变成永恒。短短几天，大约4 000人得到了自己与"TRAE"小姐的合影照片。"TRAE"公司成功的展览礼仪策划，一时被传为佳话。

## 5.4.3 参展企业整体形象

在参与展览时，参展企业的整体形象直接映入观众的眼里，因而对参展的成败影响极大。参展企业的整体形象，主要由展品的形象与工作人员的形象两部分构成。对于两者要给予同等的重视，不可偏废其一。此外，还应注重汽车模特的形象。

**1. 汽车展品的形象**

汽车展品的形象主要由展品的外观、展品的质量、展品的陈列、展位的布置、发放的资料等构成。用于参展的展品,外观上要力求完美无缺,质量上要优中选优,陈列上既要整齐美观又要讲究主次,布置上要兼顾突出主题与吸引观众注意力。对于在展览会上向观众直接散发的有关资料,则要印刷精美、图文并茂、资讯丰富,并且注有参展单位的主要联络方法,如公关部门与销售部门的电话、电报、传真以及电子邮箱等。

**2. 工作人员的形象**

工作人员的形象主要指在展览会上直接代表参展单位露面的人员的穿着打扮。在一般情况下,要求在展位上工作的人员统一着装,最佳选择是身穿本单位的制服,或是穿深色的西装、套裙。在大型展览会上,参展单位若安排专人迎送宾客,最好请其身穿色彩鲜艳的单色旗袍,并佩戴写有参展单位或其主打展品名称的大红色绶带。为了说明各自的身份,全体工作人员皆应在左胸佩戴标明本人单位、职务、姓名的胸卡,唯有礼仪小姐可以例外。按照惯例,工作人员不应佩戴首饰,男士应当剃须,女士则最好化淡妆。

汽车企业的展览能否在展会上取得成功,在很大程度上取决于展位接待人员的表现。因此,企业在参展前应注意对展位接待人员的挑选,对展位人员进行专业知识及礼仪接待等各方面的培训,并在展位接待过程中注意以下礼仪要求。

(1) 热情待客。展会实际上就是营销的战场,展会上容易分散人们注意力的因素有很多,因此,展位接待人员应当在开展前做好相应的准备,热情待客,用微笑对待每一位经过展位的观众,主动向对方打招呼,如"您好,欢迎参观""请您参观"等。对于正在展位参观的观众,接待人员应耐心地进行讲解,并能识别潜在客户,分发相关的印刷品和宣传材料,真诚地道别,如"谢谢光临"等。不能对观众的提问置之不理,应让观众高兴而来、满意而归,并有所收获。

(2) 熟悉展品。接待前应该对展位的接待人员进行必要的专业知识培训,包括:有针对性地让接待人员了解一些公司产品的资料、竞争对手的信息以及重要客户的情况,明确参展的目的和期望,以便他们能胸有成竹地与观众和潜在客户打交道。

(3) 善于交流。展会接待人员要善于和陌生人交谈,了解观众及客户的需要,具有亲和力,还要掌握一定的解说技巧,能够因人而异,使解说具有针对性。展位接待语言应简洁、明了,选用简短而富有条理的话语,抓住观众的心理、展品的特点,适时地服务于观众并与观众进行交流,也有助于树立公司的专业形象。

(4) 学会倾听和解说。学会倾听十分重要,接待人员应专注而有意识地倾听观众的诉求,能从中发现观众的兴趣和爱好。讲解时,应注意语言流畅,语调柔和,声音清晰。同时,还要善于运用解说技巧,向观众介绍或说明展品时,应当掌握基本的方法和技能。解说技巧可按展会类型的不同而有所侧重。

(5) 礼貌欢送。当观众离去时,接待人员应礼貌地与观众道别,并致以"谢谢参观,再见"等礼貌用语,给观众留下一个美好而难忘的印象。

**3. 汽车模特的形象**

车展模特与时装模特不同。车模要表现车，而不是展示自我，通过气质、装束、造型、语言、表演、创意及汽车知识表现等方面来体现汽车的品位和用途。因此，对汽车模特的选择也更加严格。

(1) 气质匹配。每一个车型都具有不同于其他车型的气质和内涵，模特的气质也应与车型相互匹配，达到车人合一。例如，丰田的丰田品牌与雷克萨斯品牌，所选择的模特不同，其着装风格也有很大区别。

(2) 喜爱展品。模特只有喜欢这款车，了解这款车，才能真正影响消费者，让消费者爱屋及乌。

(3) 有耐力。汽车展览时间长、场地小，要求汽车模特工作的时间相对较长，需要有一定的耐力。

(4) 具备汽车专业知识。从某种意义上讲，汽车模特也是汽车推销员，他不仅仅是装饰，是点缀，有时也要回答观众的疑问。

展览一旦正式开始，全体参展单位的工作人员和模特即应各就各位，站立迎宾，不允许迟到、早退、无故脱岗、东游西逛，更不允许在观众到来时坐卧不起，怠慢对方。

当观众走近自己的展位时，不管对方是否向自己打招呼，工作人员都要面含微笑，主动向对方说："您好！欢迎光临！"随后，还应面向对方，稍许欠身，伸出右手，掌心向上，指尖指向展台，并告知对方："请您参观。"

当观众在本单位的展位上参观时，工作人员可随行于其后，以备对方向自己咨询；也可以请其自便，不加干扰。假如观众较多，尤其是在接待组团而来的观众时，工作人员亦可在左前方引导对方进行参观。对于观众提出的问题，工作人员要认真回答，不允许置之不理，或以不礼貌的言行对待对方。

当观众离去时，工作人员应当真诚地向对方欠身施礼，并道以"谢谢光临"，或是"再见"。在任何情况下，工作人员均不得对观众恶语相向，或讥讽嘲弄。对于极个别不守展览会规则而乱摸乱动、乱拿展品的观众，仍要以礼相劝，必要时可请保安人员协助，但不许打骂、扣留或者非法搜身。

## 思考题

**一、问答题**

1. 简述会展礼仪的概念。
2. 会展礼仪操作的原则和要求是什么？
3. 在汽车展览会中，主办单位的工作及应注意的礼仪有哪些？

4.参展企业的整体形象应从哪些方面来设计？

二、案例分析题

1.某市政府考察队来到恒实汽车股份有限公司考察情况，来宾有考察队长李海、副队长孙明、技术主管赵涛和考察队员王刚、向海，公司召开了欢迎大会。

请思考：会议桌是长方形的，应该怎么排座次才不失礼仪规范呢？在会议期间应做好哪些礼仪方面的工作？

2.上海的一个展览馆正在举行规模宏大的全球汽车展览。这次展览吸引了世界各地的人们蜂拥而来，他们希望能选购到物美价廉的汽车。

一位年长的来自深圳的富商，便衣简从，也来到展览会上，他已经做了一些前期的了解，这次来，准备通过实地体验，并且在大型车展厂商价格优惠的情况下从这里选购一辆豪华汽车。他停在一辆豪华轿车前，认真仔细地研究起来。这家豪华车厂商的服务人员是一位年轻貌美、气质高雅的小姐。她超凡脱俗，站在一旁，面带职业性的微笑，看着一群群对着豪华车啧啧有声的参观者。当然，她不可能对一个普通的老人给予过多的关注。所以，当这位年长的富商向她走过来询问一些有关汽车的细节问题时，她仅以一种很优雅的动作为富商拿了一份印刷精美的介绍图册。富商接过这份印刷图册时皱起了眉头，然后走开了。

富商继续参观，到了另一个展台陈列的豪华车前。这个展台前参观的人较少，这次他得到了一个年轻的专业服务人员的热情接待。这位服务人员脸上挂满了欢迎的微笑，那微笑就像阳光一样灿烂，富商顿时觉得温暖。而且当他又一次询问一些专业的问题时，他得到了相当周到的专业回答。从各种豪华车品牌，到性能和价钱，尤其是自己所推介的品牌，这位服务人员讲解得十分清楚。而且当其他参观者凑过来听时，他也尽量与其他参观者交流。尽管花费了不少时间，但他脸上一点也没有不耐烦的表情，反而始终洋溢着真诚的微笑。富商被他的微笑所感染，更被他所介绍的品牌豪华车的品质和价格所吸引，毫不犹豫地签了一张100万元的支票作为订金，买下一辆该品牌的豪华车。

请思考：从以上案例分析汽车展览会上服务人员应注意哪些礼仪问题？如何才能发挥参展的最大功效？

**任务5.1　一般会议的组织**

任务目标：训练学生组织一般会议的能力。

任务准备：公司准备召开部门经理年度总结会，由你负责会议的组织工作。

训练要求：请你拟定一份计划书，应包括以下要点：
(1) 开列与会者资格及名单；
(2) 拟订议程；
(3) 选择地点，布置会场。

_____
_____
_____
_____
_____

### 任务5.2  车展接待礼仪

任务目标：训练学生在汽车展览会上的接待能力。

任务准备：假设你是车展的参展方之一，现在，有一位参观者坐在你的样品车里不肯出来，执意要直接购买该车。因为样车只有一辆，为了完成展会，你不得不拒绝这个参观者的要求。

训练要求：请考虑怎么处理这件事才能不伤和气？

_____
_____
_____
_____
_____

### 任务5.3  汽车车展活动

任务目标：掌握举办车展的主要工作及礼仪要求。

背景资料：某汽车品牌经销商企划部门负责人召开部门会议，会上决定11月下旬在世贸广场举办车展，如果要你来负责这次活动，你该怎么做？

实训方法：以小组为单位，先拟一份策划方案，根据方案进行演示。组内同学分别扮演不同角色，如领导、司仪、工作人员等，模拟练习宣传、邀请、介绍、主持、礼仪服务等工作。然后，用数码摄像机(或数码照相机)记录整个过程，大屏幕回放，学生自我评价，授课教师总结点评学生存在的个性和共性问题，最后评选"最佳设计团队""最佳主持""最佳解说员"和"最佳服务人员"。

# 第6章

# 汽车销售流程及礼仪

## 案例

### 汽车该怎样卖

在一个炎热的午后,有位穿着汗衫,满身汗味的老农夫推开厚重的汽车展示中心玻璃门。他一进入,一位笑容可掬的柜台小姐立刻迎面走来,很客气地询问老农夫:"大爷,我能为您做什么吗?"

老农夫有点腼腆地说:"不用,只是外面天气热,我刚好路过这里,想进来吹吹冷气,马上就走了。"

小姐听完后亲切地说:"就是啊,今天实在很热,气象局说有32摄氏度呢,您一定热坏了,让我帮您倒杯水吧。"接着便请老农夫坐在柔软豪华的沙发上休息。

"可是,我们种田人衣服不太干净,怕会弄脏你们的沙发。"

小姐边倒水边笑着说:"没关系,沙发就是给客人坐的,否则,公司买它干什么?"

喝完冰凉的茶水,老农夫闲着没事便走向展示中心内的新货车,东瞧瞧,西看看。

这时,那位柜台小姐又走了过来:"大爷,这款车很有力,要不要我帮您介绍一下?"

"不要!不要!"老农夫连忙说,"你不要误会了,我可没有钱买,种田人也用不到这种车。"

"不买没关系,以后有机会您还可以帮我们介绍啊。"然后,小姐便详细耐心地将货车的性能逐一解说给老农夫听。

听完后,老农夫突然从口袋中拿出一张皱巴巴的白纸,交给这位柜台小姐,并说:"这些是我要订的车型和数量,请你帮我处理一下。"

小姐有点诧异地接过来一看,这位老农夫一次要订8台货车,连忙紧张地说:"大爷,您一下订这么多车,我们经理不在,我必须找他回来和您谈,同时也要安排您先试车……"

老农夫语气平稳地说:"你不用找你们经理了,我本来是种田的,因为和人投资了货运生意,需要买一批货车,但我对车子外行,买车简单,最担心的是车子的售后服务和维修,所以我儿子教我用这个笨方法来试探每一家汽车公司。

> 这几天我走了好几家，每当我穿着旧汗衫，进入汽车销售店，同时表明没有钱买车时，都受到了冷落，让我有点难过……只有你们公司知道我不是你们的客户，还那么热心地接待我，为我服务，你们对一个不相干的人尚且如此，更何况是客户……"
>
> (资料来源：彬心月.营销大全精选资料.http://www.doc88.com/p-970163342262.html.)

规范汽车的销售流程和礼仪、提升销售人员的营销技能和客户满意度，是当今各汽车公司以及各4S店的追求。在本章中，我们将以规范的销售流程为中心，以客户需求为导向，辅以恰当的礼仪和技巧，系统地介绍汽车销售流程。

# 6.1 客户开发流程及礼仪

要将汽车产品销售出去，首先要找到客户。企业拥有再好、再多的车，如果没有客户，就不能形成销售，从而造成积压。客户开发是汽车销售的第一个环节，在这一环节主要应关注如何寻找客户以及在寻找客户的过程中应注意哪些问题，具体包括以下流程。

**1. 寻找客户的渠道**

(1) 走出去。走出去是指利用各种形式的广告，参加车展，召开新闻发布会，进行新车推介和小区巡展，参加各类汽车文化活动，发送邮件，进行大客户专访，参与政府或一些企业的招标采购等。

(2) 请进来。请进来主要是指在展厅里接待客户，邀请客户前来参加试乘试驾活动，召开新车上市展示会或接受客户电话预约等。

(3) 保有客户的开发。公司保有客户是公司的财富，也是重点开发对象，因为保有客户的朋友圈子、社交圈子也是有价值的销售资源，所以要定期跟踪保有客户，开发保有客户的推荐客户，开发售后服务站外来的客户。比如，奔驰汽车的维修站也会修沃尔沃、宝马车等，这些客户也是重要的可开发对象。

**2. 客户开发的准备**

不管采用哪种方式去开发客户，都必须做好准备工作。

(1) 要详细了解和熟悉产品的品牌、车型、技术参数、配置等，要做到在与客户交流的时候能流利地回答相关问题。

(2) 要熟悉本公司汽车产品销售的政策、条件和方式。

(3) 要详细了解汽车销售过程中的各项事务，如付款方式、按揭费用计算、上牌手续、保险内容、保险费用等。

(4) 要了解竞争对手的产品与你所售车型的差异。有时客户会提到某款车比你的车好、那款车有什么装备等，你只有了解对方，才能找到应对的策略。

(5) 了解客户。要了解客户属于哪个类型，以便与客户交流的时候做到有的放矢、占据主动。

(6) 了解客户真实的购买动机、付款能力、采购时间等。

**3. 制定客户开发方案**

(1) 明确各个要素。首先要确定开发客户的对象，考虑与客户接触的方式，是打电话、请进来，还是登门拜访，这些都需要你去选择。同时还要选择时间、地点、内容，找出从哪里切入比较容易找出话题并能拉近与客户的距离，确定谈话的重点和谈话的方式。这些都要在准备方案里加以明确。

(2) 要有耐心和毅力。在开发客户的时候，方案的成功制定并不意味着方案的成功实施。因为在实际工作中，要经过反复努力才会成功，特别是汽车销售工作。客户在购买汽车时，不会很快做出决定，总是会反复斟酌。所以，汽车销售人员要有充分的耐心和毅力。

在销售过程中有"三难"，即面难见、门难进、话难听。要想解决这些问题，你应具备常人所没有的耐心和毅力。例如，当你给客户打电话而客户拒绝接听时，你可以换一种方式——发邮件。邮件石沉大海也不要灰心，实在没有其他办法，你就到他单位门口去等，等他的车来了以后，拦住他，告诉他你是谁，你是哪个公司的，然后彬彬有礼地递上自己的名片，说："我以前跟您联系过，这是我的名片，您先忙，抽空我再打电话跟您联络。"话不要说太多。客户拿到你的名片后会这样想："这家伙还挺有毅力的，我们公司的员工如果都像他这样就好了，我得抽空见见他。"从心理学的角度来讲，人都有好奇心，这种好奇心会促使客户想见你。

(3) 把握与客户见面的时间。依据经验，与客户见面的时间安排在上午十点钟左右或下午四点钟左右为宜。因为买车的人多数都是有决定权的，多数在单位、家庭或其他环境里是一个领导级的人物。作为领导，他从员工一步一步地走到现在的岗位，上班时形成了先紧后松的习惯。但人的精力是有限的，他从早晨八点钟开始忙，忙到十点钟，就需要休息。在他需要放松的时候你去拜访或联络他，他会把其他的事情暂时放在一边，去跟你聊几分钟，下午也是同样的道理。

(4) 与客户见面时的技巧。销售人员在与客户见面的时候也要讲究技巧。首先要准备一段很好的开场白，如果事先没有准备，应凭借实战经验来应对。

有经验的销售人员到了客户那里，应先观察客户的办公室环境，客户有哪些爱好，从他办公室里的摆设就能看出来。例如，客户办公桌椅的后面放了一个高尔夫球杆，那你与客户谈话的时候就可以从高尔夫球杆谈起；如果客户的办公室一角放了一套钓具，你就可以从钓鱼的话题开始；如果实在没有反映其爱好的摆设，你可以称赞他的办公环境布置得非常协调，令人身心愉快，这也是一个话题。不管怎么说，见面先美言几句，客户都不会反感。心理学认为，当一个人在听到他人赞美的时候，他所有的戒备都会放松，所以在这个时候最容易达成目标。

## 6.2 展厅接待流程及礼仪

**1. 客户接待**

在接待客户时，我们的接待礼仪要规范。但要注意，销售礼仪与其他商务接待礼仪有一定的区别，一般以客户舒适、轻松为前提。然后还要考虑怎样打消客户的疑虑，怎样获得客户的资料，怎样把客户引导到下一环节中去。

1) 客户接待准备

(1) 销售顾问应服装整洁，仪表得体，着公司统一制服，佩戴工号牌。

(2) 销售顾问应准备好笔、记录本、名片，并将资料夹中的各种资料准备齐全，包括各银行分期贷款明细表、保费计算清单、配件报价单、上牌服务资料及流程等。

2) 客户进门时的接待

第一次接触客户，汽车销售人员的首要工作是给对方留下完美的第一印象。

当客户进门的时候，销售人员应面带笑容注视客户，不要给客户造成压力和紧张的心理。一定要说"欢迎光临"，如果来的不是一个人，销售人员还要与同行的人打招呼，不能忽视同行的人。不要过多地打扰客户，只需占用几秒钟说"欢迎光临，这是我的名片，您可以随便看一看，如有问题或是需要我，招呼我一下就可以"。然后，你应离开客户。

当客户进来的时候，可能会带儿童。要注意保护他们的安全，还要让他们觉得开心快乐。所以销售人员应照看好孩子，把孩子带到儿童娱乐区去玩。

专营店里应摆放一些点心、糖果。营造这种环境，目的就是缓解客户的紧张心理。很多汽车公司都采取这种方法，美化环境，播放背景音乐，甚至还会根据客户的喜好预备不同的CD音乐。例如，有的客户想听听车的音响系统好不好，这个时候销售人员要注意细节，要问客户喜欢听哪方面的音乐，客户马上就会眼睛一亮，会在心里想"怎么，还有我喜欢听的类型"。

3) 客户看车时的接待

当客户进入展厅看自己感兴趣的车时，他不希望旁边有人打扰他，特别不喜欢销售人员在旁边喋喋不休地介绍。所以销售人员在礼貌地接待客户后，应离开客户，但也不能松懈。你好像是在忙自己的事情，但这只是一种假象，因为你要对客户负责。你要通过客户的着装、行为、语言，主动地去揣摩、研究他，通过分析和判断，在头脑中整理出一套与客户交流的方案。在客户需要帮助时，及时上前给予帮助。所以说，销售人员要观察客户，而不是不管客户。

4) 如何观察客户

从业务的角度来讲，销售人员要观察客户围着车看什么，是看车头、车尾，还是看驾驶座附近的仪表盘。只有了解客户关心、重视的方向，才能在脑子里准备好应对策略。客户都喜欢货比三家，也许在来这之前，他已经去过其他的店了。他这个时候进来，可能是进行一些细节上的比较。客户观察车头就是在审视两款车的车头有什么差别，从审美角度来看哪个更好看一些。销售人员观察到这种现象以后，就可以有的放矢地准备营销策略了。

**2. 需求咨询**

在各大汽车品牌的销售培训中，需求分析是非常重要的一环，可以说汽车销售的成败取决于需求分析。在需求分析中，我们将以客户为中心，以客户的需求为导向，通过需求分析来评定应该如何接待客户，以满足客户需求，达成销售目标。

1) 需求分析的内容

在看车的过程中，客户表现出有问题想要咨询时，销售人员就要开始实施需求分析了。

首先从礼貌寒暄开始，要让客户引导对话方向，回应客户提出的话题，倾听客户的想法。

其次要了解客户的购买动机、立场、偏好及对品牌认识的深度，尤其是汽车的用途与影响购买决策的关键点。有时，客户的期望比需求更为重要。要了解客户的需求与真正的期望，就等于要在短短的数分钟内了解一个人的经济状况、社会地位、性格特点，具体技巧有两个。

(1) 询问的技巧。询问开始时，使用投石问路法、投其所好法、直接询问法等技巧，以引起对方谈话的兴趣并使其讲出心里话。谈话开始时，要避免问特定性问题，还要熟练掌握转换话题的技巧。

(2) 聆听的技巧。每一种销售都应该建立在平等的基础上，只有在平等的前提下才有交流，在交流的基础上才能理解，在理解的条件下才能给予帮助。要学会聆听，学会用顾客的语言探究其内心，这就是顾客分析。

2) 开发隐性需求

需求分为显性需求和隐性需求。通过询问和聆听可将隐性需求开发成显性需求，具体有两个方法。

(1) 暗示问题法。给客户提示，让客户形成心理暗示。例如，你暗示他"这个问题现在很严重，不是你认为的小问题，必须得马上解决，否则会给你带来很大的麻烦"。

(2) 需求效益问题法。要让客户明确解决这个小问题以后，能够带来其他方面的利益。

**案例**

当年，一汽大众出了一款车型叫开迪。从外观来看，有点像轿车，也有点像货车，上市初期卖得挺贵，大概有十四万元，卖得很不好。当时，一个销售公司的老板对一个销售员说："小王啊，你看我们公司最近接了两百台的开迪，挺愁人的，来展厅询问的不多。要不，你出去跑跑，看看我们这些开迪的用户有可能在哪里，他们有没有可能买我们这个车，你去推销推销，试着了解了解，也好给我们以后的工作定个方向。"销售员说"行"，然后就出去了。

出去后，销售员发现一家轮胎店，规模还不小，店内有一辆20世纪80年代的日系小面的，已经很破了，车一点火就冒黑烟。老板时常开这辆车出去接人、送货。销售员觉得这可能是个机会，就进去了。

销售员说："老板，现在生意做得不错吧？"

老板说："对。"

销售员说："我看你挺忙，天天往外头送货。"

老板说："对对，好几个地方都有我的合作关系，经常要我的货，每次都要送个十条、二十条的。"

销售员说："这辆车的车龄很高了吧？油耗也高吧？"

老板说："还可以，还可以。"

销售员说："这要是坏在半路上会耽误事的！"

老板说："唉，别提了，昨天说好了给人家送二十条轮胎，结果车在半路出问题了，又修不了，没办法，只能临时借了辆车过去，但还是去晚了，顾客挺不高兴的，好在没说什么。"

销售员说："咱们生意人讲究信用，您答应了人家什么时候要货就什么时候送到，结果没做到，人家肯定不高兴！"

老板说："是是是，是这么回事。"

销售员说："那几个老板要是来您这玩，您就开这辆车接他们，就会显得您这买卖做得小气，对人家也不够尊重。您要是换一个好一点的品牌，坐着舒服点、宽敞点，也会显得您这个买卖做得大。人家看您卖轮胎能赚到钱，也会愿意从您这里多进货，您说是不是？"老板觉得有道理："那你现在给我推荐推荐，有哪些合适的品牌，我正想换车呢，就是一直没找到合适的。"

然后，销售员就给他介绍了开迪。

在这段对话中，销售员暗示老板，如果车出了问题有可能会损失他的商业信誉，而对于一个商人来讲，失去信誉就会影响以后的生意，因此，可以激发老板的购买欲望。

**3. 绕车介绍**

在绕车介绍中，销售人员应紧扣汽车这个产品，对整车的各个部位进行互动式的介绍,采用适当的方法和技巧,向客户展示产品及能给他带来哪些利益,以便顺理成章地进入下一个环节。

1) 车辆展示要点

车辆展示需要遵守规范的管理,应注意以下几点。

(1) 注意展厅及车辆的整洁、干净和完好,方便客户参观与操作。

(2) 注意车辆的颜色搭配,展示区域的车辆不能只有一种颜色,几种颜色搭配效果会更好一些。

(3) 注意车辆型号的搭配,同一个品牌的车,可能有不同的系列,有的车带天窗,有的车没有天窗,不同型号的车都应搭配展示。

(4) 注意车辆摆放的角度和重点车辆的摆放,重点展示的车辆必须要突出它的位置。一般来讲,小展厅能放三四台车,大展厅能放更多的车。在这些车中,肯定有不同的型号、颜色。它们之中有些属于主要车型,对这些车型一定要选出合适的位置来突出它。因此,我们常看到有些4S店会把一些特别展示的车辆停在一个展台上,其他的车都围绕着它。同时,还要想办法突显这辆车的特色,比如有的时候可以打些灯光。

2) 介绍车辆

在向客户介绍车辆前,可以先询问客户的需求。比如:"请问您想看哪种车型,我可以为您介绍。"根据客户的需求,将客户带到所需车辆前,有针对性地为客户进行六方位绕车介绍,如图6-1所示。

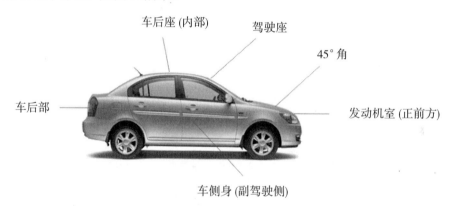

图6-1 车辆六方位

方位一:车的45°角。重点介绍车的外观与造型,主要说明腰线的伸展。品牌也是介绍的重点,如名车、进口车等。

方位二:驾驶座的位置。主要介绍乘坐的舒适性和驾驶的操控性,因为驾驶座这个位置有很多汽车操控的功能键。

此时,第一要告诉客户,这辆车是按照人体工程学设计的,它是一种包围性的设计,乘坐者坐进去以后就好像把他包围起来,这样会使乘坐者有一种安全感。有的车还有一种功能,叫做腰部支撑。腰部支撑好一点的可以带按摩,差一些的有一个开关在它的侧面，把开关稍微转动一个角度，正好可以顶在腰上，腰部支撑这时就起作用了，有助于驾驶员在长途驾驶的时候缓解疲劳。

方位三：车后座。主要介绍后排座的空间和它的舒适性。

客户坐上去以后要向他介绍后排座空间的舒适性、避震设计、避震效果。好一点的车后排座设计得很像沙发，可以变换角度或平放。

方位四：车的后部，包括后备厢等。在这个方位，销售人员要重点介绍车辆尾部的特点，尾灯的特点，还有后备厢，如后备厢的容积有多大。两厢有两厢的优势，三厢有三厢的好处，销售人员要根据不同的情况向客户介绍。

方位五：车的侧身。这个部位非常重要，因为买车的客户最关心的是安全问题。销售人员可以这样介绍："这辆车有三个柱子，我们称之为A柱、B柱和C柱，这里边的填充物可以抗击冲击；门的侧面都有防撞的钢梁，可以提供保护；这辆车的气囊比较多，侧面也有，称为窗帘式安全气囊。"

方位六：引擎盖打开里面的部分，即发动机室，应主要介绍发动机的特点和发动机的动力性。

3) 车辆介绍的技巧与方法

有些销售人员经常会说："我们在向客户介绍车辆时，感觉付出了很大的努力，可是客户听了就是不为所动，不知道是什么原因？"这个问题很普遍。很多销售人员滔滔不绝地和客户讲了半天，但最终没有打动客户，主要是因为缺少方法和技巧。

为了解决这个问题，可以采用特征利益法，也就是FFAB原则：Feature，产品或解决方法的特点；Function，因特点而带来的功能；Advantage，这些功能的优点；Benefits，这些优点带来的利益。我们依据FFAB原则，把产品的亮点展示给客户，并不需要详细介绍车辆的每项配备和特性，而要从客户最关心的方面开始展示，并鼓励客户提问，寻求客户认同。

例如，某款车配置了倒车雷达，销售人员在向客户介绍的时候，可以先告诉客户这台车配置了倒车雷达，然后提示客户倒车雷达有什么作用，即它在倒车的时候可以提示你车后面有没有障碍物，从而让你避免人、车、物的意外伤害。

通过这样的介绍，客户就会了解这个装备会给他带来哪些好处。如果你只是告知客户这款车有倒车雷达，他不会考虑到倒车雷达能给他带来哪些好处，自然也不会在头脑里加深对这款车的优越性的印象。

**案例**

### 比亚迪F3绕车介绍实例

(1) 左前方。风阻系数，总长、总宽、总高，比亚迪标志，镀铬前大灯，镀铬横向前隔栅、前保险杠，引擎盖立体肌线，大型包覆式保险杠，前风挡玻璃。

(2) 发动机室。比亚迪自主研发的473QB全铝发动机，油耗低、动力强劲。同时采用德国博世最新一代电喷管理系统，确保最低油耗，可以最大限度地为您节约油费。

(3) 车辆侧面。流线型高腰线，镀铬门把手，电动调节外后视镜，麦弗逊独立前悬挂，拖曳臂式后独立悬挂，VMP速度感应液压助力转向。

(4) 车尾部。抗静电鲨鱼鳍天线，镀铬装饰条，超大后排行李箱，六探头驻车雷达，后保险杠镶嵌简洁的后雾灯，LED组合尾灯及高位刹车灯。

(5) 车后座。防潜滑座椅，后座中央扶手，四门防撞钢梁，超大空间。

(6) 驾驶位。人机工程学座椅，双安全气囊，LED冷光护眼仪表，双层、双模电动天窗，可溃缩式方向盘转向柱，ABS+EBD，四轮碟刹。

(资料来源：韩宏伟.汽车销售实务[M].北京：北京大学出版社，2006.)

**4. 试乘试驾**

试乘试驾是对绕车介绍的延伸，客户可以通过试乘试驾的亲身体验去感受车辆的性能。销售顾问要把握好这个过程，让客户对车辆产生好感，从而增强客户的购买欲望。注意这个环节并不是接待的结束，目的还是要留住客户。

1) 试车准备

(1) 准备好试乘试驾车辆。这辆车不同于公司里正常使用的车，只要客户有要求，销售人员基本上都应该去满足客户的要求。因为很多人开过这辆车，而每个人开车的习惯又不一样，有的人脚重，有的人脚轻，有的会脱挡，有的技术高一些，所以对车的伤害也是比较大的。因此，一定要在每一次试驾之前，对这辆车的车况做一次检查，确保车处于最佳状态。

(2) 规划好试驾路线，尽量选择平坦、人比较少、安全的路段。

2) 客户驾车体验

在试乘试驾过程中，销售人员应坐在车上与客户一同感受车的性能。同时，注意客户观察什么、在意什么，把这些内容集中起来，给客户做详细的介绍。然后让客户自己去体验，感受车辆性能。

例如，销售人员可以让客户感觉脚与油门的配合会起到怎样的效果。作为客户，他脚底下没感觉，可能会轻轻点一下。结果，发动机"嗡"一声，转速表"哗"地上来一下，然后又下去了。这个时候，销售人员可以抓住机会说："您刚才听到了吧，不相信您再踩一脚，您看这个发动机的动力怎么样？很强劲吧！"

3) 驾车感受确认

销售人员在陪客户试乘试驾后，如果客户仍没有产生购买欲望，很可能是因为销售人员没和客户交流，没有对客户关心的问题进行确认。所以，在执行这个流程的时候，一定要让客户参与和确认，下面举例说明。

(1) 对车门的介绍。例如，"您看这辆车的车门，您听一听关门的声音""这辆车货真价实，安全性很好，没有空空荡荡的感觉"。

(2) 对车窗按钮的介绍。"这辆车配备中控开关，可以两边拨离，您集中精力往前开，别管那么多。您的左手门旁边有一组按钮，您把手先放在上面。然后您看，这个按钮的旁边有一个小圆按钮，您把这个按钮放到左边，然后用右边的大拇指按一下右边的键，这边的车窗就下来了。"客户亲手试过以后，你的目的就达到了。

(3) 对收音机按钮的介绍。例如，"收音机在您的右手边，您把右手从那个排挡杆斜上方伸出去，能摸到一个圆按钮，您把它旋向右边，就打开了。您不用看，只管开车，触手可及。"

4) 请客户再回展厅

客户试乘试驾结束后，很多情况下，不会再回展厅，而是表示要先回去。这时，销售人员一定要留住客户，有以下两种方法。

(1) 送礼品。可以说："等一下，我们还有一份礼品送给您。"一般情况下，客户都会跟你回去。

(2) 填表。可以说："还有一件事麻烦您配合，有一张表请您帮忙填一下，您对这款车有什么好的建议，您自己有什么感受都可以填到里面。"在这种情况下，客户一般不会推辞。这时，销售人员就可以把客户带回展厅。

5) 留住客户

再次进入展厅后，销售人员应抓住机会和客户交谈，解决客户的问题。

(1) 留住客户带来的小孩。客户进展厅后，要特别关注客户带去的小孩。可以给他糖吃，带他去儿童娱乐区，或者玩电脑游戏。小家伙儿往那儿一坐，大人就别想把他叫走，这种方法非常有效。

(2) 让客户抽烟、喝咖啡。有的客户坐下来以后就会抽烟，你可以让客户休息一下，抽一支烟。抽一支烟需要三五分钟，在此期间，可以给客户冲杯咖啡或泡杯茶。客户被你留下后，就可以进入下一个环节。

# 6.3 成交谈判流程及礼仪

试乘试驾结束，将客户再次带回展厅后，就要进入关键的、实质性的谈判环节。在这一阶段，销售人员的主要任务就是解决问题，处理客户在购买中提出的一些不同意见，及时发现客户的购买信号，在恰当的时候促成交易。

**1. 异议处理**

客户的异议，就是客户发表的对产品、性能、配置、价格等方面的不同意见。一旦客户提出异议，就有成交的可能，所以要正确对待和处理异议。

异议有真实的异议和假的异议两种。真实的异议是指客户表达目前没有需要或对你的产品或者服务不满意，或对你的产品或者服务抱有偏见。假的异议有两种：一种是客户用找借口、敷衍的方式来应付销售人员，目的是不想和销售人员交谈，不想实施购买行为；二是客户提出很多异议，但这些异议并不是他们真正在乎的地方，如"这辆车的外观不够好看"等，虽然听起来是一个异议，却不是客户真正的异议。

不管是真实的异议还是假的异议，销售人员可以采用以下6个技巧去应对。

(1) 忽视法。所谓忽视法，顾名思义，就是当客户提出一些反对意见，并不是真想要解决问题或讨论时，假如这些意见和销售人员的目的没有直接关系，销售人员只要面带微笑地附和客户就好了。

对一些为反对而反对或只是想表达自己的看法高人一等的客户，销售人员要满足客户的表达欲望，并迅速引开话题。

忽视法常用的方法有微笑点头，表示同意或者说"您真幽默"。

(2) 补偿法。当客户提出的异议有事实依据时，销售人员应承认并欣然接受，强力否认事实是不明智的举动。但记住，要给客户一些补偿，让他取得心理平衡，也就是让他产生两种感觉：一是产品的价格与售价一致；二是产品的优点对客户更重要。

世界上没有十全十美的产品，当然产品的优点越多越好，但真正影响客户购买与否的关键点并不多，补偿法能有效地弥补产品本身的弱点。

例如："虽然缝隙大了点，但这辆车的隔音效果做得很好，您不妨试试。"

(3) 太极法。当客户提出某些影响购买的异议时，假如销售人员能立即将客户的异议直接转换成他必须购买的理由，则会收到事半功倍的效果。

太极法能处理的异议多半是客户通常并不十分坚持的异议，特别是客户的一些借口。销售人员运用太极法的目的，是借处理异议来陈述该产品能给客户带来的利益，以引起客户的注意。

例如："这辆车轮胎好像窄了点。""在抓地力足够的前提下，轮胎窄更省油。"

(4) 询问法。销售人员在没有确认客户反对意见的重点及程度前，直接回答客户的反对意见，往往可能引出更多的异议，让销售人员更加烦恼。因此，应再次询问。

当销售人员再次询问客户时，客户必须回答自己提出反对意见的理由，说出自己内心的想法，必须再次检视他提出的反对意见是否妥当。

此时，销售人员能听到客户真实的反对原因，也能有较多的时间思考如何处理客户的反对意见。

例如："您是否对我们的汽车还有些不放心？"

(5) 缓冲法。人都有通性，不管有理没理，当自己的意见被别人直接反驳时，内心总是不愉快，甚至会被激怒，尤其是遭到陌生的销售人员的正面反驳。

销售人员屡次正面反驳客户，会让客户恼羞成怒，就算你说得都对，也没有恶意，还是会引起客户的反感。因此，销售人员最好不要直接提出反对意见。在表达不同意见时，尽量利用"是的……假如"的句法，委婉地提出不同意见，即用"是的"同意客户部分的意见，用"假如"引出自己的意见。

请比较下面两种方法，体会其中的区别。

"您根本没了解我的意见，状况是这样的……"

运用缓冲法："平心而论，在一般的状况下，您说得非常正确，假如状况变成这样，您看我们是不是应该……"

"您的想法不正确，由于……"

运用缓冲法："您有这样的想法，一点也没错，当我第一次听到时，我的想法和您完全一样，可是假如我们进一步了解后……"

(6) 直接反驳法。直接反驳客户容易引起客户的反感，但对于有些情况，销售人员必须直接反驳以纠正客户不正确的观点。例如，客户对你的服务、企业的诚信有所怀疑时，客户引用的资料不正确时。

出现上面两种情况时，销售人员必须直接反驳，因为此时与客户签约的可能性几乎为零。如能以正确的资料佐证，客户会轻易接受，反而会增强信任感。

使用直接反驳法时，在遣词用字方面要特别留意，态度要诚恳，对事不对人，切勿伤害客户的自尊心，要让客户感受到销售人员的专业与敬业。

例如："你们公司的售后服务工作做得很不好，处理客诉太慢。""我相信您知道的一定是个别案例，有这种情况发生我们感到非常抱歉，但我们公司的经营理念就是服务第一。"

**2. 购买信号识别**

销售人员经过不懈努力，激发客户的购买意愿后，客户往往会发出一些购买信号。这时，销售人员要大胆地建议其购买。客户发出的购买信号包括以下几种。

1) 行为信号

前文讲到客户异议的处理，当异议解决后，大家都长舒一口气，心情放松下来。此时，客户也会产生一种放松的感觉，不像一开始那么紧张，具体有如下表现。

(1) 客户靠在椅背上，跷起二郎腿。心想："我是客户，有什么事儿你得围着我转，钱在我口袋里，我想买谁的车就买谁的车。"突然，他把腰背直立起来，不再靠椅背了，而且身体朝着你的方向倾斜。

(2) 客户在跟销售人员谈的时候，把座椅朝销售人员的方向拉一拉，好像要把两个人的距离拉近一些。

(3) 以前都是销售人员巴结客户，说好话，甚至给客户递烟、敬茶。但如果客户从口袋里把烟掏出来给销售人员，就表示客户基本上没什么意见，要决定买车了。

但这个时候客户还有一点点犹豫，心想："我买车容易，今天掏钱就买了，可售后服务会怎样呢？"客户有这些举动，都是想跟销售人员套近乎，那就证明客户要下决心了。这个时候，销售人员应该抓紧时间跟客户套近乎："哎呀，您的烟不错，您也尝尝我的烟，来来来，抽这个。"之后大家进入主题。

2) 语言信号

客户开始讨价还价的时候，说明他想买车。比如，客户可能会说："你还能给我什么优惠？""这个能不能送我？那个能不能送我？折扣能否再大点？""免费保养的次数能不能多加一次啊？"

如果销售人员说："您的这些要求，我现在不能决定，需要向领导请示，如果能争取下来，您能马上买吗？"客户可能会说："你只要跟领导请示，把优惠争取下来，我马上付全款。"这些话都是客户经常讲的。所以，一开始销售人员就要留点余地，余地留得越多就越方便，留得越少就越困难。

销售人员如果没有满足客户需求，客户可能就会离开。销售人员事后可能会想："还不如给他，自己掏点钱把东西买下来送给他又怎样呢，至少这个月的计划就完成了，不能因小失大。"而这个客户回去以后也会想："就因为这么一点小事没买车，搞得人家还以为我买不起呢。"客户也会后悔，但是为了面子不会回头。为避免这种情况出现，在与客户谈时，就应注意运用一定的技巧，留有余地。

3) 其他语言信号

语言信号还包括客户和销售人员谈交货时间、车的颜色、保修情况、保险问题等。客户可能会和同伴商议："你看这个车怎么样，到底能不能买？"这些都是信号，证明他基本上没什么意见，但是他还吃不准。

心理学认为，当客户准备掏钱的时候他就会犹豫，这个时候如果有一个人能够出来推他一把那就成功了。所以，在这种情况下更要抓住他，使用一些促进成交的技巧。

**3. 成交技巧**

在成交阶段，最重要的是激发客户主动做决定，不断增强客户的购买信心，灵活运用成交技巧，顺利地引导客户达成交易。

1) 请求成交法

在以下三种情况出现时，销售人员可以向客户提出"请求成交"。

(1) 客户未提出异议。例如："张先生，没有什么问题的话，我现在帮您下单吧。"

(2) 客户的异议被消除之后。例如："王先生，所有问题都已解决，您什么时候提车呢？"

(3) 客户已有购买意向，只是在拖延时间。这时，可以巧妙地利用请求成交法。例如："先生，这款车卖得很好，有些颜色恐怕快没了，您看是不是现在决定呢？"

2) 假设成交法

假设成交法是假定客户已经接受该车，进而要求客户成交的一种方法。例如："先生，如果您要买的话，您是选黑色还是选白色？"

假设成交法主要适用于犹豫不决、没有主见的客户。因此，要看准客户类型和成交信号，同时销售人员要做到表情大方、评议温和、委婉体贴、亲切自然，切忌自作主张和咄咄逼人。

3) 选择成交法

永远不要问客户"要不要"，而要问客户"要哪一个"。例如："您买车是用现金、分期，还是做按揭？""这两款车您要哪一款？"

4) 从众成交法

利用客户的从众心理，促使客户立即做出购买决策。例如："小姐，这是今年最畅销的车型，20多岁的小姑娘都喜欢这款车，时尚有动感。"

5) 机会成交法

让客户意识到现在购买是一个机会，良机一去不复返，不及时购买就会产生损失。这样客户的心里就会紧张起来，由犹豫变为果断。例如："公司现在搞促销活动，在3月3号到5月5号买车，公司会有优惠条件。"

6) 赞美成交法

用感人的评议使客户下定购买决心。例如："您买了这辆车，您的朋友会说您有眼光，它真的很配您的气质，高贵！"

**4. 交车礼仪**

交车是客户最兴奋的时刻。若客户有了愉快的体验，那么就为长期的合作奠定了基础。在这个过程中，按约定的日期和时间交付给客户洁净、无缺陷的车是销售人员的宗旨和目标，这也会提高客户的满意度。

在交车阶段，应与客户建立紧密的朋友关系，并准备进入新一轮客户开发过程。因此，销售人员要重视交车的过程和礼仪。

(1) 确定一个方便的日期与时间，可提前做一些准备，让客户感受到被重视。

(2) 确保车辆所有功能都处于正常状态，可按预定时间交车。检查时要做"PDI"，即将车辆从车库里提出来交给维修服务部门。客户提车时还需和客户共同做车辆检验，包括车内、车外以及附件部分。

(3) 准备好所有书面文件，以便顺利交车。文件包括汽车的合格证，汽车的使用说明书等。进口车的相关文件还包括关单、三检单、发票(一式三联，一联是客户的购车发票，一联是交购车附加税使用的，还有一联是给交管部门上牌登记用的)。

(4) 交车时，应向客户演示各种设备的操作方法，具体包括：座椅、方向盘的调整；方向盘锁住时，如何转动钥匙、启动引擎；后视镜调整和电动窗的操作；安全锁的使用；如何开启空调及除雾装置；车内音响的使用(含频道设定)，手把手地操作给客户看；灯光、仪表、电子钟的使用介绍；特殊配备的功能介绍；其他任何客户可能不熟悉的设备。

(5) 交车时，应向客户详细说明"使用说明书及保修手册"的各项内容及使用方法，还可向客户说明汽车销售公司的后续跟踪服务程序和提供的服务项目。

(6) 确保交车时服务部经理在场，以增加客户对售后服务的信任感。

(7) 为了与客户建立长期的合作关系，应尽可能多地了解客户信息，并记录到"保有客户管理卡"中。

# 6.4 售后跟踪服务及礼仪

**案例**

世界上有一个很有名的汽车销售叫乔·吉拉德，他在14年内卖出了13 001辆汽车，平均每天销售6辆车，连续12年荣登世界吉尼斯纪录大全世界销售第一的宝座，因此被称为汽车销售大王。他是怎么做的呢？

"一照"，就是他卖车之后，会给客户照相；

"二卡"，就是为客户建立档案；

"三邀请"，就是他一年要请客户到他们公司来三次，包括忘年会、汽车文化活动、"自驾游"等。

"四礼"，就是一年当中从礼貌的角度出发去拜访客户四次，包括生日、节假日等。

"五电"，就是一年当中要给客户最少打五次电话，问客户车况如何，告知客户什么时间该回来做维修保养等，同时打电话问候客户。

"六访"，就是一年当中基本上每两个月要去登门拜访一次，向客户表示感谢，时间一久，关系自然亲密，老客户就会介绍新客户。

**1. 售后跟踪失败的原因**

从以往的经验来看，很多销售人员把汽车卖给客户后就觉得万事大吉了。绝大多数汽车销售公司的售后跟踪服务做得不好，几乎没有回头客，这主要是由两方面的原因造成的。

(1) 服务不规范。销售人员没有与客户成为真正的朋友。在服务过程中，没有按照规范的礼仪让客户感到满意。客户买车后，没有对销售人员留下深刻的印象。

(2) 销售队伍不稳定。据了解，一个销售人员在一个汽车销售公司里普遍只能做两三年，甚至更短。即使销售人员和客户成为朋友，当这位销售人员离开这家公司的时候，客户也会随着销售人员成为另外一家销售公司的客户。

**2. 维系保有客户的方法**

保有客户关系的维系是指客户买车后，在相当长的一段时间内不再来找销售人员，但销售人员应不停地和客户联系。如此，当客户的朋友要买车时，他第一时间就能想到这个销售员，这就是成功的客户维系。主要有以下几种方法。

(1) 微信。现在常用的联系方式是发微信。比如，今天天气预报说有雨，可提醒客户路滑，开车小心一点；天气预报说冷空气马上要来了，可提醒客户多穿衣服等。这样的事情做久了，客户就习惯了，你要是有一段时间没给他发微信，客户还会觉得少了点什么，或许会打电话向你询问原因。这是好事情，因为这表明客户没把你忘记。

(2) 感谢信。一般来说，感谢信应该在24小时之内，最好是在客户提车的当天就寄出去。客户收到卡片后会觉得自己受到重视，从而认可这家公司，就会向自己的朋友和同事推荐，从而起到较好的宣传效果。

(3) 回访电话。向客户打出的第一个回访电话也应在24小时之内，有的销售人员在两三天之内才打电话，其实是错误的，因为这时该出的事情全出了。就像我们前文中讲的，客户拿到车以后不看说明书，他开车时要用到这个功能的时候，不知道在哪里，就会乱摸乱按，这就容易出问题。如果你能在24小时之内打电话给他，询问："先生您在开车的过程中还有哪些不清楚的地方，请提出来。"他可能会说："有一个间歇性的雨刮器，但我不知道该怎么使用。"你就可以通过电话告诉他，这会使客户觉得，这家公司不错，没把我忘记，从而对你产生好感。

第二个电话应在一个星期之内打，但不是销售人员打，而是公司经理打。经理打电话要问客户："买车的过程您满意吗？我是经理，您有什么不满意的地方可以向我投诉。"这时客户心里肯定非常高兴。同时还要提醒客户做售保，接下来还应有第三次、第四次电话回访等。

(4) 面访。可以找一个合适的时机，如客户生日、买车周年等去看望客户，了解车辆的使用情况，介绍公司最新的活动以及其他相关信息，最后将面访结果记录到"调查表"里。

案例

### 流程性销售技能+软性销售素质

在美国中部某城市里有一家比较知名的车行，车行展厅内有6辆不同类型的越野车。一天下午,阳光明媚,微风吹拂,展厅内格外明亮,店中7个销售人员各自在忙着自己的事情。

这时,一对夫妻带着两小孩子走进车行。凭着做了10年汽车销售的直觉,乔治认为这对夫妻是真实的买家。

乔治热情地上前打招呼——汽车销售的第一个步骤,用目光与包括两个孩子在内的所有人交流,同时做自我介绍,并分别与这对夫妻握手。之后,他不经意地抱怨天空中逐渐积累起来的云层,以及周末可能到来的雨雪天气,似乎是自言自语地说,也许周末的郊游计划要泡汤了,然后很自然地转向这对夫妻,诚恳地问:"两位需要什么帮助?"——消除陌生感,拉近与陌生人的距离。

这对夫妇说他们现在开的车是福特金牛,考虑再买一辆新车,他们对越野车非常感兴趣。乔治进入汽车销售流程中的第二步骤——收集客户需求的信息。他耐心、友好地询问:"什么时候要用车?谁开这辆新车?主要用它来解决什么困难?"在沟通后,乔治进入汽车销售的第三个步骤——满足客户需求,从而确保客户将来能再回到自己的车行。这对夫妇开始解释,周末要去外省看望一个亲戚,他们非常希望能有一辆宽敞的四轮驱动汽车,可以安全地到达目的地。

在交谈中,乔治发现了这对夫妻的业余爱好,他们喜欢钓鱼。这样的信息对销售人员来说是非常重要的,可作为下一次致电的绝佳理由。销售不是容易学习和掌握的流程性工作,它不像体育运动,只要按照事先规定的动作执行到位,就可以取得比一般人好的成绩。在销售工作中,既有流程性质的内容,也有非常灵活的依靠某种非规则性质的内容。比如,了解客户业余爱好的能力,就被大多数销售人员所忽视,甚至根本就不会去考虑。在优秀的销售人员中,他们一致认为,拥有"变色龙"的技能对销售工作最为有用。时刻适应客户需求,客户由此感知到的是一种来自销售人员的绝对真诚、个性化的投入和关切,在这种感知下,客户会非常放心地与销售人员交往。在上述案例中,乔治表现出自己也对钓鱼感兴趣,至少可以获得一个与客户的共同话题,从而积累与客户在汽车采购以外的谈资。

乔治非常认真地倾听来自客户的所有信息,以确认自己能够完全理解客户对越野车的准确需求,之后他慎重地说:"车行现在的确有几款车可以推荐给你们,因为这几款车比较符合你们的期望。"至此,乔治进入销售流程中的第四个步骤——产品展示。他随口一问:"计划月付多少车款?"此时,客户表示先别急着讨论付款方式,他们要先知道所推荐的都是些什么车,到底有哪些地方可以满足他们的需要,之后再谈论价格的问题(客户的水平也越来越高了)。

乔治首先推荐了"探险者",并尝试着谈论配件选取的不同作用。他邀请两个孩子到车的座位上去感受一下,因为两个孩子好像没有什么事情干,开始调皮,这样一来,父母对乔治的安排表示赞赏。

这对夫妻对汽车行业非常了解，乔治推荐的许多新技术、新操控，他们都非常熟悉。由此可见，这对夫妻在来之前一定收集了各种汽车方面的资讯。目前，客户在购车之前尽量多地收集信息的现象越来越普遍。40%的汽车消费者在购买汽车之前都会通过互联网搜索足够的相关信息来了解汽车。这些客户多数都是高收入、高学历，而且多数倾向购买较高档次的汽车(如越野车)，因而能为车行带来更高的利润。其实，客户对汽车越是了解，对汽车销售人员就越有帮助。但是，现在有许多销售人员都认为这样的客户不好对付，太内行了，也就没有任何销售利润了。乔治却认为，越是了解汽车的客户，越是没有那些一窍不通的客户所持的小心、谨慎、怀疑的态度。

这对夫妻对"探险者"非常感兴趣。然后，乔治又展示了"远征者"，一辆较大型的越野车，因为后者的利润会多一些。这对夫妻看了一眼展厅的价格牌，叹了口气说："超过我们的预算了。"这时，乔治开了一个玩笑："这样吧，我先把这辆车留下来，等你们预算够了再来。"两人闻言哈哈大笑。

乔治此刻建议这对夫妻到他的办公室详细谈谈。这就进入汽车销售流程中的第五个步骤——协商。协商通常都是协商价格。在通往办公室的路上，乔治顺手从促销广告上摘了两个气球下来，给看起来无所事事的两个孩子玩，为自己与客户能够专心协商创造了更好的条件。

汽车销售人员的办公桌一般都是两个倒班的销售人员共同使用的，尽管如此，乔治还是在桌上放了自己以及家人的相片，这其实是另外一个与客户有可能谈到的共同话题。他首先记录这对夫妻的名字、联系方式，通常购买汽车的潜在客户不会第一次来就决定购买，留下联系方式，再联系客户时的成功性会高许多。他再一次尝试着询问预算，但这对夫妻非常老练，反问道："你的报价是多少？"乔治断定他们一定已经通过多种渠道了解了该车的价格情况，因此，乔治给了一个比市场上通常的报价要低一点的价格。但是，客户似乎更加精明，还了一个更低的价格，按照他们的开价，乔治实际只能挣到65美元，因为这个价格仅比车行的进价高1%。乔治表示无法接受，并说明如果按照他们的开价，恐怕一些配置就没有了。之后，乔治又给了一个比进价高6%的报价。经过再次协商，最终达成了比进价高4%的价格。对乔治来说，这个价格利润很低，不过还算可以。毕竟，客户第一次来就能协商到这个地步已经不错了，而这个价格意味着车行可以挣到1000美元，乔治的提成是250美元。

乔治非常有效率地做好了相关文件，因为需要经理签字，只好让这对夫妻稍等片刻。通常，对于车行的销售经理来说，最后检查销售人员的合同并予以确定是一个非常好的辅导缺乏经验的销售人员的机会。乔治带回经理签字的合同，但在这时，客户却说他们还需要再考虑一下。此时，乔治完全可以使用另外一个销售技巧，那就是压力签约，但他没有这样做，他宁愿让他们自由地离开。这其实也是这家车行的自我约束规则,如果期望客户再回来,那么不应使用压力,应该让客户在轻松的气氛下自由选择(受过较好教育的客户绝对不喜欢压力销售的方式)。乔治非常相信这个客户会回来,他给了他们名片,欢迎他们随时与自己联系。

两天以后,客户终于打来电话,表示他们去看了其他车行,但是不喜欢他们,准备向乔治购买他们喜欢的车,虽然价格还是高了一点,但是可以接受。他们询问何时可以提车,刚好车行里有现车,所以乔治邀请他们下午来。

下午,客户来了,接受了乔治推荐的延长保修期的建议,安排了下一次维护的时间,介绍了售后服务的专门人员——汽车销售流程的最后一个步骤:售后服务的安排。专门的维护人员确定了90天后回来更换发动机滤清器,这实际上是要确保该客户以后都会回到车行做维护、保养,而不是去路边廉价的小维修店。

这是一个真实的例子,非常有代表性。通过这个例子,我们可以看到一个汽车销售人员不仅需要具备流程性的销售技能,还需要具备个人素质方面的技能,如沟通细节问题的能力、拉近距离的方法、发现客户个人兴趣的能力以及协商能力。尽管汽车销售流程能帮助汽车销售人员规划明确的工作步骤,但具体实施时,还需要靠销售人员发挥灵活的、机智的、聪颖的个人实力。

(资料来源:孙路弘.汽车销售的第一本书[M].北京:中国人民大学出版社,2008.)

## 思考题

### 一、问答题

1. 客户开发的方法有哪些?
2. 展厅接待礼仪要注意哪些方面?目的是什么?
3. 在试乘试驾过程中应做好哪些工作?
4. 面对客户的异议,你该如何做?
5. 交车后,你的销售工作结束了吗?为什么?

### 二、案例分析题

1. 一家三口来参加试乘试驾活动,爸爸开车,妈妈抱着孩子坐在后排,汽车销售人员坐在副驾驶座位。爸爸是个急性子,当车行驶到路口时遇到了黄灯,在即将变成红灯之际,爸爸猛踩油门闯了过去,妈妈怀里的小孩一下子磕在前排座椅背上,孩子受此惊吓,大哭起来。妈妈生气地指责爸爸,结果两人吵了起来,气氛既紧张又尴尬。

请思考：(1) 销售人员在试乘试驾中存在哪些问题？

(2) 如何调节已出现的尴尬场面，使客户情绪稳定下来？

2. 甘先生想在情人节这天送给妻子一辆她心仪已久的车。他来到一家品牌4S店试车，试驾的车型正是妻子所喜爱的，甘先生感觉很满意，预付了1万元购车款，约定情人节那天来提车。2月8日，甘先生打电话询问情况，得到的答复是"车还未到，不敢保证14日能到"。甘先生心里很不高兴，但也没有办法。2月14日，甘先生亲自到4S店询问情况，被告知该车可能要到3月5日才能到货。到了3月5日，仍没人通知甘先生提车。于是甘先生又给销售人员打电话，销售人员告知明天可以提车。第二天一大早，甘先生来店交款提车，交完款后，销售人员说车子刚到，还没做PDI检查，要甘先生再等一等，这一等就等到了下午3点。此时，甘先生特别生气，要求退车款，后经销售人员调解，终于在下午4点多将车开回了家。后来，只要甘先生得知有朋友想到该店买车，他就会把自己的经历讲给朋友听，很多朋友转而到其他店购车。

请思考：(1) 为什么甘先生的朋友不到该4S店购车？

(2) 如果你是接待甘先生的销售人员，你该如何和甘先生沟通？

### 实践练习

**任务　汽车展厅接待综合实训案例模拟**

任务目标：让学生模拟汽车销售中顾客接待、需求分析及车辆介绍的流程，训练学生从顾客进门、洽谈业务到送客整个流程的礼仪举止。使学生通过角色演练，熟练掌握基本礼仪中的规范动作，并使学生的礼仪和销售技巧以及应变能力都得到质的飞跃。

任务准备：汽车营销实训室，宝马、宝来车辆各一辆。

训练方法：一位教师欲购买一辆威驰车，场面设定如表6-1所示。

表6-1　场面设定

| 状况 | 自由来店(首次来店) |
|---|---|
| 时间 | 星期二下午6点左右 |
| 地点 | 经销店展厅 |
| 来店方法 | 乘出租车前来 |
| 来店者 | 一位30岁左右的男顾客 |

顾客背景信息及对应要求如表6-2所示。

表6-2 顾客背景信息及对应要求

| 检查点 | | | 详细信息 |
|---|---|---|---|
| 相关信息 | 顾客信息 | ① 姓名、年龄、驾龄 | 工先生,20岁,未婚,刚领驾照 |
| | | ② 职业 | 大学教师 |
| | | ③ 兴趣 | 打球、会友 |
| | 来店时的情况 | | 准备近期选购一款新车,但还没有确定选购的车型。下班回家的路上,顺便来经销店看看 |
| 顾客的想法 | 关于新车 | ① 购车经验 | 新购车 |
| | | ② 主要用途 | 上下班代步 |
| | | ③ 顾客本人对新车的期待 | 注重车辆的使用性能、灵活性、综合性价比 |
| | | ④ 购车预算 | 9万元左右 |
| | | ⑤ 其他关注点 | 期待车辆的配置先进 |
| | 关于竞争车型 | ① 最近看过的车型 | 本田飞度 |
| | | ② 顾客对飞度的看法 | 外观小巧灵活<br>车辆性能优良 |
| 顾客表现 | | | 顾客进入经销店后,表现出尚未确定具体的选购车型,同时对威驰、卡罗拉表现出一定程度的关注 |
| 顾客对应要求 | | | 顾客应严格按照脚本推进,对所要提问的问题,一定要提问。<br>回答销售人员的问题时,请严格按照顾客背景信息回答(对于销售人员提问以外的内容不再赘述)。<br>请进行事前练习,以便熟练应对。<br>对于与顾客背景信息无关的提问,应尽早结束。<br>对于销售顾问过于生硬的提问,可以选择不完全回答或拒绝回答 |

1. 销售人员的任务

(1) 从顾客来店、到门口迎接开始,到顾客离开、送顾客出门结束,销售人员应严格规范接待动作和接待礼仪,主动积极地招待顾客,使顾客从满意到感动。

(2) 接待来店顾客,力求给顾客留下良好的印象,建立顾客的信心,为销售服务奠定基础。

(3) 通过与顾客商谈,把握顾客信息,进行商品说明及竞争车型优势对比。

(4) 对于顾客的提问,给予清晰明了的回答,打消顾客疑虑,为引导顾客需求做好准备。

(5) 根据顾客需求,向顾客提出合适的建议。

(6) 通过良好的沟通,争取顾客能再次来店。

2. 销售流程中的要求

销售流程中的要求如表6-3所示。

表6-3 销售流程中的要求

| | 检查点 | 相关要求 |
|---|---|---|
| 顾客应对 | ① 个人仪容仪表及亲和力 | 仪容整洁<br>活力充沛，精神饱满 |
| | ② 主动邀请顾客进入车内体验 | 主动邀请顾客进入展车内<br>姿势正确，为顾客开启车门、保护头部 |
| | ③ 主动引导顾客到商谈桌 | 主动引导顾客到商谈桌入座<br>姿势正确，为顾客指引席位、拉扶座椅 |
| | ④ 礼仪 | |
| | a. 寒暄 | 顾客进入展厅时，主动向顾客打招呼<br>声音洪亮，充满朝气 |
| | b. 递交名片、自我介绍 | 第一时间向顾客递送名片<br>递送名片时姿势正确<br>进行自我介绍 |
| | c. 提供饮料 | 顾客入座后，询问顾客所需的饮料种类，及时提供饮料 |
| | d. 递交资料 | 资料正面面向顾客，双手递送 |
| | e. 手势、肢体动作正确 | 坐姿、走姿正确<br>不用手指指点 |
| | ⑤ 是否使顾客没有压力 | 在顾客刚刚进入展厅时，不紧跟其后，使其能自由参观<br>不直接进入商品推销环节，使顾客精神放松 |
| | ⑥ 约顾客下次来店 | 主动约顾客下次来店<br>注意方式应该委婉，易于被顾客接受 |
| | ⑦ 赢得顾客的信赖 | 激发顾客对经销店以及销售顾问的信任感 |
| 需求分析 | ① 顾客个人信息获取 | 采用顾客可接受的方式获取顾客姓名、电话、兴趣、职业、家族构成等信息 |
| | ② 主要使用者信息 | 采用顾客可接受的方式获取使用人、主要用途、使用习惯等信息 |
| | ③ 对新车的关注点 | 采用顾客可接受的方式获取顾客对新购车型的要求、关注点等信息 |
| 车辆介绍 | ① 绕车介绍 | 根据顾客的需求、关注点来介绍，确保重点突出、有说服力 |
| | ② 竞车比较 | 根据顾客的需求、关注点进行竞争车型对比，以客户容易理解的方式进行竞车说明，竞车说明要体现出自己推销的车型能够给客户带来的好处 |
| | ③ 解决顾客疑虑 | 采用顾客可接受的方式，确保合理、有说服力 |
| 异议处理 | 充分倾听顾客感受，表现出专业、热情、可信赖的一面，具有亲和力 | |

# 参考文献

[1] 常兴华，刘金华.汽车营销实务[M].北京：北京理工大学出版社，2016.
[2] 于兴良，王平辉.汽车就该这样卖[M].北京：机械工业出版社，2010.
[3] 傅冬勇.汽车销售礼仪与实务[M].浙江：浙江工商大学出版社，2014.
[4] 熊其兴，彭国平.汽车营销[M].武汉：华中科技大学出版社，2013.
[5] 姬虹.汽车销售技巧[M].上海：上海交通大学出版社，2012.
[6] 钱放.商务礼仪[M].武汉：武汉理工大学出版社，2009.
[7] 姜红，候新冬.商务礼仪[M].上海：复旦大学出版社，2009.
[8] 段文花.商务礼仪[M].郑州：河南科学技术出版社，2009.
[9] 陈荣铎，邸胜男.商务礼仪[M].北京：旅游教育出版社，2009.
[10] 李小丽，段晓华.商务礼仪与职业形象[M].北京：北京交通大学出版社，2009.
[11] 王建民.求职就业指南[M].成都：西南财经大学出版社，2008.
[12] 郑建斌.宴道——中国式宴请全攻略[M].北京：中国纺织出版社，2009.
[13] 李波.商务礼仪[M].北京：中国纺织出版社，2006.
[14] 罗树宁.商务礼仪与实训[M].北京：化学工业出版社，2008.
[15] 丁兴良，王平辉.沟通技巧——汽车销售人员业绩提升第一步[M].北京：机械工业出版社，2011.
[16] 马良吉.最佳销售员沟通技巧训练[M].广州：广东经济出版社，2009.
[17] 孙路弘.汽车销售的第一本书[M].北京：中国人民大学出版社，2008.
[18] 王丽华.旅游服务礼仪[M].北京：中国旅游出版社，2009.
[19] 杨海清.会展礼仪实务[M].北京：对外经济贸易大学出版社，2007.
[20] 王斌.会展礼仪实训教程[M].重庆：重庆大学出版社，2007.
[21] 苏文才.会展概论[M].北京：高等教育出版社，2004.
[22] 丁霞，张晓娟.会展策划与管理[M].北京：高等教育出版社，2006.
[23] 饶雪梅.会展礼仪[M].北京：中国劳动社会保障出版社，2006.
[24] 王平辉.社交礼仪规范与技巧[M].南宁：广西人民出版社，2008.
[25] 张丽娟.现代社交礼仪[M].北京：清华大学出版社，2009.
[26] 韩宏伟.汽车销售实务[M].北京：北京大学出版社，2006.
[27] 韩宏伟.4S店必修课之销售篇：汽车销售流程及其应用[M].北京：北京大学音像出版社，2005.
[28] 罗小东.汽车推销实务[M].大连：大连理工大学出版社，2007.